Cuando no basta el crecimiento

DIRECCIONES EN EL DESARROLLO
Pobreza

Cuando no basta el crecimiento

Razones de la rigidez de la pobreza en la República Dominicana

Francisco Galrão Carneiro y Sophie Sirtaine, editores

GRUPO BANCO MUNDIAL

ISBN (papel): 978-1-4648-1189-0
ISBN (electrónico): 978-1-4648-1190-6
DOI: 10.1596/978-1-4648-1189-0

Foto de portada: © 2017 Michael Morgenstern c/o theispot. Se utiliza con permiso; se requiere permiso adicional para su reutilización.
Diseño de portada: Debra Naylor / Naylor Design Inc.

Se han solicitado los datos de la publicación en CIP de la biblioteca del Congreso.

Índice

Gráficos

Prólogo

La República Dominicana ha disfrutado una de las tasas de crecimiento más fuertes de América Latina y el Caribe en los últimos 25 años. A partir de 2014, el crecimiento promedio ha sido de 7 por ciento anual, elevando el ingreso per cápita del país al 92 por ciento del promedio regional, frente al 57 por ciento en 1992. Sin embargo, a pesar de este notable desempeño económico, el crecimiento económico en República Dominicana no ha sido tan inclusivo como en el resto de la región, ya que uno de cada tres dominicanos permanece por debajo de la línea de pobreza.

El desafío clave que enfrenta la economía dominicana en este momento es entender la paradoja de un crecimiento rápido con una reducción limitada de la pobreza y abordarla por medio de políticas que mantengan el crecimiento económico a la vez de hacerlo más inclusivo. Este libro pone a prueba un conjunto de tres hipótesis que podrían ayudar a explicar la desconexión del país entre el crecimiento y la reducción de la pobreza.

La primera hipótesis examinada es si el patrón observado de crecimiento económico rápido con pobreza persistente está en parte impulsado por una metodología de pobreza que no toma en cuenta la variación de precios que afecta sensiblemente los patrones de consumo de los hogares de bajo ingreso y los que están en mejor situación económica. Un resultado importante encontrado por los autores es que no hay evidencia de problema alguno con la metodología utilizada para calcular la pobreza o el crecimiento económico.

La segunda hipótesis verifica si el patrón de especialización en la República Dominicana es tal que no favorece el trabajo no calificado. Aquí, la evidencia presentada muestra que los patrones de comercio del país (que dependen de una dotación relativamente baja de trabajadores calificados) no son las fuentes más probables de desigualdad en el país. Este hallazgo es importante porque confirma que es necesario que la política gubernamental promueva mayor equidad e inclusión a través de un gasto público más eficiente y selectivo.

Por último, la tercera hipótesis investiga si la pobreza en el país se ve afectada no sólo por la inmigración sino también por la emigración. En este punto, los resultados son menos concluyentes, debido a limitaciones severas de los datos. Sin embargo, después de hacer uso de enfoques metodológicos robustos y de vanguardia para investigar esta cuestión, la evidencia presentada por los autores sugiere que el impacto de la inmigración en los trabajadores más calificados es mínimo y relativamente benigno para los trabajadores formales, de baja calificación.

La República Dominicana está bien posicionada para aprovechar sus éxitos y generar un crecimiento más inclusivo. Con este libro, los autores esperan informar el diálogo de política nacional sobre cómo avanzar en el reto más apremiante que enfrenta la República Dominicana en este momento: específicamente, sostener su crecimiento ejemplar a la vez de asegurar que este crecimiento sea inclusivo y traiga mayor prosperidad a su población más vulnerable.

Tahseen Sayed
Directora Regional para el Caribe
Grupo Banco Mundial

Agradecimientos

Este libro presenta los resultados de la investigación realizada por destacados expertos del Banco Mundial y la República Dominicana sobre algunos de los problemas de desarrollo más importantes a los que se enfrenta una nación que quiere compartir más ampliamente los beneficios de su fuerte desempeño en términos de crecimiento.

Los editores quisieran agradecer el apoyo financiero del Departamento de Economía del Desarrollo del Grupo del Banco Mundial a través de su programa de presupuesto de apoyo para la investigación, que financió el trabajo asociado con los capítulos 1, 2 y 5. Los editores también agradecen a Práctica Global de Pobreza y Equidad del Banco Mundial, que financió el trabajo asociado con los capítulos 3 y 4.

También se reconoce enormemente el apoyo de la Práctica Global de Macroeconomía y Gestión Fiscal, el Departamento de Economía del Desarrollo, la Oficina del Economista Jefe de la Región de América Latina y el Caribe y la Unidad Administrativa de los Países del Caribe. Los autores agradecen a McDonald Benjamin, Oscar Calvo-González y Cecile Thioro Niang por sus observaciones perspicaces y útiles como revisores pares.

El apoyo logístico de Carla Bordas Portela, Alejandra De La Paz, María J. Hermann, Elizabeth Mekonnen, Virginia Ricart Giro y Mohammed Edreess Sahak, así como el estímulo y apoyo de Tahseen Sayed, Directora Regional del Banco Mundial para el Caribe, y Alessandro Legrottaglie, Gerente de País del Banco Mundial para la República Dominicana, fue esencial para la finalización exitosa de este proyecto.

Acerca de los editores

Francisco Galrão Carneiro es el economista principal y líder del programa para el Caribe en el Banco Mundial. Desde su incorporación al Banco Mundial en el 2003, ha trabajado en múltiples regiones del mundo. Antes de 2003, Carneiro fue profesor de economía en la Universidad de Brasilia y en la Universidad Católica de Brasilia y fungió como asesor económico en el Ministerio de Relaciones Exteriores de Brasil. Es autor y coautor de varios artículos académicos e informes del Banco Mundial sobre diversos temas que incluyen macroeconomía y crecimiento, gestión de ingresos provenientes de recursos naturales, comercio, instituciones del mercado laboral, pobreza y desigualdad. Nacido en Brasil, recibió su doctorado en economía de la Universidad de Kent en el Reino Unido en 1996.

Sophie Sirtaine es directora de Estrategia y Operaciones del Grupo de Evaluación Independiente del Banco Mundial. Anteriormente, trabajó más de 16 años en el Banco Mundial, ocupando posiciones en varios países a niveles corporativos y sectoriales. Su más reciente cargo fue como directora de país, para países del Caribe en la región de América Latina y el Caribe, donde dirigió la definición y la implementación del programa del Banco Mundial en la República Dominicana. Antes de unirse al Banco Mundial, Sirtaine trabajó en Londres en banca de inversiones para JP Morgan y en calidad economista en infraestructura de Halcrow Fox and Associates.

Abreviaturas

ACS	American Community Survey
ADESS	Administradora de Subsidios Sociales
AFP	Administradoras de Fondos de Pensiones
BCRD	Banco Central de la República Dominicana
CIIU	Clasificación Industrial Internacional Uniforme
CTP	Comité Técnico Interinstitucional de Medición de la Pobreza
DECDG	Development Data Group–Survey Unit (Grupo de datos sobre el desarrollo)
DIGEPRES	Dirección General de Presupuesto
DIOC	Base datos sobre inmigrantes en países miembros y no miembros de la OCDE
ENCFT	Encuesta Nacional Continua de Fuerza de Trabajo ENFT
ENI	Encuesta Nacional de Inmigrantes de la República Dominicana
ENIGH	Encuesta Nacional de Ingresos y Gastos de los Hogares
FIES	Fondo Para el Fomento de la Investigación Económica y Social
HBR	hoteles, bares, y restaurantes
IC	Intervalo de confianza
IFS	Intermediación financiera y seguro
IMB	Ingreso mixto bruto
INB	Ingreso nacional bruto
INTEC	Instituto Tecnológico de Santo Domingo
IP	Incidencia de pobreza
IPC	Índice de precios al consumidor
ISO	Organización Internacional para la Normalización
LAC	Latinoamérica y el Caribe
LFS	Labour Force Survey (Encuesta de fuerza laboral, Organización Internacional del Trabajo)
LI	Límite inferior
LP	Línea de la pobreza
LS	Límite superior

MEPyD   Ministerio de Economía, Planificación y Desarrollo
OCDE   Organización para la Cooperación y el Desarrollo Económicos
ONE   Oficina Nacional de Estadística
ONUDI   Organización de las Naciones Unidas para el Desarrollo Industrial
PIB   Producto interno bruto
PPA   Paridad del poder adquisitivo
PTF   Productividad total de los factores
SCN   Sistema de cuentas nacionales
TMC   Transferencias monetarias condicionadas
UNSTATS   UN National Accounts Statistics
VCR   Ventaja comparativa revelada
WITS   Solución Comercial Integrada Mundial (por sus siglas en inglés)
ZEE   Zonas económicas especiales

Panorama general

Francisco Carneiro y Sophie Sirtaine

La economía dominicana: Crecimiento firme pero apenas inclusivo

La República Dominicana ha tenido una de las tasas de crecimiento más fuertes en América Latina y el Caribe (LAC) en los últimos 20 años. Entre 1992 y el año 2000, la economía de la República Dominicana creció a una tasa promedio de 6,7 por ciento anual, siendo la de mejor desempeño en la región. Durante el período 2001-13, se mantuvo alto el crecimiento, a una tasa promedio del 5,1 por ciento, colocando la economía dominicana en el cuarto lugar de la región (después de Argentina, Panamá y Perú). Este crecimiento dinámico general ha permitido una convergencia del ingreso nacional bruto (INB) per cápita de la República Dominicana (US$4,959 en 2013) con el de la región, de un 57 por ciento del promedio regional en 1992 al 90 por ciento en 2013.[1] De hecho, las estimaciones muestran que si el ritmo de crecimiento observado durante 2008-13 sigue igual, la brecha desaparecería para el 2020 (Báez et al., 2014). Aunque el país pudo capear la desaceleración económica mundial de 2008-09, la disminución de la demanda interna y el pobre desempeño de las economías más ricas en todo el mundo han contribuido a reducir el crecimiento en la República Dominicana desde 2011; de hecho, el producto interno bruto (PIB) cayó casi a la mitad, bajando de 7,8 por ciento en 2010 a 4,1 por ciento en 2013.

A pesar de este notable desempeño económico, la opinión general ha sido que el crecimiento no es inclusivo en la República Dominicana. En el 2000 la incidencia de la pobreza en este país fue inferior a la media regional; alrededor

Los autores expresan su agradecimiento a McDonald Benjamin (asesor, Servicios operacionales), Oscar Calvo-González (gerente de la Práctica Global de Pobreza y Equidad) y Cecile Thioro Niang (líder de programa, Unidad de Gestión para países del Caribe) por sus útiles observaciones y sugerencias.

Francisco Carneiro es economista principal y líder del programa para el Caribe en la región de América Latina y el Caribe del Banco Mundial. Tiene un doctorado en economía de la Universidad de Kent en el Reino Unido. Por favor dirija la correspondencia a fcarneiro@worldbank.org.

Sophie Sirtaine es directora de estrategia y operaciones del Grupo de Evaluación Independiente del Banco Mundial. Tiene una maestría en ciencias de economía del desarrollo de la "London School of Economics" en el Reino Unido. Por favor dirigir la correspondencia a ssirtaine@worldbank.org.

del 33 por ciento de los dominicanos vivían con menos de US$4 al día, en comparación con el 42 por ciento de los que viven en LAC. En efecto, otra característica importante de la economía dominicana ha sido la movilidad económica ascendente limitada. En la última década, un poco menos del 7 por ciento de la población de la República Dominicana avanzó en los grupos de ingreso (por ejemplo, de vulnerable a clase media), en contraste con el 41 por ciento en la región de LAC (Báez et al., 2014). Este hecho es sorprendente, dado el rápido aumento del INB per cápita del país.

Tras la crisis bancaria de 2003-2004, el PIB del país, que había crecido un 6 por ciento en 2002, se contrajo en un 0,3 por ciento en 2003. Por ende, se produjo una crisis financiera y económica, con un estimado de 1,7 millones de personas que pasaron a la pobreza y la tasa de pobreza alcanzó el 50 por ciento de la población en 2004, en comparación con el 33 por ciento en 2000.

Cuando la economía se recuperó después de la crisis, las tasas de pobreza comenzaron a caer, pero no fue hasta 2015 que volvieron al nivel anterior a la crisis (Báez et al., 2014), aunque a un nivel considerado por encima del promedio de LAC (véase el gráfico O.1).[2] Por otro lado, la desigualdad mejoró entre 2000 y 2015 (cayendo el índice de Gini de 0,507 a 0,455). También existe evidencia de que entre 2004 y 2011 el crecimiento de los ingresos para los quintiles más bajos de la población fue más rápido que para los quintiles más altos; sin embargo, este crecimiento ha sido insuficiente para compensar los

Gráfico O.1   Crecimiento rápido del INB frente a la lenta disminución de la pobreza y la desigualdad en la República Dominicana, 2000-15

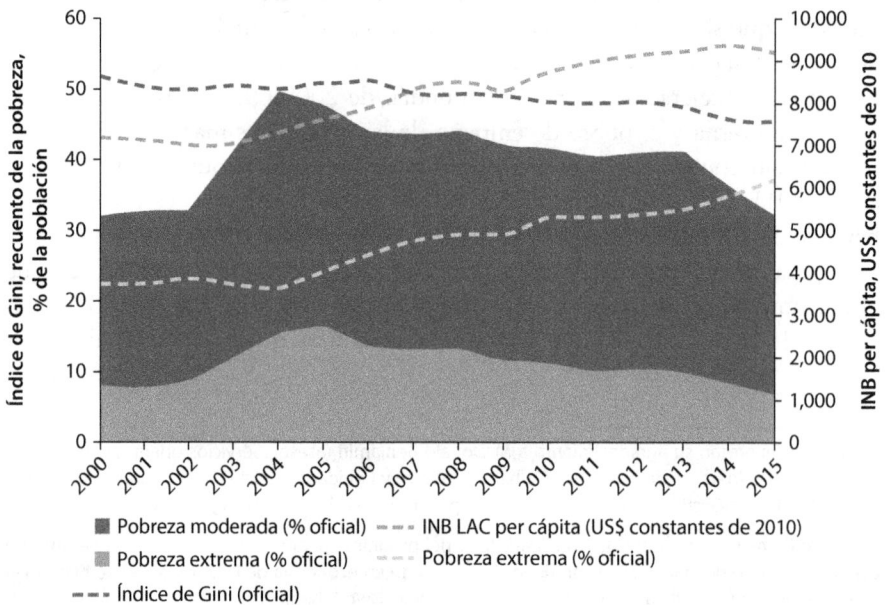

Leyenda:
- ■ Pobreza moderada (% oficial)
- ■ Pobreza extrema (% oficial)
- --- Índice de Gini (oficial)
- --- INB LAC per cápita (US$ constantes de 2010)
- --- Pobreza extrema (% oficial)

Fuentes: Basado en datos de los Indicadores del Desarrollo Mundial del Banco Mundial y del Comité Técnico Interinstitucional de Medición de la Pobreza (CTP).
Nota: La línea de pobreza utilizada para el cálculo es el nivel de US$4 PPA per cápita al día.

efectos de la crisis bancaria de 2003-2004, que afectó desproporcionadamente a los pobres.

Recientemente, estimaciones oficiales sugieren que la pobreza ha caído sustancialmente en la República Dominicana. Después de permanecer por encima del 40 por ciento desde la crisis, los cálculos de la pobreza para 2014 apuntan a una considerable reducción en un año, y los datos del primer semestre de 2015 sugieren una reducción continua de la pobreza seis meses después. Si bien se está estudiando los mecanismos de esta reducción para lograr una comprensión íntegra, el enfoque de este libro es doble: (a) analizar la lentitud en lograr la reducción de la pobreza hasta 2013, y (b) las posibles explicaciones de por qué el alto crecimiento del país no se tradujo en reducciones significativas de la pobreza durante el período 2000-13. Una mejor comprensión de estos mecanismos también puede arrojar luz sobre algunas de las posibles razones de la reducción de la pobreza recién experimentada en la República Dominicana.

¿Por qué el alto crecimiento económico no ha logrado mejores resultados de igualdad?

La combinación de tasas persistentes de pobreza, a pesar del alto crecimiento económico sigue siendo un enigma, pero este no es un fenómeno único en la República Dominicana. Algunas características de esta economía pueden ayudar a explicar por qué la pobreza no ha disminuido más rápidamente a pesar del rápido crecimiento, incluyendo (a) un mercado laboral que no traduce las ganancias de productividad en aumentos salariales; b) una economía nacional con vínculos intersectoriales débiles; y c) un sector público que no compromete o distribuye suficientes recursos particularmente bien para reducir la pobreza. Además, el país sigue expuesto en gran medida a desastres naturales y choques exógenos (terremotos y huracanes, por ejemplo) que, si no se mitigan adecuadamente, pueden afectar la sostenibilidad del crecimiento a mediano y largo plazos.

Aumento de la productividad y estancamiento de los salarios reales

Los ingresos reales disminuyeron a partir de la crisis bancaria 2003-04 y no han vuelto a su nivel previo a la crisis, a pesar de las ganancias de productividad significativas. Los ingresos reales por hora cayeron a RD$10.3 en 2004, y sólo se recuperaron nueve años más tarde para llegar a RD$12 en 2013, en comparación con un promedio de RD$16 en 2001-02 (gráfico O.2). De hecho, los ingresos reales cayeron o permanecieron estancados en muchos sectores, incluyendo la manufactura, transporte y comunicaciones, donde la productividad ha crecido desde 2002. Asimismo, en el sector público, los ingresos reales aumentaron en el mismo período mientras la productividad se estancó (Abdullaev y Estevão 2013).[3]

Desde 2004, algunos de los sectores que más contribuyeron al crecimiento del PIB (manufactura, telecomunicaciones y servicios financieros) no han producido tantos empleos y su participación en el empleo siguen bajas (Abdullaev y Estevão, 2013).[4] De hecho, la participación de los empleos manufactureros en el

Gráfico O.2   Índices reales de ingresos y productividad, 1991-2013

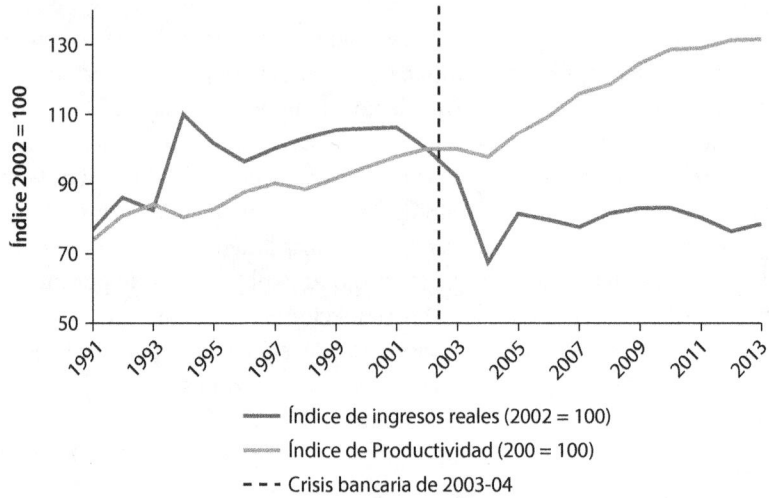

Índice de ingresos reales (2002 = 100)
Índice de Productividad (200 = 100)
- - - Crisis bancaria de 2003-04

Fuentes: Basado en los datos de *Conference Board Total Economy Database*™ y del Banco Central de la República Dominicana.

empleo total casi se ha reducido a la mitad, disminuyendo del 19 por ciento en 1996 al 10 por ciento en 2013, lo que explica en parte los aumentos de productividad en el sector (que ha pasado a actividades de uso relativamente más intensivo de capital). Por otra parte, el sector de servicios financieros y seguros empleó sólo una pequeña participación de la mano de obra, es decir, un 2,6 por ciento. En el 2013, el sector minero surgió como un potencial motor del crecimiento económico con una contribución de casi un punto porcentual. Sin embargo, el sector contrató menos del 1 por ciento de todos los dominicanos empleados (Abdullaev y Estevão 2013).

Por otro lado, los sectores de mayor expansión crearon en su mayoría empleos no calificados (comercio minorista y mayorista, hoteles, bares y restaurantes y otros servicios). Por ejemplo, desde 2002 las industrias del comercio minorista y mayorista han empleado, en promedio, uno de cada cinco dominicanos. El porcentaje de empleos en el sector de hoteles, bares y restaurantes respecto al empleo total aumentó del 5,2 por ciento en 2002 al 6 por ciento en 2013, pero la productividad aumentó sólo un 13 por ciento durante el mismo período. Otros servicios (como el servicio de limpieza y ciertas actividades de trabajo autónomo de bajo valor agregado) han cobrado importancia, empleando a uno de cada cuatro dominicanos en 2013, en comparación con uno de cada cinco en 2002. Esta tendencia hacia un mayor crecimiento del empleo de los trabajadores no calificados se refleja en los resultados del mercado laboral, ya que las tasas de desempleo siguen siendo inferiores entre los menos educados. En abril de 2014, por ejemplo, la población en edad de trabajar sin nivel educativo registró una tasa de desempleo abierto del 2,4 por ciento, mientras que la población con educación primaria, secundaria y terciaria registró tasas de desempleo de 4,8, 8,7 y 8,4

Gráfico O.3 Aumento de la productividad frente a la disminución de los ingresos reales por hora en los sectores de manufactura, hoteles, bares y restaurantes, 1996-2013

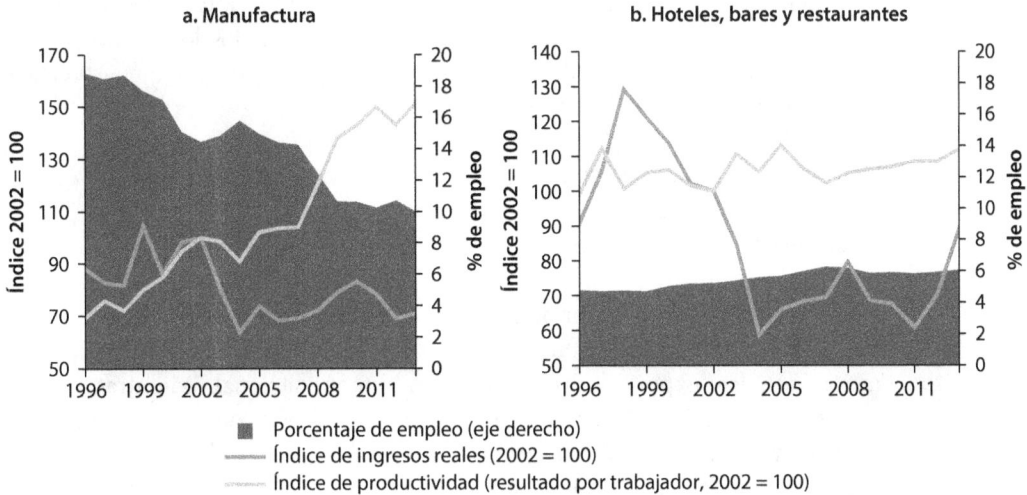

Porcentaje de empleo (eje derecho)
Índice de ingresos reales (2002 = 100)
Índice de productividad (resultado por trabajador, 2002 = 100)

Fuente: Estimaciones del Banco Mundial basadas en datos proporcionados por el Banco Central de la República Dominicana.

por ciento, respectivamente.[5] Como se observa en gráfico O.3, los salarios reales por hora se han estancado (y mucho menos que hace una década) a pesar del aumento de la producción por trabajador.

El estancamiento de los salarios reales evita que los estratos inferiores salgan de la pobreza. Una posible razón de esta desconexión entre el crecimiento de la productividad y los niveles salariales reales puede atribuirse la creciente informalidad en el mercado laboral, al menos en los sectores de más baja calificación y uso más intensivo de mano de obra. Los niveles de informalidad han aumentado ligeramente, de 54 por ciento en 2004 a 56 por ciento en 2013, a pesar del establecimiento efectivo del sistema de seguridad social; posiblemente porque una gran proporción de los nuevos puestos de trabajo se han creado en servicios de bajo valor agregado (trabajo doméstico, comercio pequeño), a menudo como resultado del trabajo autónomo. Los trabajadores informales en la República Dominicana son un grupo muy diverso, y la informalidad está generalizada entre los sectores (Guzmán 2007). Algunos trabajadores se ven obligados a aceptar contratos informales. Por otra parte, algunos propietarios de pequeñas empresas no registran sus negocios porque les resulta oneroso y costoso (en particular, aquellos que no planifican la futura expansión del negocio). Esto puede afectar negativamente la productividad, ya que la fragmentación del negocio debido a la informalidad puede impedir el logro de economías de escala.

Además, los altos niveles de informalidad empujan a las personas fuera de las redes de la seguridad social, despojan al estado de los potenciales recursos tributarios y limitan su participación en sindicatos de trabajadores organizados. La debilidad histórica de los sindicatos en la República Dominicana (Ondetti 2009) puede explicar parte de la disminución observada en el retorno real al trabajo, a pesar de la creciente productividad, porque los sindicatos no gozan de una fuerte posición de negociación por ante los empresarios al negociar salarios mínimos. Al mismo tiempo, en un contexto de aumento en los tipos reales de cambio a partir de la crisis bancaria de 2003-2004, mantener bajos los salarios puede haber sido la única manera de seguir atrayendo la inversión extranjera directa y preservar la competitividad externa.

Una economía nacional con débiles vínculos intersectoriales

La desconexión entre sectores de alto valor agregado (con escasa generación de empleo) y sectores de bajo valor agregado (con informalidad y alto crecimiento del empleo) es síntoma de una economía dividida, evidente también en la estructura de las exportaciones. Las empresas que operan en zonas francas (ZF) producen y exportan productos de mayor valor agregado en comparación con los exportadores sujetos al régimen nacional. Mientras que el primer grupo se especializa en productos como prendas de vestir, dispositivos médicos y joyería, este último grupo se especializa principalmente en productos basados en recursos, tales como minerales (oro, ferroníquel) y productos agrícolas (gráfico O.4). A primera vista, la canasta de exportaciones dominicanas se ve bien diversificada en términos de productos, pero sólo un puñado de bienes son significativos en términos de valor de exportación. Los productos manufacturados que requieren cierto nivel de transformación industrial suelen provenir de las ZF; algunos ejemplos incluyen cigarros, camisetas, instrumentos médicos y disyuntores eléctricos.

Las exportaciones y el empleo en las ZF cayeron drásticamente durante la última década, en el contexto de la caducidad de las preferencias textiles.

Gráfico O.4 Composición tecnológica de las ZF frente a las exportaciones no originarias de la ZF, 2002-12

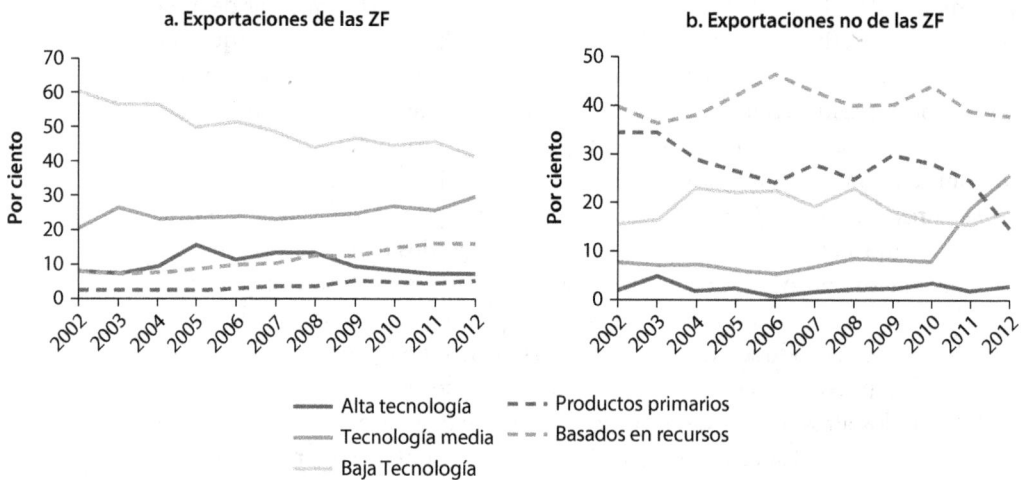

a. Exportaciones de las ZF

b. Exportaciones no de las ZF

— Alta tecnología
— Tecnología media
— Baja Tecnología
- - - Productos primarios
- - - Basados en recursos

Fuente: Banco Mundial 2014.
Nota: El gráfico muestra la evolución de contenido tecnológico de las exportaciones de la República Dominicana utilizando la clasificación sugerida por Lall (2000).

A principios de los años 2000, las exportaciones dominicanas estaban dominadas por las exportaciones textiles (que representaban un tercio del total de exportaciones), cuando la industria de prendas de vestir recibía beneficios de las cuotas estadounidenses definidos por el Acuerdo Mundial Multifibras, que había estado vigente por más de tres décadas. La eliminación gradual de este acuerdo mundial, concluido a principios de 2005, condujo a una declinación de la industria textil en la República Dominicana, que no pudo competir con la indumentaria más barata de Bangladesh; China; Hong Kong RAE, China; y Vietnam. Frente a esta eliminación, la República Dominicana llegó tarde al Tratado de Libre Comercio de Centroamérica, entre la región centroamericana y Estados Unidos, uniéndose a ella en 2007. Desde entonces, las ZF han podido diversificar la canasta de exportación en productos emergentes tales como: dispositivos médicos, calzados y productos farmacéuticos. Sin embargo, esta transformación no ha traído creación neta de empleo, cayendo los puestos de trabajo en las ZF de 140,000 en 2000 a casi 40,000 en 2012.

Otro reto de las ZF es que están relativamente aisladas del resto de la economía, reduciendo el potencial de externalidades positivas y efectos indirectos. La literatura sobre las ZF en la República Dominicana (Burgaud y Farole 2011, Sánchez-Ancochea 2012) discute en detalle la falta de encadenamientos regresivos, aunque la evidencia directa es escasa. Utilizando encuestas de empresas, el Banco Mundial (2014b) concluye que las empresas dominicanas de inversión extranjera directa (principalmente ubicadas en ZF) importan casi el 70 por ciento de sus insumos, comparado con el 49 por ciento para el Caribe, 58 por ciento para Centroamérica y 43 por ciento para México y América del Sur.[6] Las ZF no están comprando insumos de proveedores nacionales, lo que limita el potencial de transmisión del conocimiento, los procesos de aprendizaje por la práctica y ganancias en eficiencia. Otra interpretación tentativa es que la falta de encadenamientos con el resto de la economía también puede indicar que la mayor parte de la riqueza generada en el proceso de exportación sigue siendo en las empresas de ZF que suelen ser de propiedad extranjera.

El gasto público podría ser más equitativo

La tercera explicación posible detrás de las lentas mejoras en la desigualdad y la reducción de la pobreza en un contexto de altas tasas de crecimiento es el limitado espacio fiscal de la República Dominicana para llevar a cabo políticas públicas que mejoren la equidad. Por ejemplo, en el caso de los impuestos, la República Dominicana se caracteriza por una limitada capacidad de generación de ingresos, y en este sentido, su rendimiento es inferior comparado con otros países de la región LAC (gráfico O.5). Los ingresos fiscales han disminuido de un promedio de 15,1 por ciento del PIB en 2005-08 a un promedio de 13,3 por ciento del PIB en 2009-13. Esta disminución se explica principalmente por el desmantelamiento de aranceles y derechos en el contexto del Tratado de Libre Comercio de Centroamérica al que se unió la República Dominicana. Cabe destacar también que el Poder Ejecutivo fracasó en su intento de evitar la disminución de los ingresos fiscales mediante la adopción

Gráfico O.5 Participación de los ingresos fiscales en países seleccionados de LAC, 2012

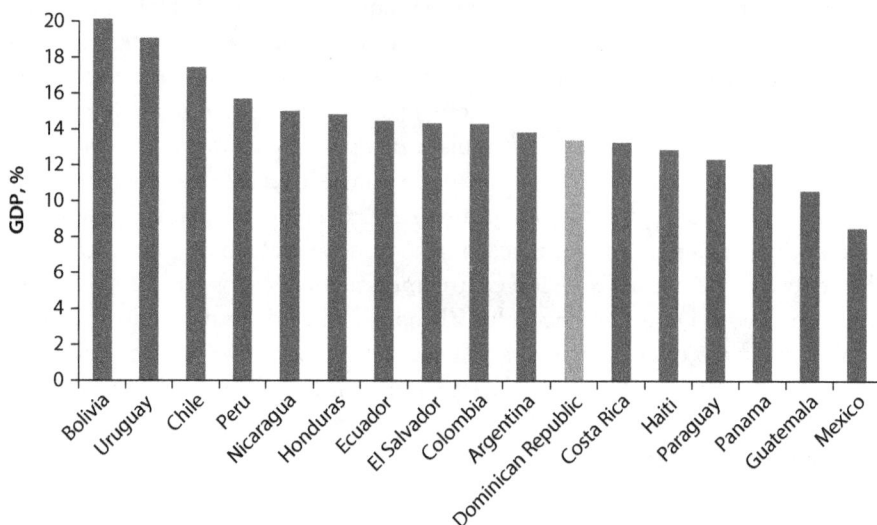

Fuente: Calculado utilizando los datos de Estadísticas e Indicadores de CEPALSTAT.

de un total de seis reformas fiscales entre 2004 y 2012. Una de las medidas más significativas que se introdujo (en términos de capacidad de recaudación) fue el aumento de las tasas del impuesto al valor agregado del 12% al 16% (Ley 288-04) y luego al 18% (Ley 253-12), que probablemente fue moderadamente regresiva.[7]

Desde el punto de vista del gasto, una serie de rigideces han limitado el espacio fiscal para llevar a cabo políticas redistributivas. En primer lugar, la crisis bancaria de 2003-2004 tuvo un gran costo fiscal, asociado al rescate de una de las principales entidades financieras del país; por tanto, desde 2007 el gobierno de República Dominicana ha estado dedicando alrededor del 1 por ciento del PIB a la recapitalización del Banco Central de la nación. En segundo lugar, mientras que las acciones de la República Dominicana en la deuda del sector público no financiero disminuyeron aproximadamente el 29 por ciento del PIB en 2003 (después de la crisis) al 18 por ciento en 2007, se expandió de nuevo, alcanzando el 38,3 por ciento del PIB en 2013. El Fondo Monetario advirtió en 2014 que la República Dominicana se enfrenta a grandes necesidades públicas de financiamiento bruto, lo que representa cerca de dos tercios de los ingresos esperados.[8] En tercer lugar, las ineficiencias en el sector eléctrico (Rufín et al., 2014), que han supuesto transferencias del gobierno en promedio del 1,3 por ciento del PIB en 2009-12, han planteado otra rigidez y una severa carga para la competitividad de las empresas dominicanas (Gráfico O.5).

Con recursos fiscales limitados, la República Dominicana se ha enfrentado a dificultades para implementar políticas públicas que mejoren la equidad. Durante 1991-2010, la República Dominicana gastó alrededor de 2% del PIB en educación pública, ubicándose en el nivel más bajo de los países latinoamericanos.[9]

A pesar de una notable expansión de la matrícula escolar en las últimas dos décadas, el sistema se ha caracterizado por altas proporciones de alumnos por maestro, maestros laborando doble turnos, formación inadecuada y altas tasas de repetición y abandono (Sánchez y Senderowitsch, 2012). Para hacer frente a estos desafíos, y tras las extensas protestas de los ciudadanos en diciembre de 2010, el gobierno aumentó las asignaciones para educación al 4 por ciento del PIB por primera vez en el presupuesto de 2013. El sector salud presenta una situación similar, habiendo registrado notables mejoras en términos de cobertura, pero enfrentando retos persistentes en términos de acceso efectivo, ya que los gastos de bolsillo todavía representan el 66 por ciento del gasto total y la compra de medicamentos es una carga pesada para los estratos más pobres de la población.

En resumen, un círculo vicioso parece limitar la capacidad del gobierno dominicano para redistribuir la riqueza. Sánchez y Senderowitsch (2012) observan cómo los individuos en la República Dominicana, especialmente los de clase media, prefieren no utilizar servicios públicos por su limitada calidad, eligiendo, en su lugar, soluciones privadas (por ejemplo, escuelas y seguros de salud privados). Esto parece hacerlos menos propensos a participar en acciones colectivas, exigiendo una mayor responsabilidad del sector público, y menos propensos a pagar impuestos, limitando así aún más los recursos estatales para mejorar la calidad de la prestación de servicios públicos. Es probable que este equilibrio de bajo nivel impida al país alcanzar un estado de bienestar y obstaculice las perspectivas de reducción de la pobreza.

¿Por qué no basta el crecimiento para reducir la pobreza en la República Dominicana? Un análisis empírico de los factores que contribuyen a un crecimiento compartido limitado

La evidencia disponible apoya firmemente el papel de tres características distintivas de la economía dominicana para explicar por qué la prosperidad no ha sido compartida más ampliamente en un país que no parece tener un problema de crecimiento. En la opinión de los autores, estas tres características forman parte de un rompecabezas más complejo; otras piezas podrían ayudar a crear una visión más clara de por qué el crecimiento no ha sido suficiente para contribuir a una reducción más rápida de la pobreza. Este libro pretende descifrar este rompecabezas e identificar explicaciones complementarias sobre por qué la República Dominicana continúa, hasta la fecha, experimentando un alto crecimiento con una limitada reducción de la pobreza. Los autores creen firmemente que la evaluación del funcionamiento del mercado laboral dominicano, con un enfoque en la equidad, puede contribuir a informar el debate político en curso sobre las reformas necesarias para mejorar los encadenamientos entre el crecimiento económico, los ingresos laborales y la reducción de la pobreza. El aporte del libro, por tanto, radica precisamente en ofrecer una exploración más cuidadosa de temas concretos con respecto a las explicaciones comunes de las deficiencias de la República Dominicana para acelerar la reducción de la pobreza.

Cuando no basta el crecimiento • http://dx.doi.org/10.1596/978-1-4648-1189-0

Con este objetivo en mente, este libro reúne una colección de análisis empíricos que exploran tres hipótesis complementarias que podrían ayudar a descifrar el rompecabezas del crecimiento con una limitada prosperidad compartida en la República Dominicana.

Hipótesis 1: La metodología de la pobreza podría no tomar en cuenta la variación de precios para consumo entre los niveles de ingresos

La primera hipótesis verifica si el patrón observado de crecimiento económico rápido con pobreza persistente y desigualdad en este país está en parte impulsado por una metodología de pobreza que no toma en cuenta la variación de precios que afecta claramente los patrones de consumo de los hogares de bajos ingresos y los que están en mejor situación. Si se sostiene esta hipótesis, la República Dominicana puede enfrentar una situación en la que se subestima el ingreso de los hogares en el fondo de la distribución.

Hipótesis 2: El patrón de especialización podría no favorecer el trabajo no calificado

La segunda hipótesis verifica si el patrón de especialización en la República Dominicana puede ser tal que no favorezca el trabajo no calificado. Si se sostiene esta hipótesis, entonces los retornos al capital probablemente sean mucho más altos que los retornos a la mano de obra; y esto sería una indicación de que la República Dominicana ha tenido una ventaja comparativa en productos que requieren un uso intensivo de capital intensivo en lugar de un uso intensivo de mano de obra.

Hipótesis 3: La pobreza y la desigualdad salarial pueden verse afectadas por la inmigración y la emigración

La tercera hipótesis investiga si la pobreza y la desigualdad salarial en este país se ven afectadas no sólo por la inmigración sino también por la emigración. La emigración haitiana podría estar suministrando mano de obra no calificada que atenúa el efecto que sobre los salarios tienen los aumentos en la demanda de mano de obra generalmente asociados con altas tasas de crecimiento del PIB. Sin embargo, muchos dominicanos se han mudado al extranjero en décadas pasadas, principalmente a los Estados Unidos, donde formaron una de las diásporas migrantes más grandes del país. Por tanto, es necesario realizar un análisis económico del impacto en el mercado laboral, considerando estos dos flujos migratorios simultáneamente.

El análisis de tres hipótesis complementarias analizadas en este libro arroja resultados interesantes que revelan la complejidad del fenómeno de crecimiento con reducción limitada de la pobreza en la República Dominicana. Con respecto a la primera hipótesis, un resultado importante es que no hay evidencia de ningún problema metodológico con la metodología aplicada para calcular la pobreza o el crecimiento económico en este país. Como se discute en el capítulo 1, la participación del ingreso familiar que no se tiene en cuenta en el cálculo de la incidencia de la pobreza no es lo suficientemente sustantiva para tener un impacto significativo en la tasa de pobreza.

Con respecto a la segunda hipótesis, la evidencia presentada en los capítulos 2 y 3 muestra que los patrones de comercio de la República Dominicana (una dotación relativamente baja de trabajadores calificados) no son las fuentes más probables de desigualdad en el país. Esto es importante porque confirma la importancia de la política gubernamental de promover una mayor equidad e inclusión a través de un gasto público más eficiente y orientado. Por otro lado, los resultados presentados en el capítulo 3 apuntan a una asociación negativa entre los cambios sectoriales en la participación laboral y el crecimiento en el país. Esto sugiere la importancia de las políticas de la oferta para mejorar la calificación de la fuerza laboral y la participación. Con una fuerza de trabajo mejor educada, puede ser más fácil para el país avanzar hacia un círculo más virtuoso de mayor productividad, mayor crecimiento y creación de empleo más rápida.

Por último, la tercera hipótesis se refiere a los efectos de la migración sobre la pobreza y la desigualdad salarial. En este libro, los hallazgos son menos concluyentes debido a severas limitaciones de datos. No obstante, luego de utilizar enfoques metodológicos sólidos y de vanguardia para investigar esta cuestión, la evidencia presentada en los capítulos 4 y 5 sigue siendo altamente relevante. El análisis muestra que el impacto de la inmigración sobre los trabajadores más calificados es mínimo y relativamente positivo para aquellos con baja calificación en el sector formal. Los efectos de la emigración son coherentes con la teoría económica y sugieren que los dominicanos altamente calificados que deciden no migrar tienden a beneficiarse de la emigración porque la oferta disminuye y los trabajadores poco calificados tienden a perder más frente a los de alta calificación, por su función complementaria en la producción.

Resumen

El capítulo 1 aborda la idoneidad de la metodología para medir la variación de precios, centrándose en si la baja capacidad de respuesta de la tasa de pobreza al fuerte y robusto nivel de crecimiento económico registrado por la República Dominicana durante el último decenio puede explicarse en parte por un índice de precios que no refleja diferencias en los patrones de consumo entre los grupos de ingresos. Otro motivo de preocupación es que la definición de *ingreso de los hogares* utilizada en los micro datos puede pasar por alto componentes que representan una importante fuente de ingresos para los hogares pobres, como las transferencias sociales, que han aumentado en los últimos años a medida que el país ha introducido nuevas redes de seguridad social.

Sumándose a las preocupaciones está la cuestión de que la fiabilidad de las cifras de pobreza en la República Dominicana ha sido cuestionada recientemente.[10] Después de evaluar exhaustivamente las preocupaciones anotadas anteriormente, Aristy-Escuder concluye que la calidad de las encuestas de hogares en el país podría ser mejorada para incluir información más detallada sobre las fuentes de ingreso, principalmente relacionadas con los programas sociales y los ingresos agrícolas. Sin embargo, su conclusión principal es que la participación del ingreso que no se toma en cuenta para calcular la incidencia de la pobreza no es lo suficientemente grande para tener un impacto significativo en la tasa de pobreza. Sus resultados son sólidos frente al uso de diferentes índices de precios al consumidor para calcular la tasa de pobreza de la República Dominicana, la cual no cambió mucho para cada índice utilizado en este experimento.

El capítulo 2 examina el papel de la dotación de factores, la tecnología y la movilidad de capital en la creación de empleo e investiga la siguiente interrogante: ¿por qué, frente a un crecimiento sobresaliente, no ha sido capaz la República Dominicana de generar suficientes empleos formales para absorber su abundante fuerza laboral (por ejemplo, en la manufactura ligera)? Este capítulo pondera esta cuestión explorando la relación entre la dotación de factores y la ventaja comparativa en la República Dominicana. En particular, los autores ponen a prueba la hipótesis de que los factores de las exportaciones dominicanas no hacen uso intensivo de mano de obra. En ese contexto, estiman los coeficientes de Rybczynski para la economía global y para la República Dominicana en particular, y luego verifican si las estimaciones dominicanas difieren de las estimaciones globales. Con esto, entonces evalúan si la República Dominicana ha tenido una ventaja comparativa en productos que requieren de uso intensivo de capital en lugar de uso intensivo de mano de obra.

El capítulo 3 analiza si los resultados del mercado de trabajo en la República Dominicana sufren de cambios tecnológicos sesgados a favor del capital, proporcionando percepciones adicionales sobre las cuestiones abordadas en el capítulo anterior. En este capítulo, los autores estudian la evolución reciente de la participación del ingreso laboral en la República Dominicana para probar si los cambios técnicos sesgados pueden ayudar a explicar por qué el fuerte crecimiento económico observado en el país no se ha traducido en mejores resultados en el mercado laboral. Más específicamente, analizan si el estancamiento salarial en el contexto de un crecimiento económico favorable lo impulsa una disminución en la participación del ingreso laboral. Si el cambio técnico sesgado a favor del capital es realmente un factor, entonces los sectores que experimentaron un mayor crecimiento del producto también experimentaron una disminución en la participación del ingreso laboral, concluyen los autores. Sus resultados indican que la participación laboral en la República Dominicana disminuyó significativamente durante la crisis bancaria 2003-2004, lo que dio lugar a una significativa corrección salarial. Aunque los datos recientes de las cuentas nacionales sugieren que la participación de la mano de obra se ha recuperado hasta los niveles antes de la crisis, sigue siendo baja por comparación internacional, aunque similar a otras economías latinoamericanas en desarrollo. Las bajas de la participación laboral son notables en los sectores que impulsan en gran medida el crecimiento económico, posiblemente debido a cambios técnicos "sesgados" que aumentan la productividad y disminuyen la demanda de mano de obra. Específicamente, los autores encuentran una relación negativa entre los cambios sectoriales en la participación laboral y el crecimiento, tanto antes como después de la crisis.

Un análisis de descomposición concluye que, en la mayoría de los años, ha sido una disminución en la participación laboral en los sectores que está impulsando la disminución en la participación laboral, en lugar de un cambio en la composición de la producción.

El capítulo 4 se centra en los efectos salariales de la migración haitiana en la República Dominicana, profundizando en el complejo y sensible debate sobre si los emigrantes del vecino Haití afectan los resultados del mercado laboral en la República Dominicana. En este capítulo, los autores ponen a prueba la hipótesis de que una mayor inmigración haitiana se traduce en salarios más bajos para los trabajadores locales. La medida en que la inmigración afecta a los salarios en los mercados laborales locales está determinada, en gran medida, por si las calificaciones de los inmigrantes sustituyen o complementan las de los trabajadores locales. Si son sustitutos, esto puede dar lugar a una mayor competencia por empleos, aunque las calificaciones complementarias pueden conducir a un aumento de la productividad de los trabajadores locales.

Para explorar esta cuestión y a la vez de explorar la heterogeneidad en la distribución de inmigrantes haitianos en la República Dominicana, Sousa, Sánchez y Báez prueban una relación entre el tamaño de la población local de inmigrantes haitianos y los salarios de los trabajadores dominicanos. Su análisis concluye que los trabajadores haitianos en la República Dominicana están altamente agrupados en categorías de trabajo no calificado, sectores específicos y ubicaciones geográficas. En particular, dado el nivel relativamente bajo de escolaridad entre los inmigrantes haitianos y el bajo nivel de empleo de las mujeres inmigrantes haitianas, cabría esperar que la competencia por empleos con mano de obra haitiana fuera sentida principalmente por los hombres dominicanos con bajos niveles de escolaridad. Su análisis no encuentra relación negativa alguna entre la proporción de la mano de obra local nacida en Haití y los salarios del trabajo local una vez que se consideran las características individuales. Los autores también han probado si la migración haitiana afecta sólo a algunos tipos de trabajadores, observando a los trabajadores con ciertos niveles de escolaridad y considerar sólo la proporción de la mano de obra local haitiana que es del mismo grupo educativo y de género. Este análisis tampoco produce un efecto negativo o correlación. No encuentra evidencia que apoye la hipótesis de que la mano de obra haitiana en la República Dominicana ha resultado en un estancamiento de salarios para trabajadores locales. En cambio, los resultados sugieren que debido a que la mano de obra de inmigrantes haitianos se limita en gran medida a empleo no calificado e informal en la agricultura y la construcción, los inmigrantes haitianos tienen mayores probabilidades de ser complementarios que sustitutos tanto del capital como de los trabajadores dominicanos relativamente más calificados.

El capítulo 5 considera las implicaciones de la inmigración y la emigración en la República Dominicana en el mercado laboral, dando un paso más en este debate. Kone y Ozden añaden una nueva e importante dimensión a la discusión reconociendo que la República Dominicana ocupa un lugar único en el panorama migratorio como país de inmigración y emigración. Si bien acoge a muchos haitianos, que han emigrado para escapar de la pobreza y los efectos del masivo terremoto de 2010, la República Dominicana también tiene una diáspora similarmente grande en Estados Unidos. Los autores construyen un elegante, sofisticado y estilizado modelo anidado de producción que capta el grado de sustitución entre los nativos y los migrantes, los trabajadores de alta y baja calificación y los sectores formal e informal. A continuación, los autores simulan los efectos de la migración para un rango de valores de parámetros y niveles de inmigración. Esta simulación tiene la intención de eludir las graves limitaciones de datos asociadas con la medición de los flujos migratorios. Sus resultados muestran que los trabajadores poco calificados del sector informal se ven más afectados negativamente debido a su sustituibilidad directa por los inmigrantes. Como se había anticipado en el análisis del capítulo 4, el impacto de la inmigración es mínimo para los trabajadores formales altamente calificados, pero relativamente positivo para los trabajadores formales poco calificados. Los efectos de la emigración, más sobre los trabajadores altamente calificados que para los nativos, son de igual importancia. Kone y Ozden consideran que la mano de obra de inmigrantes no calificados gana debido a una reducción de la oferta y que los poco calificados pierden debido a su papel complementario en la producción. Una salvedad importante en su análisis es que el alcance del impacto negativo sobre los trabajadores formales e informales, poco calificados depende del grado de formalidad entre los emigrantes.

Notas

1. Cálculo basado en el *Método Atlas del Banco Mundial*, en lugar de simples tipos de cambio. Así como en los Indicadores del Desarrollo Mundial del Banco Mundial. Para obtener información detallada sobre el *Método Atlas*, visite https://datahelpdesk .worldbank.org/knowledgebase/articles/378832-the-world-bank-atlas-method -detailed-methodology.

2. Véase los archivos de datos de SEDLAC (CEDLAS y Banco Mundial) sobre la pobreza, incluyendo estimaciones regionales de pobreza. http://sedlac.econo.unlp .edu.ar/eng/statistics-detalle.php?idE=34.

3. Se destaca que la medición de la productividad como producción por trabajador (como en este capítulo) o como producción por hora (calculada por Abdullaev y Estevão 2013) conduce a resultados similares.

4. Sin embargo, los autores desean señalar que las ganancias en productividad en la industria manufacturera (Gráfico O.3) también pueden verse afectadas por la reducción del empleo manufacturero en las ZF en los años 2000, aunque Abdullaev y Estevão (2013) utilizan la producción por hora como representativa y así obtienen resultados similares.

5. Las tasas de desempleo abiertas sólo consideran a los encuestados que buscan activamente empleo en el transcurso del mes anterior. Cabe destacar que las tasas de participación en el mercado laboral entre individuos con educación terciaria (77 por ciento) y secundaria (64 por ciento) son significativamente más altas que aquellas con educación primaria o sin ninguna educación (alrededor del 50 por ciento), según la Encuesta Nacional de Fuerza de Trabajo 2014) realizada por el Banco Central de la República Dominicana. Véase http://www.bancentral.gov.do /estadisticas_economicas/mercado_trabajo/ para mayor información.

6. Los autores consideran que las empresas dominicanas de *inversión extranjera directa* (definidas como aquellas con un porcentaje de propiedad extranjera superior al 10 por ciento del capital social), utilizan las Encuestas de empresas del Banco Mundial-IFC. La muestra de la encuesta dominicana consta de solo 57 observaciones; Por tanto, los resultados deben ser interpretados con precaución.

7. De acuerdo a ejercicios de micro-simulación realizados por el Ministerio de Economía, Planificación y Desarrollo de la República Dominicana, con el apoyo del Banco Mundial, en enero 2013.

8. "Comunicado de prensa: El Directorio Ejecutivo del FMI concluye la Consulta del Artículo IV de 2014 y el Segundo debate de seguimiento posterior al programa con la República Dominicana", Comunicado de prensa No. 14/281, de junio 13, 2014, http://wwbw.imf.org/external/np/sec/pr/2014/pr14281.htm.

9. Indicadores del Desarrollo Mundial del Banco Mundial y SISDOM (Sistema de Indicadores Sociales de República Dominicana), Ministerio de Economía, Planificación y Desarrollo de la República Dominicana.

10. Véase Edwin Ruiz, "'Milagro dudoso': Más de 539 mil dejan pobreza en 6 meses," *Diario Libre*, 11 de agosto, 2014, http://www.diariolibre.com/economia/2014/08/11 /i740371_milagro-dudoso-539-mil-dejan-pobreza-meses.html.

Referencias

Abdullaev U., y M. Estevão. 2013. "Growth and Employment in the Dominican Republic: Options for a Job-Rich Growth." IMF Working Paper WP/13/40, Fondo Monetario Internacional, Washington, DC.

Baez, J. E., L. F. Lopez-Calva, A. Castaneda, and A. Sharman. 2014. *When Prosperity Is Not Shared: The Weak Links between Growth and Equity in the Dominican Republic.* Washington, DC: Grupo del Banco Mundial.

Burgaud, J.-M., and T. Farole. 2011. "When Trade Preferences and Tax Breaks Are No Longer Enough: The Challenge of Adjustment in the Dominican Republic's Free Zones." In *Special Economic Zones: Progress, Emerging Challenges, and Future Directions,* editado por T. Farole y G. Akinci, 159–89. Washington, DC: Banco Mundial.

Guzmán, R. M. 2007. *La informalidad en el mercado laboral urbano de la Republica Dominicana.* Santo Domingo: Banco Central de la República Dominicana.

Lall, Sanjaya. 2000. *The Technological Structure and Performance of Developing Country Manufactured Exports, 1985–1998.* Oxford (UK): Queen Elizabeth House, University of Oxford.

Ondetti, G. 2009. "Democratization and Redistributive Policymaking: Taxation, Social Spending and Labor Market Regulation in Brazil and the Dominican Republic." Trabajo presentado ante la reunión de American Political Science Association, Toronto, setiembre 3–6.

Rufin, C., D. Zucchini, R. Senderowitsch, y M. E. Sánchez-Martín. 2014. "The Dominican Republic: Moving from Exit to Voice—Shifting Incentives in the Power Sector." In *Problem-Driven Political Economy Analysis: The World Bank's Experience,* editado por B. Levy, V. Fritz y R. Ort. Washington, DC: Banco Mundial.

Sánchez-Ancochea, D. 2012. "A Fast Herd and a Slow Tortoise? The Challenge of Upgrading in the Dominican Republic." *Studies in Comparative International Development* 47 (2): 208–30.

Sánchez, M. E., y R. Senderowitsch. 2012. "The Political Economy of the Middle Class in the Dominican Republic: Individualization of Public Goods, Lack of Institutional Trust and Weak Collective Action." Policy Research Working Paper 6049, Banco Mundial, Washington, DC.

————. 2014. *How to Sustain Export Dynamism by Reducing Duality in the Dominican Republic: A World Bank Trade Competitiveness Diagnostic.* Washington, DC: World Bank. http://documents.worldbank.org/curated/en/863411468233087995/pdf/AUS6804 -REVISED-WP-P145785-PUBLIC-Box391428B.pdf.

CAPÍTULO 1

Definición de ingresos, índices de precios y recuento de la pobreza en la República Dominicana

Jaime Aristy-Escuder

Históricamente, la economía de la República Dominicana ha tenido tasas de crecimiento relativamente altas. Del 1991 al 2015, la tasa promedio de crecimiento económico real fue de 5 por ciento. La estabilidad macroeconómica y política fueron factores que impulsaron este desempeño económico, junto con la implementación de reformas estructurales que mejoraron el proceso de asignación de recursos y estimularon la inversión directa nacional y extranjera.[1] Esta alta tasa de crecimiento se ha explicado por la acumulación de capital, seguida de un aumento de la productividad total de los factores y, en menor medida, mayores niveles de empleo (Johnson 2013).

Desde principios de los 90, la República Dominicana ha sido una de las economías de más rápido crecimiento en América Latina y el Caribe. Entre 1992 y 2000, la tasa de crecimiento del Producto Interno Bruto (PIB) anual fue del 6,5 por ciento, convirtiendo a la República Dominicana en el país de mejor desempeño de la región. Pero a lo largo de 2001-14, la tasa de crecimiento promedio del país disminuyó a 4,5 por ciento como resultado de la crisis bancaria dominicana (2003-04), el aumento de los precios internacionales del petróleo (2008) y la Gran Recesión (2008-09). La crisis bancaria provocó una tasa de inflación del 42,7 por ciento y una contracción del PIB del 1,3 por ciento en 2003.

El autor expresa su agradecimiento a los colaboradores por su ayuda en la recopilación de datos y en el análisis e interpretación de datos, a saber, Ramón González, Elina Rosario (Banco Central de la República Dominicana), Antonio Morillo (Ministerio de Economía, Planificación y Desarrollo, MEPyD) Mabely Díaz (Oficina Nacional de Estadística, ONE), y Jaime Pérez (Dirección General de Presupuesto, DIGEPRES). También a Juan Carlos Parra, Miguel Sánchez, y McDonald Benjamín (todos del Banco Mundial) por sus comentarios y sugerencias importantes.

Jaime Aristy-Escuder es profesor de economía en el Instituto Tecnológico de Santo Domingo (INTEC), República Dominicana. Tiene un título de maestría en matemáticas financieras de la Universidad de Chicago y un doctorado en economía de la Universidad de Barcelona. Por favor dirija la correspondencia a jaimearisty@gmail.com.

Así, la incidencia de la pobreza saltó del 33,4 por ciento (septiembre 2002) a 50 por ciento (septiembre 2004), es decir, más de 1.7 millones de personas han caído en la pobreza. La Gran Recesión también tuvo un impacto negativo en la economía dominicana.

En resumen, la reducción de los flujos de comercio internacional, el alza de los precios del petróleo y la desaceleración del crecimiento mundial causaron un descenso significativo de la actividad económica. El impacto negativo de estos choques externos fue notable. En un año, 218,479 personas pasaron a la pobreza, aumentando la incidencia de pobreza de 43,8 por ciento (septiembre de 2007) a 45,2 por ciento (septiembre de 2008).

Este capítulo examina la incidencia de la pobreza y las tendencias asociadas enfocadas en la definición del ingreso, los índices de precios y el recuento de la pobreza. Cabe señalar que, a pesar de la relativamente rápida recuperación del crecimiento del PIB desde la crisis bancaria dominicana de 2003-04, la reducción de la incidencia de la pobreza ha sido lenta. Hasta septiembre de 2013, la incidencia de la pobreza era 41,8 por ciento, demostrando que la economía no había alcanzado niveles de pobreza pre-crisis. Sin embargo, se ha observado una mejora de los indicadores de pobreza desde 2014 en el contexto de la reciente aceleración del crecimiento económico durante 2014-15 (con tasas superiores al 7 por ciento anual). Las publicaciones oficiales más recientes indican que la incidencia de la pobreza es del 31,5 por ciento (septiembre de 2015) y posteriormente del 30 por ciento (ONE y MEPyD 2015b).

Contra este telón de fondo, este capítulo examina la siguiente pregunta: dado el fuerte desempeño económico, ¿por qué el crecimiento no se ha traducido a una reducción más rápida de la pobreza en la República Dominicana? Al hacerlo, se evaluarán dos hipótesis. La primera considera la posibilidad de que las encuestas de hogares no capten todas las fuentes de ingresos, incluidas las transferencias sociales en efectivo y en especie, necesarias para determinar correctamente la incidencia de la pobreza. Como tal, el ingreso del hogar se descompone en este análisis para determinar si los conceptos de ingresos que no están incluidos en la definición de *bienestar* tienen un impacto significativo en las medidas de pobreza.[2]

La segunda hipótesis establece que el Índice General de Precios al Consumidor (IPC), utilizado para ajustar periódicamente las líneas de pobreza, no refleja adecuadamente la evolución del costo de la canasta de consumo de los hogares pobres.[3] Los patrones de consumo de los hogares pobres y no pobres se comparan con la canasta de consumo implícita en el IPC general para determinar si los ajustes de la línea de pobreza, utilizando el IPC para toda la población, ignoran variaciones heterogéneas de precios- y por lo tanto el poder adquisitivo- a través de diferentes grupos de ingresos. En este caso, esto distorsionaría las medidas del índice de pobreza.

La pobreza en la República Dominicana

La metodología oficial usada para definir *pobreza* en la República Dominicana corresponde a un enfoque monetario medido por el ingreso de los hogares (ONE y MEPyD 2012).[4] La definición oficial de *pobreza monetaria* considera un indicador de bienestar definido a partir del ingreso disponible de los hogares: una canasta básica y una canasta básica no alimentaria, la última de las cuales considera necesidades esenciales como prendas de vestir, vivienda, agua, electricidad, escolaridad y atención médica confiable.[5] Ambas canastas se construyen basado en observación del patrón de consumo de una población de referencia y se evalúan y ajustan de conformidad con criterios nutricionales. De acuerdo con este enfoque, la *pobreza monetaria* se define como el estado en el cual existe un déficit en la cantidad de recursos (ingresos) considerados necesarios para un hogar comprar una canasta de alimentos y no alimentaria mínima.

Basado en estos indicadores, se establece una condición de pobreza monetaria de una persona o un hogar con dos umbrales: la línea de pobreza extrema y la línea de pobreza general. El primero representa el dinero necesario para comprar una canasta de alimentos con el requerimiento mínimo de calorías diarias para un adulto equivalente. El segundo umbral utilizado para definir la pobreza representa los recursos monetarios necesarios para comprar bienes y servicios básicos, además de alimentos, que se han identificado como necesarios para el bienestar.[6] Además, también se toman en consideración las líneas de pobreza urbana versus rural, dependiendo de la residencia, para establecer la pobreza monetaria de los hogares.

Las líneas de pobreza se ajustan periódicamente utilizando el IPC calculado por el Banco Central de la República Dominicana. El salto en la tasa de inflación durante la crisis bancaria (2003-04) aumentó significativamente el valor de las líneas de pobreza (gráficos 1.1 y 1.2). De septiembre de 2002 a septiembre de 2004, la línea de pobreza nacional casi se duplicó, pasando de RD$1,372.40 a RD$2,702.20.

Gráfico 1.1 Líneas de pobreza general: general, urbana y rural, 2000–15

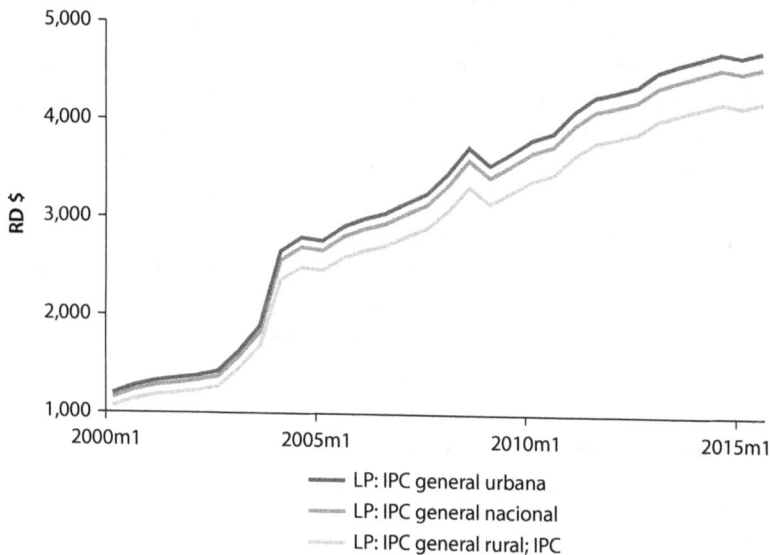

Fuente: Basado en datos de la ONE y el MEPyD (2015b).
Note: IPC = Índice de Precios al Consumidor; MEPyD = Ministerio de Economía, Planificación y Desarrollo; ONE = Oficina Nacional de Estadísticas; LP = Línea de la Pobreza.

Gráfico 1.2 Líneas de pobreza extrema: General, urbana y rural, 2000–15

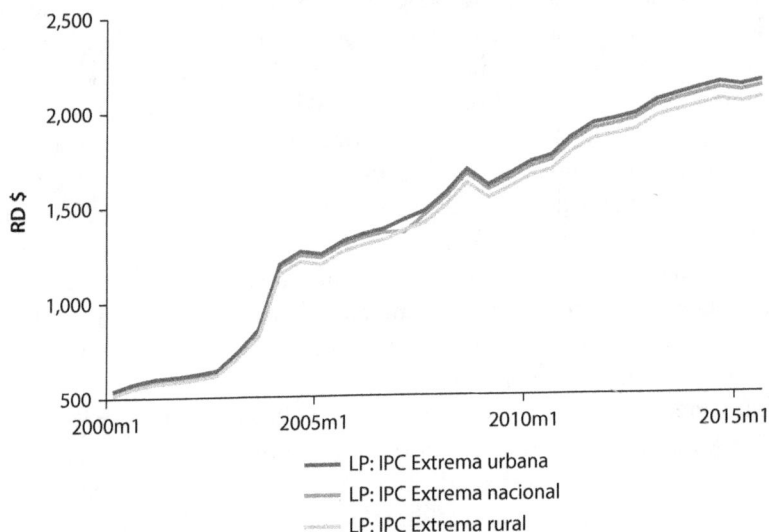

Fuente: Basado en datos de ONE y MEPyD (2015b).
Nota: IPC = Índice de Precios al Consumidor; MEPyD = Ministerio de Economía, Planificación y Desarrollo; ONE = Oficina Nacional de Estadísticas; y LP = Línea de pobreza.

Esta tendencia aumentó el número de personas que viven en la pobreza. En septiembre de 2015, la línea general de pobreza fue de RD$4,582.10; la línea de pobreza extrema, RD$2,109.50; a línea general de pobreza urbana, RD$4,748.70; y la línea de pobreza rural general, RD$4,228.00.

Al examinar la pobreza como proporción de la población, la estimación oficial más reciente (septiembre de 2015) revela que la tasa general de incidencia de la pobreza fue 31,5 por ciento. En general, se evidencia una disminución persistente en la incidencia general de la pobreza desde septiembre de 2013, con los niveles de septiembre de 2015 a niveles anteriores a la crisis de 2000-2002. Cabe señalar que, desde septiembre de 2013 hasta septiembre de 2015, la incidencia general de la pobreza se redujo en 10,3 puntos porcentuales (gráfico 1.3). Por área de residencia, en septiembre de 2015, la tasa de pobreza general fue mayor en áreas rurales (38,3 por ciento) que en las áreas urbanas (28,2 por ciento).

En comparación, la pobreza extrema afecta al 6,8 por ciento de la población total, con incidencia en el área urbana (4,9 por ciento) menor que en las áreas rurales (10,6 por ciento) (gráfico 1.4). De septiembre de 2013 a septiembre de 2015, la pobreza extrema disminuyó en 3,0 puntos porcentuales (ONE y MEPyD 2015b).

Fuentes de ingreso y recuento de pobreza

ENIGH 2007: Resumen de la Encuesta Nacional de Ingresos y Gastos de los Hogares de 2007

La información usada para definir las canastas básicas de consumo de alimentos y no alimentarias (antes discutidas) es la Encuesta Nacional de Ingresos y Gastos de los Hogares del 2007 (ENIGH 2007). ENIGH 2007 dirigida a obtener datos sobre

Gráfico 1.3 Incidencia de la pobreza general: nacional, urbana, y rural, 2000–15

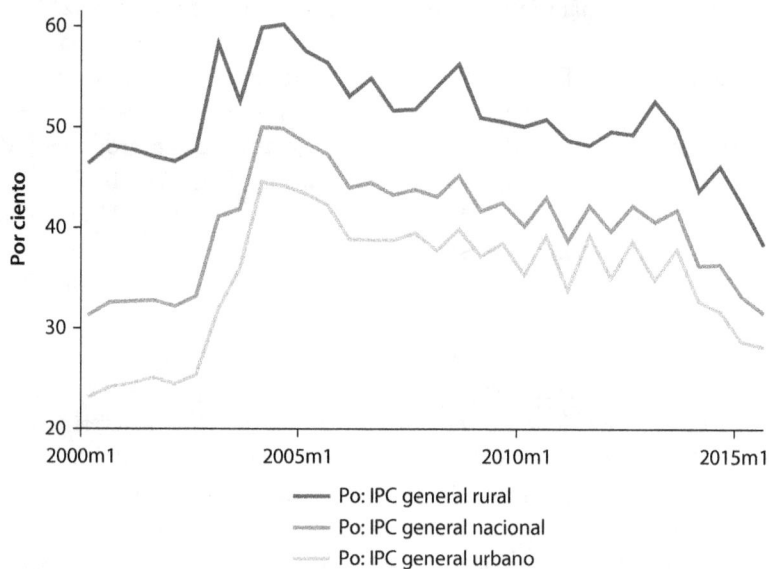

- ——— Po: IPC general rural
- ········ Po: IPC general nacional
- ········ Po: IPC general urbano

Fuente: Basado en datos de la ONE y MEPyD (2015b).
Nota: índice de precios al consumidor; MEPyD = Ministerio de Economía, Planificación y Desarrollo; ONE = Oficina Nacional de Estadísticas; y Po = incidencia de pobreza;

Gráfico 1.4 Incidencia de la pobreza extrema: nacional, urbana, y rural, 2000–15

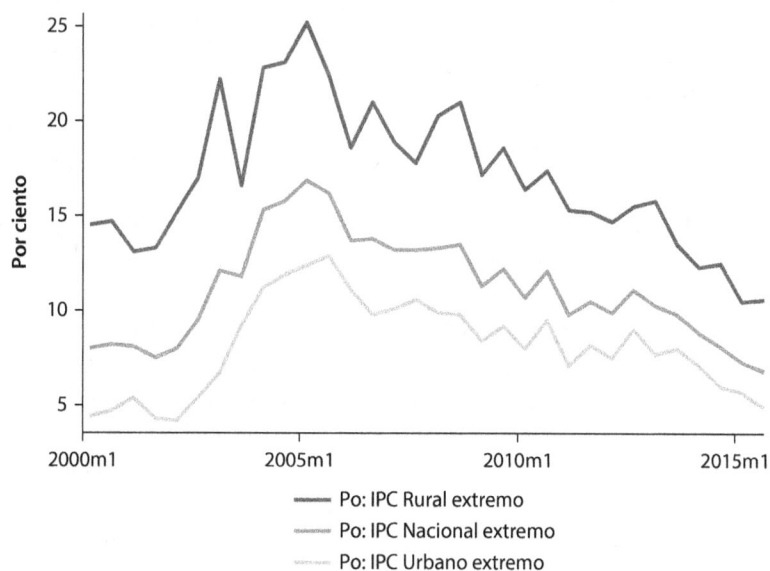

- ——— Po: IPC Rural extremo
- ········ Po: IPC Nacional extremo
- ········ Po: IPC Urbano extremo

Fuente: Basado en datos de la ONE y MEPyD (2015b).
Nota: IPC = índice de precios al consumidor; Po = incidencia de la pobreza; MEPyD = Ministerio de Economía, Planificación y Desarrollo; ONE = Oficina Nacional de Estadísticas.

los ingresos y gastos de los hogares, así como del bienestar general de la población de una muestra nacional representativa por región y área de residencia.

Espacialmente, la encuesta ENIGH 2007 abarcó el Distrito Nacional y las 31 provincias del país. Es importante señalar que, en la mayoría de los casos, el tamaño de la muestra en cada provincia no permitió inferencias con una precisión aceptable a ese nivel. Además, la muestra fue dividida en proporción con la población reportada a las regiones de planificación (Decreto 710-2004), en el VIII Censo Nacional de Población y Vivienda de la República Dominicana de 2002 y clasificada por área de residencia: urbana o rural. La cobertura temporal de los datos captados fue de 12 meses, es decir, entre el 8 de enero de 2007 y el 17 de enero de 2008.

La muestra efectiva de la ENIGH 2007 arrojó 8,318 casas, 8,363 hogares y 30,937 personas. Los datos fueron recolectados de los hogares seleccionados por medio de cuatro cuestionarios: el primero contempló las características de la vivienda y del hogar y sus miembros; el segundo, gastos diarios del hogar; el tercero, gastos personales diarios de los miembros del hogar con independencia de algunos gastos; y el último, la actividad agrícola.

Basado en los resultados de la encuesta y utilizando los factores de expansión, la población total en 2007 fue de 9,353,700; 49,7 por ciento hombres y 50,3 por ciento mujeres. Por área de residencia, el 67,2 por ciento de la población vivía en áreas urbanas y el 32,8 por ciento restante en áreas rurales.

ENIGH 2007: Fuentes de ingresos

La ENIGH 2007 recoge los siguientes tipos de ingresos: ingreso laboral monetario, ingreso laboral en especie, transferencias nacionales, transferencias extranjeras y alquiler imputado de la vivienda propia. Sin embargo, los ingresos laborales, tanto monetarios como en especie, y las transferencias nacionales han sido tradicionalmente las principales fuentes de ingresos, siendo el ingreso laboral el más relevante y el que tiene mayor impacto en la estimación de la pobreza.

Para la población general, el ingreso total laboral representa el 71,4 por ciento del ingreso total del hogar. Seguido por el ingreso de transferencias nacionales, con 11,2 por ciento, y el alquiler imputado de propiedad de vivienda representa 8,5 por ciento. Dividiendo la población en cinco partes, utilizando quintiles, podrían ordenarse de los más pobres (incluidos en el primer quintil) a los más ricos (incluidos en el quinto quintil). Para el primer quintil, el ingreso total laboral se reduce al 53,4 por ciento y las transferencias nacionales saltan al 27,7 por ciento, mientras que el alquiler imputado de propiedad de vivienda es del 14,2 por ciento. En comparación, para el quintil superior, los ingresos laborales representan el 74 por ciento del ingreso total de los hogares, los ingresos de transferencias nacionales representan el 7,5 por ciento, y el alquiler imputado de propiedad de vivienda el 7,8 por ciento.[7]

Sin embargo, algunas fuentes de ingresos no se incluyen como ingresos para el cálculo de la pobreza, ya que se consideran ocasionales (por ejemplo, ingresos por herencia, pagos de seguros y transferencias extranjeras ocasionales).

A pesar de que el indicador de bienestar no incluye algún ingreso ocasional, esta fuente no tiene una ponderación significativa en el ingreso total del hogar.[8] El ingreso total no incluido en el cálculo de la pobreza representa sólo el 1,5 por ciento del ingreso total del hogar.

Los cálculos oficiales de la pobreza no consideran como ingresos otros tipos de ingresos porque no se encuentran en la Encuesta Nacional de Fuerza de Trabajo (ENFT), que se utiliza periódicamente para calcular la pobreza general y extrema en la República Dominicana. En el proceso de homologar la definición de ingreso que se utilizará para construir el indicador de bienestar que define la pobreza monetaria en la República Dominicana, no se consideraron algunas fuentes de ingreso porque no fueron incluidas en la ENFT. Estas fuentes de ingresos son (a) ingresos ocasionales, (b) otras transferencias nacionales del último mes y los últimos 12 meses, y (c) otros ingresos ocasionales de fuente extranjera. El ingreso que no se considera en el indicador de bienestar sólo representa el 0,4 por ciento del ingreso total del hogar.

Para el primer quintil, la cantidad de ingreso no incluida en los cálculos de la pobreza representa el 3,7 por ciento del ingreso total del hogar.[9] El ingreso no considerado representa el 0,2 por ciento del ingreso total del hogar de ese quintil. Estos resultados muestran que el recuento de pobreza no podría ser significativamente diferente si se consideran estos ingresos ocasionales y otros tipos de ingresos (por ejemplo, otras transferencias nacionales) en el análisis de la pobreza.

ENFT: Resumen de la Encuesta Nacional de Fuerza de Trabajo

La ENFT se realiza semestralmente para actualizar periódicamente las mediciones de la pobreza, con una serie de encuestas tomadas en consideración para estimar la pobreza a partir del año 2000.[10] La encuesta está diseñada para proporcionar información sobre el mercado laboral. La ENFT proporciona información sobre los ingresos promedio generados por los empleados. La comparación de esta información con la línea de pobreza permite determinar la incidencia de la pobreza dos veces al año.

Comparación de la ENFT con la ENIGH 2007

Ambas encuestas, ENIGH 2007 y ENFT, captan los principales tipos de ingresos de los hogares dominicanos, aunque lo hacen con diferentes especificaciones en términos de periodicidad. Para algunas preguntas, la ENFT capta la cantidad total mensual y anualmente, y la ENIGH capta mensualmente el monto declarado.

La ENIGH 2007 contiene algunos conceptos que no están incluidos en la ENFT 2007, como las deducciones de impuestos sobre renta y los descuentos de pensiones a través de la Administradoras de Fondos de Pensiones (AFP declarados en la encuesta, los incentivos y gastos de representación considerados como parte de los ingresos laborales, y algunos ingresos ocasionales. Como se indicó anteriormente, las diferencias entre el importe total de los conceptos de ingresos incluidos en la ENIGH 2007 y ENFT para calcular los indicadores de pobreza son relativamente pequeños.

La principal diferencia entre los cuestionarios de estas dos encuestas es que la ENIGH 2007 tiene un conjunto más rico y detallado de preguntas para los trabajadores asalariados, trabajadores independientes y agricultores que el conjunto de preguntas de la ENFT. Para los trabajadores asalariados e independientes, se hacen las mismas preguntas detalladas tanto para la ocupación principal como para la secundaria. La principal diferencia entre ambas encuestas se encuentra en las fuentes de ingreso de los agricultores; en la ENIGH 2007, se incluyó un cuestionario específico para determinar los ingresos de los hogares dedicados a la agricultura, que examinó la fuente de ingresos (agrícola o pecuaria) y los gastos incurridos para que el desarrollo de la actividad obtenga ingresos para el hogar.

La cuadro 1A.4 (en el anexo) presenta los conceptos de ingresos incluidos en la ENFT 2015 para calcular los indicadores oficiales de la pobreza. Al igual que ENIGH 2007, los ingresos laborales, el alquiler imputado de la vivienda propia y las transferencias nacionales son las principales fuentes de ingresos de los hogares dominicanos. En septiembre de 2015, para el primer quintil, las fuentes de ingresos representan el 67,6 por ciento, el 11,0 por ciento y el 17,3 por ciento, respectivamente. La tabla también muestra los conceptos de ingresos no incluidos en el indicador de bienestar. Para el primer quintil, estos ingresos representan el 1,0 por ciento del ingreso total del hogar, una pequeña cantidad que no cambiaría significativamente el recuento de la pobreza.[11]

Programas sociales

Las transferencias públicas en especie (por ejemplo, educación y servicios de salud) no se incluyen como ingresos para calcular la pobreza en estas encuestas. Las transferencias en especie consideradas son aquellas hechas a cambio de mano de obra (por ejemplo, pagos hechos con alimentos, una casa, transporte, combustible, teléfono y otros tipos de arreglos en especie) y aquellas recibidas de familiares y amigos.

Los únicos tipos de programas sociales considerados en las ENFT son las transferencias monetarias condicionadas (las TMC). Dado que, a lo largo de la encuesta, los investigadores preguntan al entrevistado la cantidad de dinero recibido y el nombre del programa, esto generalmente afecta la cantidad reportada por el administrador del programa. Si el hogar recibe transferencias gubernamentales de diferentes programas (por ejemplo, Comer es Primero, Bono Luz, Bono Gas), estas transferencias de ingresos se muestran como un monto total en el cuestionario.

A pesar de que el nombre del programa social se conoce por la ENFT, las bases de datos publicadas no identifican el programa. Es bien sabido que las declaraciones del informante están sesgadas hacia los programas más populares y los establecidos al inicio de los programas de CCT, como el programa Solidaridad de la República Dominicana. Debido a esto y la creciente necesidad de visualizar los programas sociales por separado, la nueva metodología de encuestas, que implementa actualmente el Banco Central, contendrá especificaciones detalladas para estos programas.

Cuadro 1.1 Transferencias de beneficiarios gubernamentales y transferencias per cápita, 2005–15

Año	Transferencia beneficiario gubernamental (no)		Transferencias per cápita (RD$)	
	Encuesta fuerza de trabajo (ENFT)	Administrador subsidios sociales (ADESS)	Encuesta fuerza de trabajo (ENFT)	Administrador subsidios sociales (ADESS)
2005	36,803	196,226	547	269
2006	157,833	216,152	648	561
2007	169,435	313,327	640	491
2008	322,445	791,950	702	475
2009	561,193	818,340	776	792
2010	624,504	824,932	846	876
2011	618,757	860,711	868	870
2012	720,973	831,811	1,019	1,113
2013	720,650	906,504	1,174	1,202
2014	777,555	945,463	1,191	1,264
2015	806,663	953,783	1,172	1,266

Fuentes: Basados en datos de ADESS y ENFT.
Nota: ADESS = Administradora de Subsidios Sociales; ENFT = Encuesta Nacional de Fuerza de Trabajo.

La definición de *ingresos* refleja las mejoras en el bienestar derivadas de la introducción y ampliación de los planes de CCT establecidos luego de la crisis de 2003-2004 y durante la desaceleración económica de 2008-09. La encuesta capta un número creciente de beneficiarios del programa social del gobierno. La cuadro 1.1 presenta el número de beneficiarios de transferencias gubernamentales que (a) estaban registrados en la Administradora de Subsidios Sociales de la República Dominicana (ADESS) e (b) identificados en la ENFT. En 2015, la diferencia en el total de beneficiarios fue de 18.2 por ciento (953,783 frente a 806,663 personas). Además, hay una diferencia de 8 por ciento entre las transferencias per cápita recibidas por los beneficiarios, según la ENFT (RD$ 1,172/mes) y ADESS (RD$ 1,266/mes).

Simulación de un aumento en los ingresos del hogar

El cuadro 1.2 muestra el impacto de un incremento en el ingreso oficial utilizado para calcular los indicadores de pobreza. Cabe señalar que el porcentaje de ingreso excluido de la definición de ingreso (1,0 por ciento para el 20 por ciento más pobre de los hogares (IPC 1, o el primer quintil) y las transferencias condicionales sociales no se incluyen en la ENFT de septiembre de 2015 como porcentaje del ingreso total del hogar (0,3 por ciento), por lo que se podría suponer que la proporción de ingresos a ser ajustada sería inferior al 5 por ciento. Por tanto, el cambio absoluto en la pobreza general sería de 1,8 puntos porcentuales.[12] Esto revela que considerar fuentes de ingresos adicionales (por ejemplo, transferencias ocasionales) o ajustar el monto de la transferencia condicional por los ingresos de CCT dejados de reportar tiene un impacto relativamente pequeño en las medidas de pobreza.

Cuadro 1.2 Incidencia de Pobreza y crecimiento de ingresos, Referencia setiembre 2015

Tipo de línea de pobreza	Severidad	Ingreso oficial			
		Referencia (sept. 2015)	5% incremento	10% incremento	15% incremento
National	General	31.51	29.75	27.39	25.76
	Extreme	6.75	6.04	5.53	5.03
Urban	General	28.20	26.47	24.26	22.71
	Extreme	4.88	4.30	3.92	3.66
Rural	General	38.33	36.51	33.85	32.03
	Extreme	10.60	9.62	8.84	7.83

Fuente: Basado en datos de la ENFT de abril 2015.
Nota: ENFT = Encuesta Nacional de Fuerza de Trabajo

Recomendaciones sobre la recopilación de datos de la encuesta

La información recopilada sobre las transferencias gubernamentales debe ser mejorada porque es imposible identificar el programa del que se recibe el apoyo en ambas encuestas, ENIGH 2007 y ENFT. Esto podría ayudar a determinar el impacto que cada programa social en específico tiene sobre la pobreza.[13]

La información recopilada sobre los agricultores y trabajadores independientes también podría mejorarse. Parte de este esfuerzo se realizó mediante la inclusión de un cuestionario específico en la ENIGH 2007, pero esa información no pudo tomarse en cuenta porque no existe un concepto comparable dentro de la ENFT. Se estableció en las conclusiones del informe *Construcción de los Agregados de Ingresos y Gastos*, publicado por la Oficina Nacional de Estadísticas de la República Dominicana en 2011 que los resultados de la evaluación de las preguntas para los agricultores incluidas en el cuestionario 1 (usado en el indicador de bienestar) y el cuestionario 4 (un módulo específico con información más detallada) en el ENIGH 2007 establece que este último es mucho mejor.

Índices de precios e incidencia de la pobreza

En esta sección se evalúa el impacto en el recuento de la pobreza de los diferentes índices de precios utilizados para ajustar las líneas de pobreza. En primer lugar, se compara la canasta de consumo de los pobres, es decir, el primer quintil más pobre (20 por ciento) y el primer y el segundo quintil más pobres (40 por ciento) de la población, con la canasta de consumo del "consumidor representativo" usado para calcular el IPC general. A continuación, se estudia la evolución de estos índices de precios para determinar si existe un impacto significativo en la línea de pobreza actualizada, utilizando ponderaciones que reflejen los patrones de consumo de los pobres. Finalmente, se discute la incidencia de la pobreza para cada índice de precios y líneas de pobreza.

Canastas de consumo

El Banco Central de la República Dominicana presenta un IPC general mensual y otros cinco IPC por nivel de ingreso, utilizando como año base el año 2010.[14] Las ponderaciones para el IPC son las proporciones de los diferentes tipos de consumo obtenidos de ENIGH 2007, que capta datos de 2,640 bienes y servicios consumidos por los miembros de hogares. Para el IPC general, el Banco Central seleccionó una canasta de 305 bienes y servicios que representan el 90 por ciento del consumo total de los hogares.

El Banco Central también calcula canastas de consumo por cada quintil. El primer quintil (Q1 IPC) por grupo de ingresos se basa en el patrón de gasto del 20 por ciento más bajo o más pobre de la población. El segundo quintil (Q2 IPC) se basa en el patrón de gasto del segundo 20 por ciento de la población, y así sucesivamente.

Como se esperaba, existe una diferencia significativa en los patrones de consumo entre el 20 por ciento más rico de los hogares (es decir, Q5 IPC, o el quinto quintil) o el 20 por ciento más pobre de los hogares (Q1 IPC o el primer quintil) (gráfico 1.5). Los alimentos y bebidas no alcohólicas representan sólo el 12,4 por ciento del consumo total del quintil superior. Por otro lado, estos bienes representan el 47,2 por ciento del consumo total de la población del quintil inferior. Observe que la participación en el consumo de servicios de transporte (24,8 por ciento) del quinto quintil (más alto) más que duplica la proporción del primer quintil (más bajo). Esto significa que una reducción de los precios del combustible beneficiaría más a la población más rica. También puede señalarse que las sequías, que aumentan los precios de los productos agrícolas, afectan a los quintiles más pobres más que a los quintiles más ricos.

Gráfico 1.5 Canasta de consumo de los hogares más ricos (Q5 IPC) versus los hogares más pobres (Q1 IPC), 2010
Por ciento

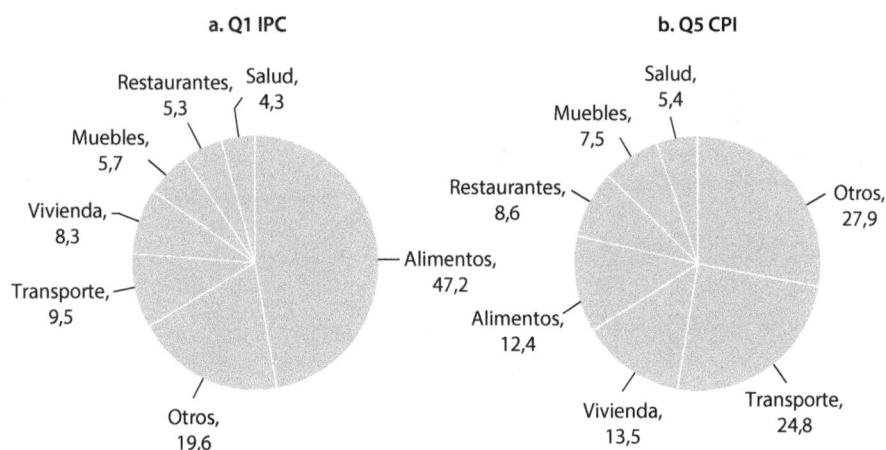

a. Q1 IPC

- Restaurantes, 5,3
- Salud, 4,3
- Muebles, 5,7
- Vivienda, 8,3
- Transporte, 9,5
- Alimentos, 47,2
- Otros, 19,6

b. Q5 CPI

- Salud, 5,4
- Muebles, 7,5
- Restaurantes, 8,6
- Otros, 27,9
- Alimentos, 12,4
- Vivienda, 13,5
- Transporte, 24,8

Fuente: Basado en datos de la ONE y el BCRD.
Nota: Q1 IPC = Las ponderaciones de consumo del primer quintil, o el 20 por ciento más pobre de los hogares; Q5 CPI = ponderaciones del consumo del quinto quintil, o el 20 por ciento más rico de los hogares; ONE = Oficina Nacional de Estadística; BCRD = Banco Central de la República Dominicana.

El IPC general puede interpretarse como un promedio ponderado de los índices de los hogares. La ponderación de cada hogar está dada por su gasto total (Ley 2001, 3). En 2010, los alimentos y bebidas no alcohólicas representaron el 25,1 por ciento de la canasta de consumo utilizada para calcular el IPC general.[15] En términos de ponderaciones, el transporte es el segundo grupo de bienes y servicios, con una proporción 18 por ciento. Siguen los gastos de vivienda, restaurante y muebles (gráfico 1.6). Se observan diferencias significativas al comparar el patrón de consumo del 40 por ciento más pobre de los hogares (que incluye tanto el Q1 IPC como el Q2 IPC o el primer y el segundo quintiles) o el 20 por ciento más pobre de los hogares (Q1 IPC o primer quintil), con la estructura de consumo utilizada para calcular el IPC general. El 40 por ciento más pobre de los hogares (quintiles Q1 IPC y Q2, también denominado IPC P-40 por ciento) tiene una proporción mucho mayor de alimentos y bebidas no alcohólicas, así como una menor proporción de servicios de transporte en el consumo total. Para este grupo de hogares, los alimentos y bebidas no alcohólicas representan el 42,1 por ciento de su consumo total, y los servicios de transporte representan el 11,1 por ciento. Esto significa que el IPC general tiene una estructura de ponderación para un tipo de hogar con un nivel de ingreso más alto que el 40 por ciento más pobre de los hogares.

La fórmula de la distancia vectorial permite determinar cuál de los diferentes IPC es el que más se acerca al IPC general.[16] Usando las ponderaciones de bienes y servicios para los IPC presentados en la cuadro 1A.5 (en el anexo), se calcula la distancia y se muestra en el gráfico 1.7. El resultado muestra que el IPC específico con la distancia mínima al IPC general es el que representa la canasta de

Gráfico 1.6 La canasta de consumo para el IPC general y P-40 por ciento hogares del IPC, 2010

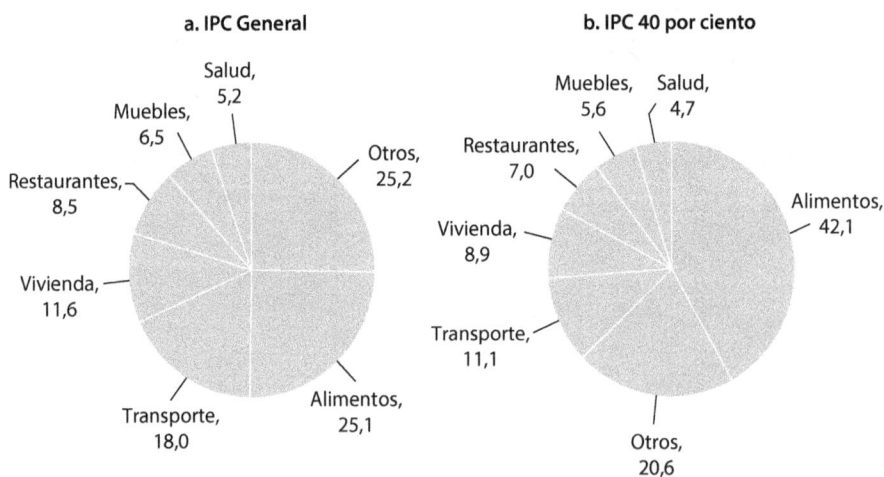

a. IPC General

Salud, 5,2
Muebles, 6,5
Restaurantes, 8,5
Otros, 25,2
Vivienda, 11,6
Transporte, 18,0
Alimentos, 25,1

b. IPC 40 por ciento

Muebles, 5,6
Salud, 4,7
Restaurantes, 7,0
Vivienda, 8,9
Alimentos, 42,1
Transporte, 11,1
Otros, 20,6

Fuente: Basado en datos de la ONE y el BCRD.
Nota: Las ponderaciones de consumo se utilizan para calcular el IPC general. IPC 40 por ciento = ponderaciones de consumo de primer y segundo quintiles, o 40 por ciento de hogares más pobres; BCRD = Banco Central de la República Dominicana; ONE = Oficina Nacional de Estadística).

Gráfico 1.7 Distancia entre varios IPC y la canasta de consumo del IPC general

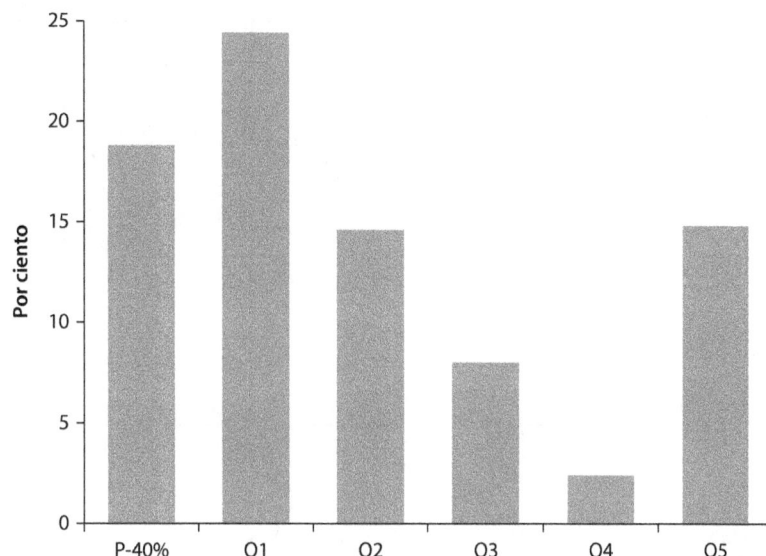

Fuente: Cálculos originales basados en datos del Banco Central de la República Dominicana.
Nota: P-40 por ciento = El 40 por ciento más pobre de los hogares, o el primer y segundo quintiles; Q1 = el
20 por ciento más pobre de los hogares, o el primer quintil; Q2 IPC = segundo quintil; Q3 = tercer quintil;
Q4 = cuarto quintil; Q5 = el 20 por ciento más rico de los hogares, o quinto quintil.

consumo de la población del cuarto quintil (Q4 IPC). Esto significa que la evolución de los precios de los diferentes componentes de la canasta de consumo
podría tener un impacto en el recuento de la pobreza.

Índices de precios al consumidor

En general, el IPC del 20 por ciento más rico (Q5 IPC, o el quinto quintil) y el
IPC general aumentan a una tasa ligeramente superior (o similar) al índice de
precios del 20 por ciento inferior. La mayor diferencia positiva entre el IPC
general y el IPC del Q1 IPC aumentó de junio de 2005 a septiembre de 2007
(gráfico 1.8). Esto significa que el precio de la canasta de consumo de los pobres
aumentó a un ritmo menor en ese período. Desde agosto de 2014, el índice de
precios de la población más pobre ha ido aumentando más rápidamente debido
al impacto de la sequía en los precios de los alimentos y a la reducción de los
precios de los combustibles, los cuales se incluyen en los costos de los servicios
de transporte, teniendo, por ende, una ponderación mayor en la canasta de consumo de la población más rica.[17]

El Gráfico 1.8 muestra los siguientes índices de precios: el IPC general, el Q1
IPC y el Q5 IPC de 1999 a 2015.

El gráfico 1.9 muestra que los precios de los alimentos tuvieron una tasa de
crecimiento moderada desde mediados de 2005 hasta septiembre de 2007.
Al mismo tiempo, los costos de los servicios de transporte aumentaron continuamente, alcanzando su máximo en septiembre de 2008, cuando empezaron a

Gráfico 1.8　IPC General, Q1 IPC y Q5 IPC, 1999–2015

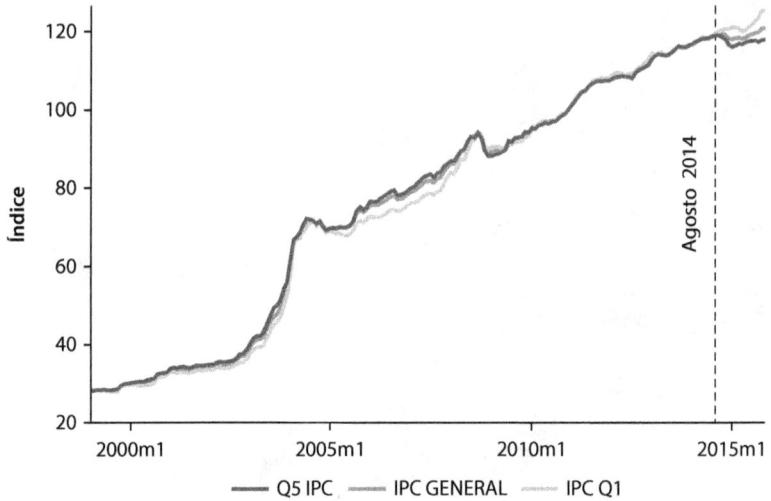

Fuente: Basada en datos del Banco Central de la República Dominicana.
Nota: CPI = Índice de precios al consumidor; Q1 CPI = primer quintil, o el 20% más pobre de los hogares; Q5 IPC = quinto quintil, o el 20% más rico de los hogares.

Gráfico 1.9　Precios de los alimentos y servicios de transporte, 2000–15

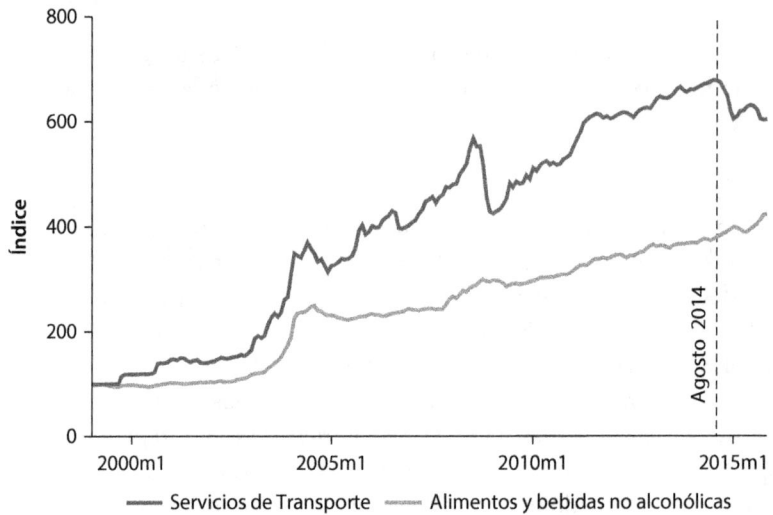

Fuente: Basado en datos del Banco Central de la República Dominicana.

disminuir temporalmente. Dado el patrón de consumo por quintil, estos movimientos de precios provocaron un aumento del IPC general a un ritmo superior que el IPC específico del 20 por ciento más pobre de la población. Esto sugiere que, en este período, el uso del IPC general para calcular el bienestar tiende a sobrestimar la incidencia de la pobreza porque las líneas de pobreza eran ligeramente más altas de lo que serían si se ajustaran por el IPC específico de los hogares pobres. Desde agosto de 2014, los precios de los servicios de transporte disminuyeron, debido a la importante reducción de los precios internacionales de los combustibles, y los precios de los alimentos aumentaron, debido a las condiciones climáticas. Estos movimientos de precios beneficiaron más a la población más rica.

Utilizando estos IPC se calculan los diferenciales de tasas de inflación entre los grupos de ingresos.[18] Esto permite determinar si los ajustes de precios, usando un IPC general para toda la población de la República Dominicana, (a) ignoran la variación heterogénea de los precios -y por tanto el poder adquisitivo–en los diferentes grupos de ingresos y por tanto (b) distorsionan las medidas del recuento de la pobreza.

El Banco Central Dominicano también calculó un índice de precios para el 40 por ciento más pobre de la población (40 por ciento IPC) de diciembre de 2010 a octubre de 2015. Este índice, junto con el IPC general y los IPC de Q1 y Q5, se muestran en el gráfico 1.10. El IPC calculado con la canasta de consumo correspondiente al 40 por ciento inferior sigue una trayectoria similar a la del IPC del primer quintil, incluso después de agosto de 2014, cuando los precios de los combustibles comenzaron a disminuir. En comparación con la evolución de los diferentes índices de precios, se puede demostrar que el IPC general está más próximo al índice de precios ponderado con el patrón de consumo del cuarto quintil. Desde agosto de 2014, la reducción de los precios de los combustibles y el aumento de los precios de los alimentos y bebidas explica la diferencia entre

Gráfico 1.10 Índices de precios al consumidor: IPC, 40% IPC I, Q1 IPC I, and Q5 IPC, 2010–15

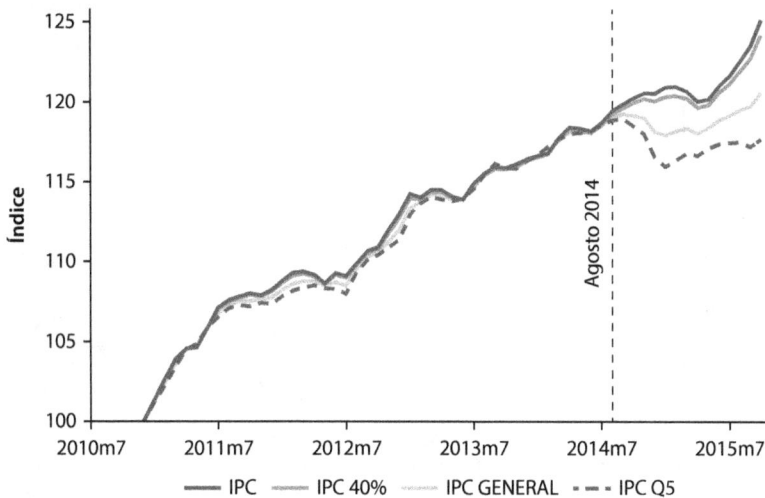

Fuente: Datos basados en el Banco Central de la República Dominicano.
Nota: Q1 IPC = El 20 por ciento más pobre de los hogares, o el primer quintil; 40 por ciento IPC = el 40 por ciento más pobre de los hogares, o el primer y segundo quintiles; Q5 IPC = 20 por ciento más rico de los hogares, o quinto quintil.

Cuando no basta el crecimiento • http://dx.doi.org/10.1596/978-1-4648-1189-0

el IPC general y el IPC del 40 por ciento, es decir, el 40 por ciento más pobre (o, en otras palabras, Q1 IPC más Q2).

El "sesgo plutocrático" (*B*) se define como la diferencia entre el IPC general (IPC_G) y un IPC ponderado (IPC_S) que toma en consideración el patrón de consumo de un grupo seleccionado. Un sesgo positivo significa que los bienes consumidos por la población representativa promedio experimentan una inflación superior a la media y a los que consume la población seleccionada (por ejemplo, el 40% más pobre de la población) experimentan una inflación inferior a la media. Un sesgo negativo significa que los precios de los bienes consumidos por el grupo seleccionado aumentaron más rápidamente que los bienes consumidos por el agente representativo promedio (Ley 2001, 8).

$$B = (IPC_G - IPC_S)$$

El "sesgo plutocrático" para el primer quintil es -3,6 de diciembre de 2010 a octubre de 2015. La mediana para todo el período fue de -0,33 (gráfico 1.11). Esto significa que, en este período, los bienes consumidos por el 20 por ciento más pobre presentan una inflación ligeramente superior a la de los bienes consumidos por la población en general. Cabe señalar que, hasta julio de 2014, el sesgo plutocrático fue cercano a cero. Así, el diferencial del IPC se creó entre agosto de 2014 y octubre de 2015. Los movimientos de precios redujeron el nivel de bienestar de los pobres.

Para el 40 por ciento más pobre de la población (40 por ciento del IPC), el sesgo plutocrático de diciembre de 2010 a octubre de 2015 fue -4,5 puntos. La mediana de todo el período fue de -0,23 (gráfico 1.12). Cabe señalar que, hasta

Gráfico 1.11 Sesgo Plutocrático Q1 IPC, diciembre 2010–octubre 2015

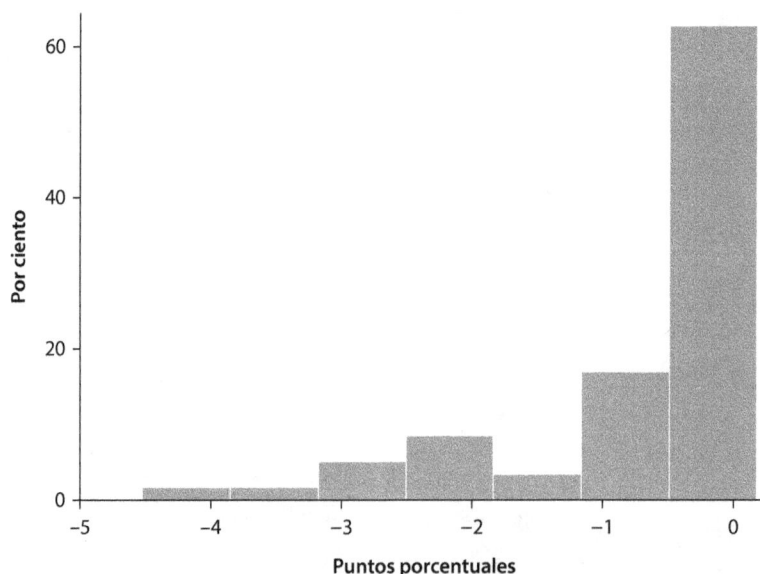

Fuentes: Basado en datos del Banco Central de la República Dominicana.
Nota: Q1 IPC = primer quintil.

Gráfico 1.12 Sesgo Plutocrático: 40 por ciento IPC, diciembre 2010–octubre 2015

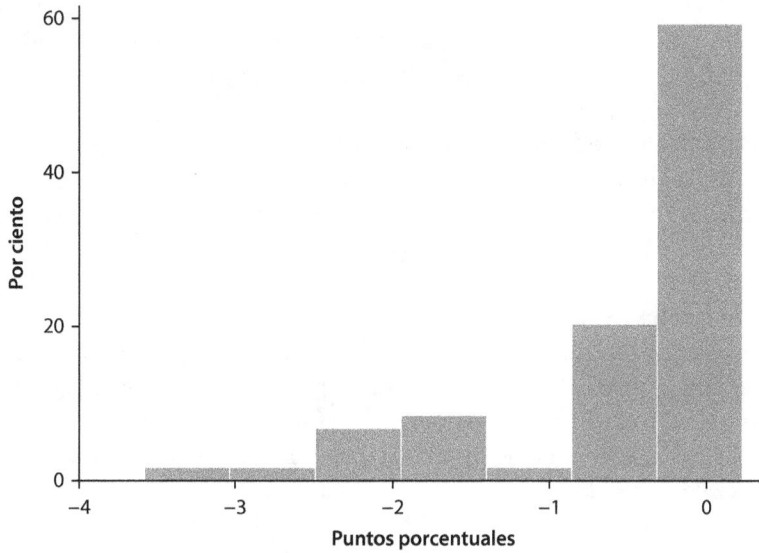

Fuente: Basado en datos del Banco Central de la República Dominicana.
Nota: 40 por ciento IPC = 40 por ciento de hogares más pobres.

Gráfico 1.13 Sesgo Plutocrático: Q1 IPC Y 40 por ciento IPC, 2010–15

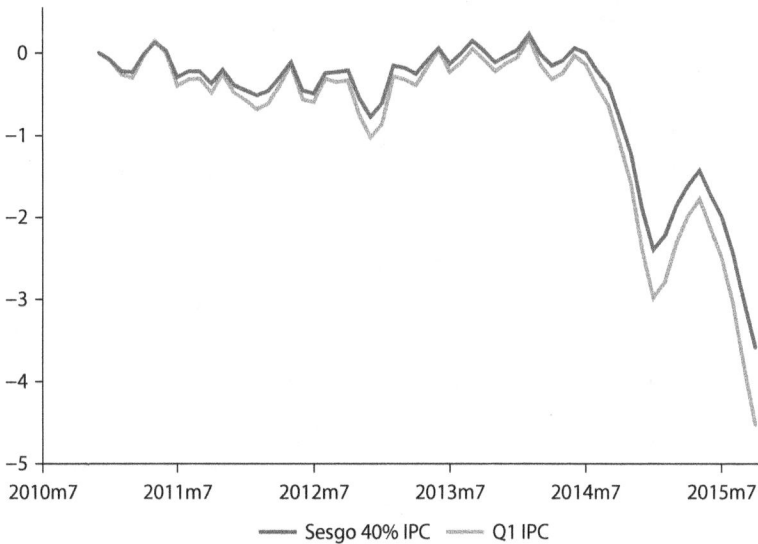

Fuente: Basado en datos del Banco Central de la República Dominicana.
Nota: sesgo plutocrático basado en el IPC específico del 20 por ciento más pobre de los hogares; Sesgo de 40 por ciento del IPC = sesgo plutocrático basado en el IPC específico del 40 por ciento más pobre de los hogares.

junio de 2014, el sesgo fue insignificante (gráfico 1.13). Esto significa que el sesgo negativo se originó cuando el IPC general tuvo un movimiento negativo de agosto de 2014 a octubre de 2015. Como se dijo anteriormente, la reducción de la inflación general del IPC se explicó principalmente por la contracción de los precios de los combustibles y los servicios de transporte.

Líneas de pobreza e incidencia de la pobreza

Utilizando la línea nacional oficial de pobreza de marzo de 2011 (RD$ 3,996.80), se pueden calcular varias líneas de pobreza en función de los diferentes índices de precios. El IPC general es el índice de precios utilizado para determinar la línea oficial de pobreza y la incidencia oficial de la pobreza. El gráfico 1.14 muestra la evolución de las líneas oficiales de pobreza ajustadas para los diferentes IPC.[19] Como se esperaba, hasta septiembre de 2014, las líneas de pobreza, calculadas en función del IPC general, para el 20 por ciento más pobre (Q1 IPC, o el primer quintil) y el 40 por ciento más pobre (40 por ciento del IPC) eran casi las mismas. Esto significa que no hubo una varianza significativa de la incidencia de la pobreza debido a las diferencias en los índices del IPC. De septiembre de 2014 a marzo de 2015, la reducción del IPC general redujo el nivel de la línea oficial de pobreza; por tanto, disminuye el nivel de incidencia de la pobreza.

La cuadro 1A.7 (en el anexo) presenta los resultados de la incidencia de la pobreza para cada una de las líneas de pobreza ajustadas por los diferentes IPC,

Gráfico 1.14 Líneas generales de pobreza—Nacionales: IPC, Q1 IPCI, y 40% IPC, 2011–15

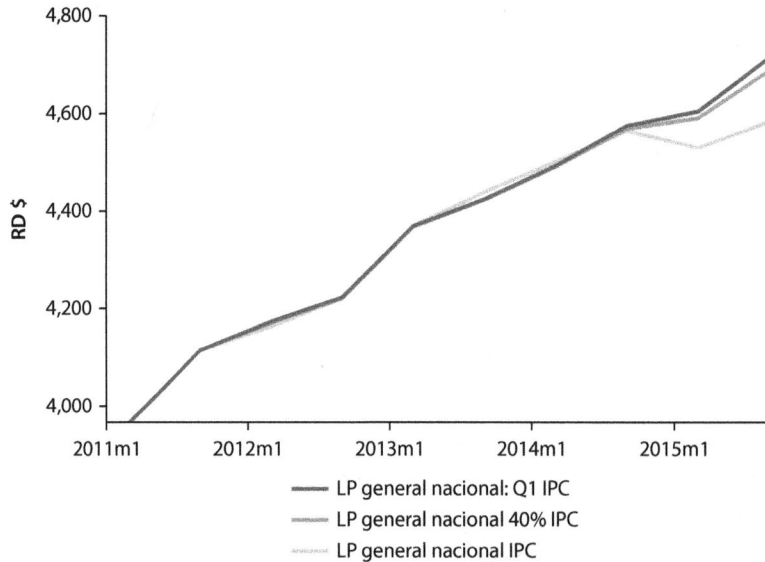

Fuente: Basado en datos de la ONE y el BCRD.
Nota: IPC= IPC general; Q1 IPC = primer quintil, o el 20 por ciento de los hogares; 40 por ciento IPC = 40 por ciento más pobre de los hogares; BCRD = Banco Central de la República Dominicana; ONE = Oficina Nacional de Estadística; LP= línea de pobreza.

y también incluye sus intervalos de confianza.[20] En septiembre de 2015, la incidencia de la pobreza obtenida usando el IPC general fue de 31,5 por ciento, con un intervalo de confianza del 95 por ciento que oscilaba entre el 29,7 por ciento y el 33,3 por ciento. En el mismo período, la incidencia general de la pobreza usando el 40 por ciento más pobre (40 por ciento del IPC) fue del 32,6 por ciento (gráfico 1.15), que se sitúa dentro del intervalo de confianza de la incidencia de la pobreza calculada utilizando el IPC general. Esto significa que el sesgo plutocrático creó una diferencia de sólo 1,1 puntos porcentuales en la incidencia de la pobreza hasta septiembre de 2015; pero en promedio, la diferencia fue de sólo 0,15 puntos porcentuales desde marzo de 2011 hasta septiembre de 2015. Utilizando el índice del 20 por ciento más pobre (Q1 IPC), la incidencia general de la pobreza es 32,8 por ciento. En este caso, el sesgo plutocrático creó una diferencia de 1,3 puntos porcentuales en la incidencia de la pobreza, pero la diferencia media es de 0,19 puntos porcentuales.

Este resultado sugiere que el ajuste de las líneas de pobreza utilizando un IPC general o un IPC específico de la canasta típica de consumo para los pobres no ha distorsionado, significativamente, las medidas de incidencia de la pobreza en el período bajo análisis. Se puede llegar a conclusiones similares para los índices de pobreza extrema y pobreza general (rural y urbana) recuentos (gráfico 1.16-1.18). Por tanto, la hipótesis que afirma que el uso de un IPC general

Gráfico 1.15 Incidencia general de la pobreza—nacional: IPC, 40% IPC, y Q1 CPI, 2011–15

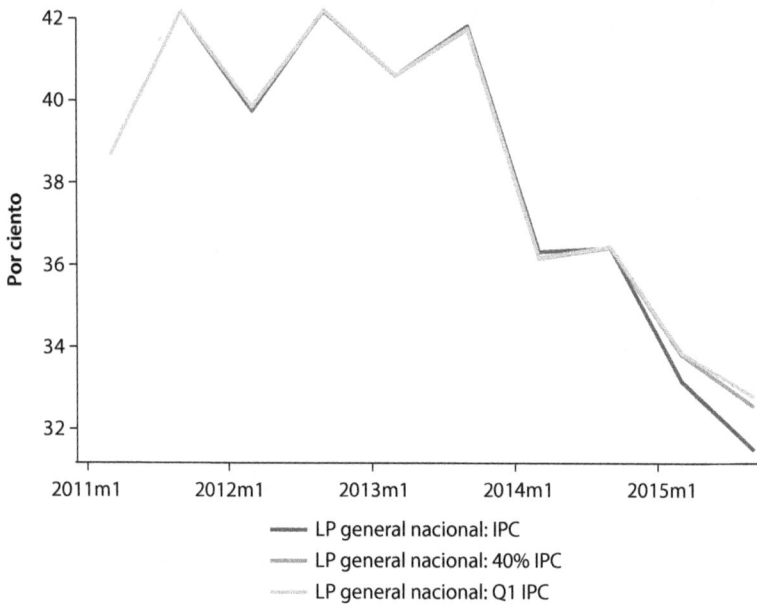

Legend:
—— LP general nacional: IPC
—— LP general nacional: 40% IPC
—— LP general nacional: Q1 IPC

Fuente: Basado en datos ONE y BCRD.
Nota: IPC= IPC general; Q1 IPC = primer quintil, o el 20 por ciento de los hogares; 40 por ciento IPC = 40 por ciento más pobre de los hogares; BCRD = Banco Central de la República Dominicana; ONE = Oficina Nacional de Estadística; Po= Incidencia de la pobreza.

Gráfico 1.16 Incidencia de la pobreza extrema—nacional: IPC, 40% IPC, y Q1 IPC, 2011–15

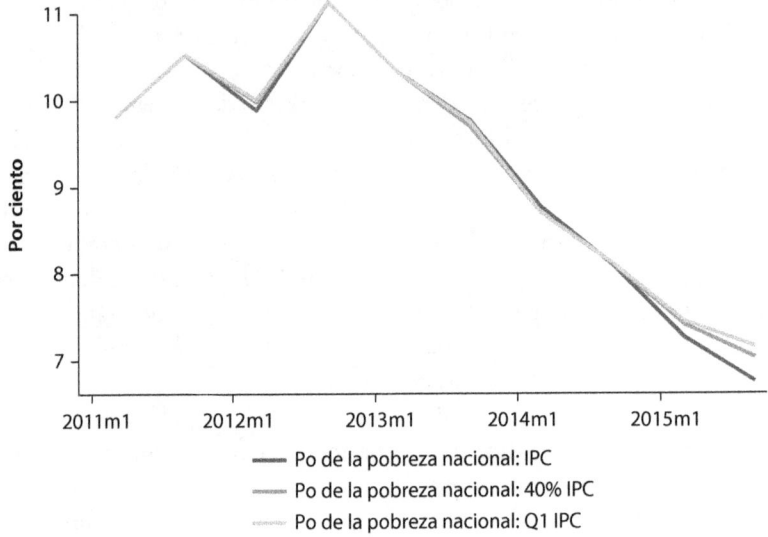

— Po de la pobreza nacional: IPC
— Po de la pobreza nacional: 40% IPC
····· Po de la pobreza nacional: Q1 IPC

Fuente: Basado en datos de la ONE y el MEPyD (2015b) y el BCRD.
Primer quintil, o el 20 por ciento más pobre de los hogares; 40 por ciento IPC = el 40 por ciento más pobre de los hogares; BCRD = Banco Central de la República Dominicana; MEPyD = Ministerio de Economía, Planificación y Desarrollo; Po = incidencia de la pobreza; ONE = Oficina Nacional de Estadística.

Gráfico 1.17 Incidencia general de la pobreza—Urbana: IPC, 40% IPC, y Q1 IPC, 2011–15

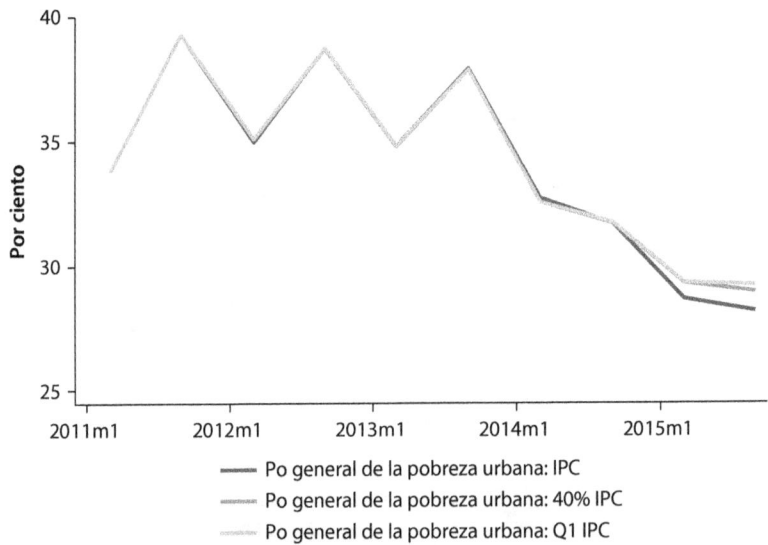

— Po general de la pobreza urbana: IPC
····· Po general de la pobreza urbana: 40% IPC
— Po general de la pobreza urbana: Q1 IPC

Fuente: Basado en datos de la ONE y el MEPyD (2015b) y el BCRD.
Primer quintil, o el 20 por ciento más pobre de los hogares; 40 por ciento IPC = el 40 ciento más pobre de los hogares; BCRD = Banco Central de la República Dominicana; MEPyD = Ministerio de Economía, Planificación y Desarrollo; Po = incidencia de la pobreza; ONE = Oficina Nacional de Estadística.

Gráfico 1.18 Incidencia de la pobreza general—Rural: IPC, 40% IPC, y Q1 IPC, 2011–15

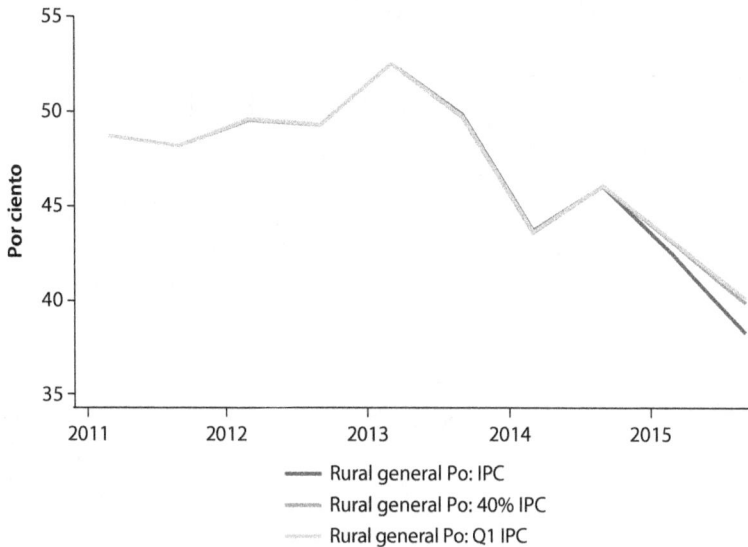

Fuente: Basada en datos de la ONE y MEPyD (2015b) y el BCRD.
Nota: IPC = IPC general; Q1 IPC = primer quintil, o el 20 por ciento de hogares más pobres; 40 por cietno
IPC = 40 por ciento de hogares más pobres; BCRD = Banco Central de la República Dominicana;
MEPyD = Ministerio de Economía, Planificación y Desarrollo; ONE = Oficina Nacional de Estadísticas.

ha *sobreestimado* la incidencia de la pobreza puede ser rechazada. Cabe señalar que, desde marzo de 2015 hasta octubre de 2015, el sesgo plutocrático negativo (es decir, la diferencia entre el IPC y el IPC del 40 por ciento) pasó de 1,9 a 3,6. Esto significa que el impacto de los movimientos de los precios de alimentos y combustibles sobre el IPC y los IPC específicos subvalúa el nivel de líneas de pobreza que tienden a *subestimar* la incidencia de la pobreza en la República Dominicana en ese período. Hasta octubre de 2015, la diferencia entre la línea de pobreza oficial (RD$4,616.19), calculada con el IPC general, y la línea de pobreza calculada con el IPC del 40 por ciento (RD$4,742.36) es del 2,7 por ciento, casi 1,4 puntos porcentuales más altos que la diferencia observada en marzo de 2015. En el caso del 20 por ciento inferior (Q1 IPC), la diferencia de las líneas de pobreza en octubre de 2015 es 3,4 por ciento, casi 1,9 puntos porcentuales mayor que la diferencia observada en marzo de 2015. Esto significa que la *subestimación* de la incidencia de la pobreza aumentó en la segunda parte de 2015.

Conclusión

Los resultados del análisis de este capítulo confirman la conclusión de que las encuestas de hogares en la República Dominicana podrían ser mejoradas para incluir información más detallada sobre las fuentes de ingresos, principalmente ingresos derivados de los programas sociales y la actividad agrícola. Sin embargo, cualquier cantidad de ingresos no incluidos en el cálculo de la incidencia de la pobreza no son lo suficientemente grandes como para tener un impacto significativo en la medición de la pobreza.

Los resultados también muestran que la diferencia promedio en el recuento de la pobreza que surge cuando al calcular la línea de pobreza con diferentes IPC ha sido insignificante. A pesar de que el IPC general tiene un patrón de consumo implícito muy cercano al cuarto quintil de la población, los cambios en los precios de marzo de 2011 a septiembre de 2015 no generaron un sesgo suficientemente grande como para distorsionar las medidas del recuento de la pobreza. Sin embargo, se ha demostrado que las variaciones significativas en los precios de los combustibles y los alimentos, como las observadas desde agosto de 2014, podrían crear un sesgo plutocrático negativo que podría distorsionar los resultados de las estimaciones de la incidencia de la pobreza. En este caso, el resultado es una *subestimación* de la incidencia de la pobreza.

Estos resultados podrían tener implicaciones políticas. Por ejemplo, ¿deberían indexarse las transferencias monetarias públicas (por ejemplo, a través del programa de ayuda alimentaria Comer es Primero) según un índice de precios de alimentos? La investigación futura debería responder esta pregunta.

Anexo 1A

Cuadro 1A.1 Conceptos de ingresos incluidos en la ENIGH 2007 para calcular la pobreza por quintil

	Ingreso total en RD$, MM	Por ciento
Total General		
Ingreso de hogar total	59,536.7	100.0
Ingreso laboral total	42,495.5	71.4
Ingreso de alquiler	1,552.0	2.6
Ingreso de transferencias nacionales	6,686.0	11.2
Ingreso de transferencias del exterior	3,724.8	6.3
Alquiler imputado de la vivienda propia	5,078.4	8.5
Primer quintil		
Ingreso de hogar total	2,610.8	100.0
Ingreso laboral total	1,393.0	53.4
Ingreso de alquiler	31.3	1.2
Ingreso de transferencias nacionales	722.5	27.7
Ingreso de transferencias del exterior	94.2	3.6
Alquiler imputado de la vivienda propia	369.9	14.2
Segundo quintil		
Ingreso de hogar total	4,877.1	100.0
Ingreso laboral total	3,210.3	65.8
Ingreso de alquiler	51.6	1.1
Ingreso de transferencias nacionales	939.4	19.3
Ingreso de transferencias del exterior	189.8	3.9
Alquiler imputado de la vivienda propia	486.1	10.0

Cuadro continúa en la siguiente página

Cuadro 1A.1 Conceptos de ingresos incluidos en la ENIGH 2007 para calcular la pobreza por quintil (continuación)

	Ingreso total en RD$, MM	Por ciento
Tercer quintil		
Ingreso de hogar total	7,093.0	100.0
Ingreso laboral total	4,882.8	68.8
Ingreso de alquiler	67.2	0.9
Ingreso de transferencias nacionales	1,077.1	15.2
Ingreso de transferencias del exterior	390.1	5.5
Alquiler imputado de la vivienda propia	675.8	9.5
Cuarto quintil		
Ingreso de hogar total	10,803.8	100.0
Ingreso laboral total	7,729.3	71.5
Ingreso de alquiler	137.0	1.3
Ingreso de transferencias nacionales	1,382.7	12.8
Ingreso de transferencias del exterior	672.0	6.2
Alquiler imputado de la vivienda propia	882.8	8.2
Quinto quintil		
Ingreso de hogar total	34,152.0	100.0
Ingreso laboral total	25,280.2	74.0
Ingreso de alquiler	1,264.9	3.7
Ingreso de transferencias nacionales	2,564.4	7.5
Ingreso de transferencias del exterior	2,378.7	7.0
Alquiler imputado de la vivienda propia	2,663.8	7.8

Fuentes: ENIGH 2007.

Cuadro 1A.2 Conceptos de ingresos de la ENIGH 2007 incluidos, excluidos, y no considerados para calcular la pobreza, por quintil

	Ingreso total en RD$, MM	Por ciento
Total general		
Ingreso de hogar total	59,536.7	100.0
Ingreso laboral total	42,495.5	71.4
Ingreso de alquiler	1,552.0	2.6
Ingreso de transferencias nacionales	6,686.0	11.2
Ingreso de transferencias del exterior	3,724.8	6.3
Alquiler imputado de la vivienda propia	5,078.4	8.5
Ingresos excluidos del Indicador de bienestar	890.8	1.5
Ingresos no considerados en el Indicador de bienestar	249.9	0.4
Primer quintil		
Ingreso de hogar total	2,610.8	100.0
Ingreso laboral total	1,393.0	53.4
Ingreso de alquiler	31.3	1.2
Ingreso de transferencias nacionales	722.5	27.7
Ingreso de transferencias del exterior	94.2	3.6

Cuadro continúa en la siguiente página

Cuadro 1A.2 Conceptos de ingresos de la ENIGH 2007 incluidos, excluidos, y no considerados para calcular la pobreza, por quintil *(continuación)*

	Ingreso total en RD$, MM	Por ciento
Alquiler imputado de la vivienda propia	369.9	14.2
Ingresos excluidos del Indicador de bienestar	96.0	3.7
Ingresos no considerados en el Indicador de bienestar	4.8	0.2
Segundo quintil		
Ingreso de hogar total	4,877.1	100.0
Ingreso laboral total	3,210.3	65.8
Ingreso de alquiler	51.6	1.1
Ingreso de transferencias nacionales	939.4	19.3
Ingreso de transferencias del exterior	189.8	3.9
Alquiler imputado de la vivienda propia	486.1	10.0
Ingresos excluidos del Indicador de bienestar	113.2	2.3
Ingresos no considerados en el Indicador de bienestar	11.6	0.2
Tercer quintil		
Ingreso de hogar total	7,093.0	100.0
Ingreso laboral total	4,882.8	68.8
Ingreso de alquiler	67.2	0.9
Ingreso de transferencias nacionales	1,077.1	15.2
Ingreso de transferencias del exterior	390.1	5.5
Alquiler imputado de la vivienda propia	675.8	9.5
Ingresos excluidos del Indicador de bienestar	110.9	1.6
Ingresos no considerados en el Indicador de bienestar	22.4	0.3
Cuarto quintil		
Ingreso de hogar total	10,803.8	100.0
Ingreso laboral total	7,729.3	71.5
Ingreso de alquiler	137.0	1.3
Ingreso de transferencias nacionales	1,382.7	12.8
Ingreso de transferencias del exterior	672.0	6.2
Alquiler imputado de la vivienda propia	882.8	8.2
Ingresos excluidos del Indicador de bienestar	218.0	2.0
Ingresos no considerados en el Indicador de bienestar	30.6	0.3
Quinto quintil		
Ingreso de hogar total	34,152.0	100.0
Ingreso laboral total	25,280.2	74.0
Ingreso de alquiler	1,264.9	3.7
Ingreso de transferencias nacionales	2,564.4	7.5
Ingreso de transferencias del exterior	2,378.7	7.0
Alquiler imputado de la vivienda propia	2,663.8	7.8
Ingresos excluidos del Indicador de bienestar	352.7	1.0
Ingresos no considerados en el Indicador de bienestar	180.6	0.5

Fuente: ENIGH 2007.

Cuadro 1A.3 Conceptos de ingresos comparables: ENFT versus ENIGH 2007

ENFT	ENIGH
Ingreso laboral monetario	
Ingreso ocupación principal	Sueldo/salario ocupación principal, ingreso trabajo independiente principal, ganancias agropecuarias de ocupación principal,
Ingreso ocupación secundaria	Sueldo/salario de ocupación secundaria, ingreso de trabajo independiente, ganancias agropecuarias de ocupación secundaria
Comisiones	Comisiones de ocupación principal, comisiones de ocupación secundaria
Propinas	Propinas de ocupación principal, propinas de ocupación secundaria
Horas extras	Horas extras de ocupación principal, horas extras de ocupación secundaria
Vacaciones pagadas	Vacaciones pagadas de ocupación principal, Vacaciones pagadas de ocupación secundaria
Dividendos	Otros, de ocupación principal; otros, de ocupación secundaria
Bonificación	Bonificación de ocupación principal, bonificación de ocupación secundaria
Regalía pascual	Regalía pascual ocupación principal, regalía pascual ocupación secundaria
Utilidades empresariales	Participación en utilidades empresariales de ocupación principal, participación en utilidades empresariales de ocupación secundaria
Beneficios marginales	Otros beneficios de ocupación principal, otros beneficios de ocupación secundaria
Ingreso laboral en especie	
Pago en especie de alimentos	Alimentos y bebidas de ocupación principal, alimentos y bebidas de ocupación secundaria, comida preparada ocupación principal, comida preparada ocupación secundaria
Pago en especie de vivienda	Vivienda ocupación primaria, vivienda ocupación secundaria
Pagos en especie de combustible o transporte	Dinero para pasaje o transporte de ocupación principal, dinero para pasaje o transporte de ocupación secundaria, combustible ocupación principal, combustible ocupación secundaria
Pagos en especie de celular	Teléfono/celular de ocupación principal, teléfono/celular ocupación secundaria
Pago en especie de otros ingresos en especie	Mantenimiento vehículo de ocupación principal; mantenimiento vehículo ocupación secundaria, otros de ocupación principal, otros, ocupación secundaria
Auto consumo y auto suministro	Retiros o pagos comerciales en especie a través de gastos de hogar de trabajadores industriales, comercio y servicios en: alimentos de ocupación principal, alimentos de ocupación secundaria, teléfono de ocupación principal, teléfono de ocupación secundaria, energía eléctrica de ocupación principal, energía eléctrica de ocupación secundaria, combustible de ocupación principal, combustible de ocupación secundaria, transporte de ocupación principal, transporte de ocupación secundaria, seguro de ocupación principal, seguro de ocupación secundaria, otros bienes y servicios de ocupación principal, otros bienes y servicios de transporte secundario. Retiros o pagos comerciales en especie a través de gastos de hogar de trabajadores agrícolas, comercio y servicios en: alimentos de ocupación principal, alimentos de ocupación secundaria, teléfono de ocupación principal, teléfono de ocupación secundaria, energía eléctrica de ocupación principal, energía eléctrica de ocupación secundaria, combustible de ocupación principal, combustible de ocupación secundaria, transporte de ocupación principal, transporte de ocupación secundaria, seguro de ocupación principal, seguro de ocupación secundaria, otros bienes y servicios de ocupación principal, otros bienes y servicios de transporte secundario.
Transferencias nacionales (mes anterior)	
Pensión de jubilación	Pensión de jubilación
Intereses o dividendos	Interés sobre préstamos a terceros, interés de depósitos bancarios, intereses de bonos y financieros o certificados de inversión.

Cuadro continúa en la siguiente página

Cuadro 1A.3 Conceptos de ingresos comparables: ENFT versus ENIGH 2007 *(continuación)*

ENFT	ENIGH
Arrendamiento o alquiler de propiedad	Alquiler de inmuebles residenciales (casa, apartamento, habitación u otro); alquiler de locales; arrendamiento de tierras agrícolas; alquiler de vehículo; otros ingresos provenientes de la propiedad.
Remesas nacionales	Pensión de manutención, remesas de dinero de otros hogares, familiares o amigos del país, residentes en áreas urbanas, remesas de dinero de otros hogares, familiares o amigos del país, residentes en áreas rurales.
Transferencias del gobierno	Ayuda pública del Programa Solidaridad ("Comer es primero," incentivo a la asistencia escolar); ayuda pública del gobierno como becas, ayuda financiera para envejecientes.
Transferencias nacionales (12 meses)	
Pensión de jubilación	Pensión de jubilación
Intereses o dividendos	Interés sobre préstamos a terceros, interés de depósitos bancarios, intereses de bonos y financieros o certificados de inversión.
Arrendamiento o alquiler de propiedad	Alquiler de inmuebles residenciales (casa, apartamento, habitación u otro); alquiler de locales; arrendamiento de tierras agrícolas; alquiler de vehículo; otros ingresos provenientes de la propiedad.
Remesas nacionales	Pensión de manutención, remesas de dinero de otros hogares, familiares o amigos del país, residentes en áreas urbanas, remesas de dinero de otros hogares, familiares o amigos del país, residentes en áreas rurales.
Transferencias del gobierno	Ayuda pública del Programa Solidaridad ("Comer es primero," incentivo a la asistencia escolar); ayuda pública del gobierno como becas, ayuda para envejecientes.
Asistencia en especie de familiares y amigos e institucional (mes anterior)	Remesas en especie de amigos y familiares en el exterior, residentes en áreas urbanas; remesas en especie de amigos y familia en el exterior, residentes de áreas rurales.
Asistencia en especie de familiares y amigos e institucional (12 meses)	Remesas en especie de amigos y familiares en el exterior, residentes en áreas urbanas; remesas en especie de amigos y familiares en el exterior, residentes de áreas rurales.
Transferencias extranjeras	
Pensión de jubilación del exterior	Pensión de jubilación del exterior
Arrendamiento o alquiler de propiedad en el exterior	Alquiler de inmuebles residenciales (casa, apartamento, habitación u otra), alquiler de locales, arrendamiento de tierras agrícolas, alquiler de vehículos, interés sobre préstamos a terceros, intereses de bonos y financieros o de certificados de inversión, otros ingresos de la propiedad.
Remesas en especie del exterior	Remesas en especie de amigos y familia.
Remesa del exterior	Remesas monetarias

Fuente: Metodología para el cálculo de la medición oficial de pobreza monetaria en República Dominicana. Oficina de Estadísticas

Cuadro 1A.4 Conceptos de ingreso incluido o no incluido en la ENFT 2015 Indicador de bienestar para calcular la pobreza, por quintil

	Marzo de 2015		Setiembre de 2015	
	Total ingresos MM RD$	Por ciento	Total ingresos MM RD$	Por ciento
Total general				
Ingreso de hogar total	96,913.4	100.0	99,720.0	100.0
Ingreso laboral total	72,153.7	74.5	77,447.8	77.7
Ingreso de alquiler	1,662.8	1.7	1,038.5	1.0
Ingreso de transferencias nacionales	8,672.2	8.9	7,836.0	7.9
Ingreso transferencias de exterior	4,616.9	4.8	4,745.0	4.8
Alquiler imputado de la vivienda propia	9,807.8	10.1	8,652.8	8.7
Ingresos no incluidos en el indicador de bienestar	553.3	0.6	378.4	0.4
Primer quintil				
Ingreso de hogar total	6,829.9	100.0	6,810.6	100.0
Ingreso laboral total	4,550.3	66.6	4,603.0	67.6
Ingreso de alquiler	26.2	0.4	47.1	0.7
Ingreso transferencias nacionales	1,287.7	18.9	1,175.3	17.3
Ingreso transferencia del exterior	198.5	2.9	233.5	3.4
Alquiler imputado de la vivienda propia	767.1	11.2	751.9	11.0
Ingresos no incluidos en el indicador de bienestar	113.2	1.7	70.1	1.0
Secundo quintil				
Ingreso de hogar total	11,248.4	100.0	11,436.2	100.0
Ingreso laboral total	8,375.0	74.5	8,463.3	74.0
Ingreso de alquiler	60.9	0.5	132.8	1.2
Ingreso transferencias nacionales	1,396.3	12.4	1,323.3	11.6
Ingreso transferencias del exterior	339.8	3.0	348.8	3.0
Alquiler imputado de la vivienda propia	1,076.5	9.6	1,168.0	10.2
Ingresos no incluidos en el indicado de bienestar	62.6	0.6	37.4	0.3
Tercer quintil				
Ingreso de hogar total	15,015.1	100.0	15,468.2	100.0
Ingreso laboral total	11,435.5	76.2	11,743.4	75.9
Ingreso de alquiler	152.7	1.0	94.0	0.6
Ingreso transferencias nacionales	1,429.1	9.5	1,420.1	9.2
Ingreso transferencias del exterior	579.9	3.9	758.6	4.9
Alquiler imputado de la vivienda propia	1,417.9	9.4	1,452.1	9.4
Ingresos no incluidos en el indicador de bienestar	70.0	0.5	50.9	0.3
Cuarto quintil				
Ingreso de hogar total	20,871.5	100.0	21,090.6	100.0
Ingreso laboral total	16,024.4	76.8	16,164.9	76.6
Ingreso de alquiler	196.1	0.9	136.9	0.6

Cuadro continúa en la siguiente página

Cuadro 1A.4 Conceptos de ingreso incluido o no incluido en la ENFT 2015 Indicador de bienestar para calcular la pobreza, por quintil *(continuación)*

| | Marzo de 2015 | | Setiembre de 2015 | |
	Total ingresos MM RD$	Por ciento	Total ingresos MM RD$	Por ciento
Ingreso transferencias nacionales	1,633.0	7.8	1,796.7	8.5
Ingreso transferencias del exterior	1,147.6	5.5	1,125.0	5.3
Alquiler imputado de la vivienda propia	1,870.4	9.0	1,867.1	8.9
Ingresos no incluidos en el indicador de bienestar	95.4	0.5	131.7	0.6
Quinto quintil				
Ingreso de hogar total	42,948.0	100.0	44,914.4	100.0
Ingreso laboral total	31,768.4	74.0	36,473.2	81.2
Ingreso de alquiler	1,226.9	2.9	627.7	1.4
Ingreso transferencias nacionales	2,926.2	6.8	2,120.7	4.7
Ingreso transferencias del exterior	2,351.1	5.5	2,279.1	5.1
Alquiler imputado de la vivienda propia	4,675.9	10.9	3,413.8	7.6
Ingresos no incluidos en el indicador de bienestar	212.0	0.5	88.3	0.2

Fuente: Basado en datos del Banco Central de la República Dominicana ENFT marzo 2015 y setiembre 2015a.

Cuadro 1A.5 Canastas de consumo a nivel nacional y por quintil

Grupos de bienes y servicios	Nacional	Quintil 1	P-40%	Quintil 2	Quintil 3	Quintil 4	Quintil 5
Alimentos y bebidas no alcohólicas	25.10	47.23	42.08	38.12	31.62	24.89	12.36
Bebidas alcohólicas y tabaco	2.32	2.36	2.32	2.28	2.59	2.93	1.90
Prendas de vestir y calzado	4.56	4.05	4.29	4.47	4.98	5.00	4.32
Vivienda, agua, y electricidad	11.60	8.28	8.92	9.41	10.94	11.60	13.47
Mobiliario, enseres del hogar	6.46	5.74	5.62	5.52	5.70	6.06	7.49
Salud	5.21	4.33	4.69	4.97	4.98	5.59	5.42
Transporte	17.95	9.49	11.10	12.34	13.72	16.01	24.80
Comunicaciones	2.96	1.25	1.54	1.77	2.44	3.09	3.95
Recreación y cultura	4.12	3.07	3.10	3.12	3.30	4.24	5.02
Educación	3.74	1.25	1.59	1.86	2.82	3.74	5.41
Hoteles and restaurantes	8.50	5.35	6.99	8.25	9.20	9.50	8.60
Bienes y servicios misceláneos	7.47	7.63	7.77	7.87	7.71	7.35	7.26

Fuente: Basada en datos del Banco Central de la República Dominicana.
Nota: P-40% = t 40 por ciento de hogares más pobres.

Cuadro 1A.6 Líneas de pobreza e índices de precios del consumidor, 2011–15

| | IPC General | | | | | | |
| | General | Extrema | General | Extrema | General | Extrema | IPC |
Período	Nacional		Urbana		Rural		2011 = 100
2011, marzo	3,966.80	1,826.30	4,111.10	1,851.10	3,660.30	1,773.70	100.00
2011, setiembre	4,114.80	1,894.40	4,264.40	1,920.10	3,796.80	1,839.80	103.72

Cuadro continúa en la siguiente página

Cuadro 1A.6 Líneas de pobreza e índices de precios del consumidor, 2011–15 *(continuación)*

	IPC General						
	General	Extrema	General	Extrema	General	Extrema	IPC
Período	Nacional		Urbana		Rural		2011 = 100
2012, marzo	4,163.02	1,916.60	4,314.38	1,942.60	3,841.30	1,861.36	104.94
2012, setiembre	4,221.97	1,943.74	4,375.46	1,970.11	3,895.68	1,887.72	106.43
2013, marzo	4,370.09	2,011.93	4,528.97	2,039.22	4,032.36	1,953.94	110.16
2013, setiembre	4,438.60	2,043.47	4,599.97	2,071.19	4,095.57	1,984.57	111.89
2014, marzo	4,500.60	2,072.02	4,664.22	2,100.13	4,152.78	2,012.30	113.45
2014, setiembre	4,564.13	2,101.27	4,730.07	2,129.77	4,211.41	2,040.70	115.05
2015, marzo	4,529.30	2,085.23	4,693.97	2,113.52	4,179.27	2,025.13	114.17
2015, setiembre	4,582.12	2,109.55	4,748.71	2,138.17	4,228.01	2,048.75	115.50
IPC Q1							
2011, marzo	3,966.80	1,826.30	4,111.10	1,851.10	3,660.30	1,773.70	100.00
2011, setiembre	4,114.40	1,894.26	4,264.07	1,919.98	3,796.50	1,839.70	103.72
2012, marzo	4,173.93	1,921.66	4,325.77	1,947.76	3,851.43	1,866.32	105.22
2012, setiembre	4,222.78	1,944.15	4,376.39	1,970.55	3,896.50	1,888.16	106.45
2013, marzo	4,369.31	2,011.61	4,528.25	2,038.93	4,031.71	1,953.68	110.15
2013, setiembre	4,423.50	2,036.56	4,584.41	2,064.22	4,081.71	1,977.91	111.51
2014, marzo	4,492.57	2,068.36	4,655.99	2,096.45	4,145.44	2,008.79	113.25
2014, setiembre	4,574.61	2,106.13	4,741.02	2,134.73	4,221.15	2,045.47	115.32
2015, marzo	4,603.99	2,119.66	4,771.47	2,148.45	4,248.26	2,058.61	116.06
2015, setiembre	4,713.13	2,169.91	4,884.58	2,199.37	4,348.97	2,107.41	118.81
IPC 40%							
2011, marzo	3,966.80	1,826.30	4,111.10	1,851.10	3,660.30	1,773.70	100.00
2011, setiembre	4,113.82	1,893.99	4,263.47	1,919.71	3,795.96	1,839.44	103.71
2012, marzo	4,171.10	1,920.36	4,322.83	1,946.43	3,848.81	1,865.05	105.15
2012, setiembre	4,221.12	1,943.39	4,374.67	1,969.78	3,894.97	1,887.42	106.41
2013, marzo	4,366.99	2,010.55	4,525.85	2,037.85	4,029.57	1,952.64	110.09
2013, setiembre	4,422.75	2,036.22	4,583.63	2,063.87	4,081.02	1,977.57	111.49
2014, marzo	4,490.72	2,067.51	4,654.08	2,095.58	4,143.74	2,007.96	113.21
2014, setiembre	4,568.62	2,103.37	4,734.81	2,131.94	4,215.62	2,042.79	115.17
2015, marzo	4,590.00	2,113.22	4,756.97	2,141.92	4,235.35	2,052.36	115.71
2015, setiembre	4,686.99	2,157.88	4,857.49	2,187.18	4,324.85	2,095.73	118.16

Fuente: Basado en datos del Banco Central de la República Dominicana.

Cuadro 1A.7　Incidencia de la pobreza: General nacional versus extrema por quintil IPC, 2011–15

	IPC General							
	Nacional, general				Nacional, extreme			
			[95% IC]				[95% IC]	
Período	Tasa	SE	LI	LS	Tasa	SE	LI	LS
2011, marzo	38.67%	0.99296	36.72	40.62	9.80%	0.50246	8.82	10.79
2011, setiembre	42.18%	1.02898	40.16	44.20	10.52%	0.55665	9.43	11.62
2012, marzo	39.74%	0.99306	37.79	41.69	9.88%	0.55032	8.80	10.96
2012, setiembre	42.20%	1.01145	40.21	44.18	11.13%	0.56169	10.03	12.23
2013, marzo	40.62%	0.94504	38.76	42.47	10.31%	0.51644	9.30	11.32
2013, setiembre	41.82%	0.95641	39.94	43.69	9.77%	0.49258	8.80	10.74
2014, marzo	36.32%	0.94587	34.46	38.18	8.76%	0.45939	7.86	9.66
2014, setiembre	36.40%	0.94177	34.55	38.25	8.10%	0.46497	7.18	9.01
2015, marzo	33.17%	0.93811	31.33	35.02	7.26%	0.45017	6.37	8.14
2015, setiembre	31.51%	0.92640	29.69	33.33	6.75%	0.42294	5.92	7.58
IPC Quintil 1								
2011, marzo	38.67%	0.99296	36.72	40.62	9.80%	0.50246	8.82	10.79
2011, setiembre	42.18%	1.02898	40.16	44.20	10.52%	0.55665	9.43	11.62
2012, marzo	39.85%	0.99425	37.90	41.80	10.00%	0.55126	8.92	11.09
2012, setiembre	42.20%	1.01145	40.21	44.18	11.13%	0.56169	10.03	12.23
2013, marzo	40.62%	0.94504	38.76	42.47	10.31%	0.51644	9.30	11.32
2013, setiembre	41.76%	0.95626	39.88	43.63	9.75%	0.49220	8.78	10.71
2014, marzo	36.17%	0.94676	34.32	38.03	8.70%	0.45889	7.80	9.60
2014, setiembre	36.45%	0.94176	34.60	38.30	8.11%	0.46541	7.20	9.03
2015, marzo	33.85%	0.96124	31.96	35.73	7.45%	0.45373	6.56	8.34
2015, setiembre	32.80%	0.93107	30.97	34.63	7.15%	0.43853	6.29	8.02
IPC 40%								
2011, marzo	38.67%	0.99296	36.72	40.62	9.80%	0.50246	8.82	10.79
2011, setiembre	42.18%	1.02898	40.16	44.20	10.52%	0.55665	9.43	11.62
2012, marzo	39.83%	0.99409	37.88	41.78	9.98%	0.55062	8.90	11.06
2012, setiembre	42.16%	1.00939	40.18	44.14	11.13%	0.56169	10.03	12.23
2013, marzo	40.60%	0.94520	38.75	42.46	10.31%	0.51644	9.30	11.32
2013, setiembre	41.74%	0.95660	39.87	43.62	9.69%	0.49014	8.73	10.66
2014, marzo	36.17%	0.94675	34.31	38.03	8.69%	0.45890	7.79	9.60
2014, setiembre	36.42%	0.94174	34.57	38.27	8.11%	0.46541	7.20	9.02
2015, marzo	33.81%	0.96083	31.92	35.69	7.41%	0.45184	6.52	8.29
2015, setiembre	32.55%	0.92450	30.74	34.37	7.03%	0.42841	6.19	7.87
2011, marzo	33.79%	1.30064	31.24	36.35	7.12%	0.58556	5.97	8.27
2011, setiembre	39.27%	1.36329	36.59	41.94	8.25%	0.66523	6.94	9.56
2012, marzo	34.97%	1.31507	32.39	37.56	7.55%	0.66909	6.23	8.86
2012, setiembre	38.74%	1.32564	36.13	41.34	9.02%	0.67693	7.69	10.35
2013, marzo	34.83%	1.21701	32.43	37.22	7.66%	0.57901	6.52	8.79
2013, setiembre	37.91%	1.27222	35.41	40.41	7.97%	0.58884	6.81	9.13
2014, marzo	32.72%	1.22725	30.31	35.13	7.06%	0.54872	5.99	8.14
2014, setiembre	31.71%	1.21633	29.32	34.10	5.97%	0.50255	4.98	6.95

Cuadro continúa en la siguiente página

Cuadro 1A.7 Incidencia de la pobreza: General nacional versus extrema por quintil IPC, 2011–15 *(continuación)*

	IPC General							
	Nacional, general				Nacional, extreme			
			[95% IC]				[95% IC]	
Período	Tasa	SE	LI	LS	Tasa	SE	LI	LS
2015, marzo	28.69%	1.26552	26.27	31.90	5.68%	0.54335	3.58	6.94
2015, setiembre	28.20%	1.20218	25.84	30.56	4.88%	0.48434	3.93	5.83
IPC Quintil 1								
2011, marzo	33.79%	1.30064	31.24	36.35	7.12%	0.58556	5.97	8.27
2011, setiembre	39.27%	1.36329	36.59	41.94	8.25%	0.66523	6.94	9.56
2012, marzo	35.11%	1.31677	32.52	37.70	7.64%	0.66961	6.32	8.96
2012, setiembre	38.74%	1.32564	36.13	41.34	9.02%	0.67693	7.69	10.35
2013, marzo	34.83%	1.21701	32.43	37.22	7.66%	0.57901	6.52	8.79
2013, setiembre	37.86%	1.27185	35.36	40.36	7.95%	0.58899	6.80	9.11
2014, marzo	32.55%	1.22756	30.13	34.96	7.03%	0.54876	5.95	8.11
2014, setiembre	31.76%	1.21657	29.37	34.15	5.98%	0.50325	4.99	6.97
2015, marzo	29.35%	1.20017	26.98	32.05	5.82%	0.52974	4.10	8.94
2015, setiembre	29.25%	1.22292	26.84	31.65	5.19%	0.49419	4.22	6.16
IPC 40%								
2011, marzo	33.79%	1.30064	31.24	36.35	7.12%	0.58556	5.97	8.27
2011, setiembre	39.27%	1.36329	36.59	41.94	8.25%	0.66523	6.94	9.56
2012, marzo	35.11%	1.31677	32.52	37.70	7.64%	0.66964	6.32	8.95
2012, setiembre	38.69%	1.32219	36.09	41.29	9.02%	0.67693	7.69	10.35
2013, marzo	34.80%	1.21727	32.41	37.19	7.66%	0.57901	6.52	8.79
2013, setiembre	37.86%	1.27185	35.36	40.36	7.88%	0.58488	6.73	9.03
2014, marzo	32.55%	1.22756	30.13	34.96	7.03%	0.54877	5.95	8.11
2014, setiembre	31.72%	1.21654	29.33	34.11	5.98%	0.50326	4.99	6.97
2015, marzo	29.32%	1.21554	26.99	33.01	5.80%	0.50012	4.04	6.25
2015, setiembre	28.99%	1.21033	26.61	31.37	5.16%	0.49298	4.19	6.12
2011, marzo	48.70%	1.78241	45.56	52.67	15.33%	0.94201	13.95	18.01
2011, setiembre	48.18%	1.43113	45.36	50.99	15.21%	1.00649	13.23	17.19
2012, marzo	49.56%	1.37352	46.86	52.25	14.69%	0.95199	12.82	16.57
2012, setiembre	49.33%	1.44692	46.49	52.18	15.47%	0.99449	13.52	17.43
2013, marzo	52.55%	1.43332	49.73	55.37	15.78%	1.03317	13.75	17.81
2013, setiembre	49.87%	1.32460	47.27	52.47	13.48%	0.89601	11.72	15.24
2014, marzo	43.74%	1.42536	40.94	46.54	12.26%	0.83645	10.62	13.91
2014, setiembre	46.08%	1.42668	43.27	48.88	12.49%	0.97442	10.57	14.40
2015, marzo	42.42%	1.38385	39.70	45.14	10.50%	0.86737	8.80	12.20
2015, setiembre	38.33%	1.34791	35.68	40.98	10.60%	0.81632	9.00	12.21
Quintil 1 CPI								
2011, marzo	48.70%	1.82014	46.18	51.28	15.33%	0.92001	13.50	17.85
2011, setiembre	48.18%	1.43113	45.36	50.99	15.21%	1.00649	13.23	17.19
2012, marzo	49.62%	1.37460	46.92	52.32	14.87%	0.95564	13.00	16.75
2012, setiembre	49.33%	1.44692	46.49	52.18	15.47%	0.99449	13.52	17.43

Cuadro continúa en la siguiente página

Cuando no basta el crecimiento • http://dx.doi.org/10.1596/978-1-4648-1189-0

Cuadro 1A.7 **Incidencia de la pobreza: General nacional versus extrema por quintil IPC, 2011–15** *(continuación)*

	IPC General							
	Nacional, general				Nacional, extreme			
			[95% IC]				[95% IC]	
Período	Tasa	SE	LI	LS	Tasa	SE	LI	LS
2013, marzo	52.55%	1.43332	49.73	55.37	15.78%	1.03317	13.75	17.81
2013, setiembre	49.79%	1.32475	47.19	52.39	13.44%	0.89371	11.68	15.20
2014, marzo	43.65%	1.42761	40.84	46.45	12.12%	0.83384	10.49	13.76
2014, setiembre	46.10%	1.42578	43.30	48.90	12.50%	0.97485	10.59	14.42
2015, marzo	43.12%	1.40104	40.37	45.88	10.81%	0.87619	9.08	12.53
2015, setiembre	40.12%	1.29216	37.58	42.66	11.21%	0.86609	9.50	12.91
40% CPI								
2011, marzo	48.70%	1.82014	46.18	51.28	15.33%	0.92001	13.50	17.85
2011, setiembre	48.18%	1.43113	45.36	50.99	15.21%	1.00649	13.23	17.19
2012, marzo	49.56%	1.37352	46.86	52.25	14.80%	0.95240	12.93	16.67
2012, setiembre	49.31%	1.44694	46.47	52.16	15.47%	0.99449	13.52	17.43
2013, marzo	52.55%	1.43332	49.73	55.37	15.78%	1.03317	13.75	17.81
2013, setiembre	49.75%	1.32674	47.14	52.36	13.44%	0.89371	11.68	15.20
2014, marzo	43.64%	1.42750	40.83	46.44	12.12%	0.83384	10.49	13.76
2014, setiembre	46.10%	1.42578	43.30	48.90	12.50%	0.97485	10.59	14.42
2015, marzo	43.06%	1.39866	40.31	45.81	10.79%	0.86814	9.01	12.42
2015, setiembre	39.90%	1.29742	37.35	42.45	10.88%	0.81982	9.27	12.49

Fuente: Basado en datos del Banco Central de la República Dominicana.
Nota: IC = intervalo de confianza; IL = límite inferior; LS = límite superior.

Notas

1. Véase Dauhajre y Aristy-Escuder (1996) para una descripción del conjunto de reformas estructurales implementadas desde inicios de los años 90. También, véase Guzmán y Lizardo (2002) para obtener un análisis del impacto de las reformas estructurales sobre el crecimiento económico.

2. En este capítulo, el bienestar está relacionado con *pobreza monetaria*, definida como función del ingreso disponible de los hogares. Por tanto, un nivel más alto de ingreso aumenta el bienestar y reduce la pobreza monetaria. Sin embargo, se entiende bien que la pobreza es un problema multidimensional, como se afirma en los Objetivos de Desarrollo Sostenible.

3. La línea de la pobreza está determinada por el costo de mercado de una canasta de consumo básico de bienes y servicios. Ésta puede ser definida como "el nivel de ingreso mínimo para no ser considerado pobre." Véase. Ravallion (2016, 191).

4. Es bien sabido que el consumo es más estable que el ingreso, dado que los hogares moderan su consumo cuando hay movimientos ocasionales de ingreso. Esto significa que el consumo se relaciona más con el ingreso permanente. También, el consumo corriente es un mejor indicador que el ingreso corriente del nivel de vida. Sin embargo, algunos arguyen a favor de utilizar el ingreso corriente para medir el bienestar económico y la pobreza porque permite una buena evaluación del

impacto de distribución de impuestos y transferencias. Véase Ravallion (2016) y UN-SD (2005).

5. El gobierno también calcula el Índice de calidad de Vida, que permite medir la pobreza multidimensional. Los programas sociales gubernamentales utilizan este índice para la selección individual de beneficiarios de hogares. Véase ONE y MEPyD (2012).

6. Se puede encontrar información detallada en la Oficina Nacional de Estadísticas, Comité Técnico Inter agencial, Estimación de las canastas básicas y las líneas de pobreza, julio 2012. https://goo.gl/li3xlo.

7. Véase el Cuadro 1A.1 (en el anexo) para información acerca de otros quintiles.

8. Vale la pena destacar que Deaton y Zaidi (2002) sugieren dejar los ingresos ocasionales fuera del total porque se tornarían en medidas discordantes de promedios muy difíciles de medir con exactitud. Por tanto, solo el ingreso recibido regularmente debe ser incluido como una Fuente de ingresos para fines de cálculo de la pobreza.

9. Véase el Cuadro 1A.2 (en el anexo) en cuanto a conceptos de ingreso a partir de la ENIGH 2007.

10. Véase el Cuadro 1A.3 (en el anexo) para fines de comparar los conceptos de ingreso de la ENIGH 2007 y ENFT.

11. Se muestran gráficos con respecto a otros quintiles en el Cuadro 1A.4 (en el anexo). Para todos los quintiles, salvo el primero, el ingreso no incluido en el indicador de bienestar representa menos del 0.6 por ciento del ingreso total de hogares.

12. Como tal, la elasticidad del crecimiento de la pobreza sería aproximadamente $-1.1 = -5.6/5.0$.

13. El nuevo cuestionario de la Encuesta Nacional Continua de Fuerza de Trabajo (ENCFT) detalla transferencias del gobierno a hogares.

14. Banco Central de la República Dominicana (2011). El IPC se calcula utilizando la fórmula del Índice de Laspeyres. Solo los precios urbanos se consideran en el cálculo del IPC general.

15. En 1999, la participación de los alimentos y las bebidas no alcohólicas fue de 30.8 por ciento.

16. In este caso, $d\left(CPI_G, CPI_S\right) = \sqrt{\sum_i \left(w_{Gi} - w_{Si}\right)^2}$, donde W_{Gi}, W_{Si} son ponderaciones de diferentes grupos de bienes y servicios incluidos en la canasta de consumo para el IPC general (CPI_G) y el IPC específico (CPI_S), que puede ser el primer quintil de la población, o el 40 por ciento más pobre de la población.

17. En 2015, los precios de algunos productos alimentarios importantes (por ejemplo, yuca, plátanos, pollo, habichuelas pintas, carne de res, habichuelas rojas, ajo y café) aumentaron considerablemente, debido a condiciones climatológicas. Véase el Banco Central de la República Dominicana (2015).

18. Este es el sesgo plutocrático planteado por la Ley (2001).

19. Véase Cuadro 1A.6 en el anexo.

20. Para estimar los errores estándar e intervalos de confianza relacionados con la incidencia de la pobreza, se utilizó el comando *svyset* en formato *Stata*, que permite identificar las variables de diseño de la encuesta. Para fines de este estudio, la variable estrato (eft_estrato) y la unidad muestral principal (eft_upm) fueron especificadas para hacer las estimaciones considerando las observaciones a estos niveles. Se utilizó el factor de expansión (eft_factor_exp) como opción de ponderación.

Referencias

Banco Central de la República Dominicana. 2011. "Metodología índice de precios al consumidor (IPC): Base diciembre 2010." Santo Domingo: Banco Central de la República Dominicana.

———. 2015. "Informe de la economía dominicana." Enero–septiembre 2016. Santo Domingo: Banco Central de la República Dominicana.

Dauhajre, A., y J. Aristy-Escuder, eds. 1996. El programa: Programa macroeconómico de mediano plazo para la República Dominicana: 1996–2000. Santo Domingo: Fundación Economía y Desarrollo.

Deaton, A., y S. Zaidi. 2002. "Guidelines for Constructing Consumption Aggregates for Welfare Analysis." Living Standards Measurement Study Working Paper 135. Banco Mundial, Washington, DC.

Guzmán, R., y M. Lizardo. 2002. Crecimiento económico, acumulación de factores y productividad en la República Dominicana (1950–2000). Serie de Estudios Económicos y Sociales. Washington, DC: Banco Interamericano de Desarrollo.

Johnson, C. 2013. "Potential Output and Output Gap in Central America, Panama and Dominican Republic." IMF Working Paper WP/13/145, Fondo Monetario Internacional, Washington, DC.

Ley, E. 2001. "Whose Inflation? A Characterization of the CPI Plutocratic Bias." IMF Working Paper WP/01/59, Fondo Monetario Internacional, Washington, DC.

ONE y MEPyD (Oficina Nacional de Estadística and Ministerio de Economía, Planificación y Desarrollo). 2012. Metodología para el cálculo de la medición oficial de la pobreza monetaria en la República Dominicana. Comité de Pobreza de la República Dominicana. accesible en www.one.gob.do/Multimedia/Download?ObjId=1936.

———. 2015a. "Boletín de Estadísticas Oficiales de Pobreza Monetaria." Boletín Semestral Año 1 (1): 1–8.

———. 2015b. "Boletín de Estadísticas Oficiales de Pobreza Monetaria." Boletín Semestral Año 1 (2): 1–16.

Ravallion, M. 2016. The Economics of Poverty. History, Measurement, and Policy. New York: Oxford University Press.

UN-SD. (Naciones Unidas, División de Estadísticas). 2005. Handbook on Poverty Statistics: Concepts, Methods and Policy Use. New York: United Nations.

CAPÍTULO 2

Ventaja comparativa y demanda laboral

Implicaciones para la República Dominicana

Shushanik Hakobyan y Daniel Lederman

En teoría, una abundante dotación de mano de obra conlleva especialización en manufactura de mano de obra intensiva, siempre y cuando los costos comerciales no sean prohibitivos. El progreso y la capacidad de China para reducir la pobreza en gran escala y la rápida recuperación de la región de Asia Oriental de la crisis económica de finales de los noventa constituyen dos ejemplos. De hecho, el éxito de las economías más dinámicas de Asia Oriental se atribuye precisamente a su capacidad para integrarse en la economía mundial mediante el uso eficiente del único factor de producción que tenían en abundante suministro: la mano de obra (Banco Mundial, 1993). En esa parte del mundo, las tendencias macroeconómicas se han basado, fundamentalmente, en un modelo que se apoya en la importación de capital y conocimientos técnicos y en la exportación de bienes y servicios que requieren una gran cantidad de mano de obra (Gill et al., 2013).

Por otro lado, la República Dominicana es un ejemplo de un país donde, a pesar de una economía en rápido crecimiento y una abundancia de mano de obra, la pobreza y el desempleo se han mantenido altos. Esta es una historia muy diferente de la de Asia Oriental. Es una historia que sugiere que algunos países podrían no estar usando sus factores de producción más abundantes de manera eficiente.

Los autores expresan su agradecimiento a sus colaboradores por comentarios y sugerencias esclarecedores - en particular, Francisco Carneiro y los árbitros anónimos.

Shushanik Hakobyan es profesor asistente de economía en la Universidad de Fordham. Tiene un doctorado en economía de la Universidad de Virginia. Por favor dirija la correspondencia a shakobyan@fordham.edu.

Daniel Lederman es economista jefe adjunto para la región de América Latina y el Caribe en el Banco Mundial. Tiene una licenciatura en ciencias políticas de la Universidad de Yale y maestría y doctorado de la Escuela de Estudios Internacionales Avanzados de la Universidad Johns Hopkins. Por favor dirija la correspondencia a dlederman@worldbank.org.

En términos de crecimiento, República Dominicana ha disfrutado una de las tasas de crecimiento más fuertes de América Latina y el Caribe en los últimos 20 años. Al mismo tiempo, sin embargo, a los analistas de la República Dominicana y de otros países parece preocuparles que el rápido crecimiento de la productividad en las últimas dos décadas en los sectores clave de la economía se ha traducido en escasas ganancias en empleo y creciente informalidad. La premisa subyacente es que la mayoría de los empleos creados han sido de baja calidad en sectores de baja productividad. Además, el hecho de que los sectores de más rápida expansión mayormente han creado empleos no calificados (en el comercio minorista y mayorista, hoteles y restaurantes y otros servicios) es otro argumento pesimista para este punto de vista.

Este capítulo explora la relación entre la dotación de factores y la ventaja comparativa. En particular, pone a prueba la hipótesis nula de que los productos exportados por los países con abundante mano de obra no son de uso intensivo de mano de obra sino más bien de uso intensivo de capital. En este contexto, los coeficientes de Rybczynski se estiman para el mundo y para subconjuntos de países, y se someten a prueba para determinar si varían en los diferentes tipos de países.[1] El capítulo prosigue, presentando la economía de la República Dominicana como un estudio de caso para evaluar si tiene una ventaja comparativa en productos de uso intensivo de capital versus productos de uso intensivo de mano de obra.

Este capítulo estudia la intensidad de los factores de las industrias comerciables en todos los países y con el tiempo, un enfoque que es congruente con dos teorías neoclásicas del comercio internacional, a saber, los modelos ricardianos y de proporciones factoriales. Los modelos ricardianos se basan en el supuesto de que los países difieren en las tecnologías de producción. Por el contrario, los modelos de proporciones factoriales suponen que los países aplican tecnologías similares en la producción y, por tanto, a los patrones de comercio de una economía los impulsa exclusivamente las diferencias internacionales en la abundancia relativa de factores.

El enfoque analítico presentado en este capítulo se apoya en la amplia literatura académica pertinente a estas teorías (por ejemplo, Fitzgerald y Hallak 2004, Harrigan 1997, Schott 2003), que se revisa brevemente en la segunda sección. El capítulo contribuye a esta literatura al menos en dos maneras. En primer lugar, se examina un gran número de países con una considerable heterogeneidad en sus dotaciones de capital y mano de obra calificada y no calificada. Por el contrario, la bibliografía se ha centrado en grupos de países mayormente homogéneos, como los países pertenecientes a la Organización para la Cooperación y el Desarrollo Económico (OCDE) o un pequeño número de países, debido a la limitada disponibilidad de datos sobre producción. Utilizando datos comerciales, la muestra para este análisis se ha ampliado para incluir a más de 100 países. En segundo lugar, se permite la posibilidad de que se produzcan cambios en las industrias orientadas a la exportación y las que compiten con importaciones, controlando así los posibles efectos de equilibrio general (basándose en Leamer, 1995).[2]

La estrategia empírica y la descripción de los datos se presentan en la tercera sección, y los resultados se presentan en la cuarta. El índice de ventaja comparativa revelado para la República Dominicana se examina en la quinta sección, y las conclusiones de los argumentos teóricos y empíricos presentados en el capítulo se delinean en el sexto. Finalmente, el anexo 2A detalla la construcción del conjunto de datos y destaca las limitaciones en la cobertura nacional y de tiempo impuestas por la disponibilidad de datos.

Revisión de la literatura empírica que pone a prueba las teorías neoclásicas del comercio internacional

Dos vertientes de la literatura empírica comercial están relacionadas con los modelos de proporciones ricardianas y factoriales. La primera vertiente examina las implicaciones de la teoría de las proporciones factoriales, bajo el supuesto de que todos los países pueden acceder a las mismas tecnologías. La segunda asume las diferencias tecnológicas neutrales de Hicks en todos los países.

En la primera vertiente, Harrigan (1995) se centra en el lado de la producción del modelo de proporciones factoriales y utiliza datos sobre la producción manufacturera y las dotaciones factoriales para 20 países de la OCDE durante 1970-1985. Los hallazgos sugieren claramente que la abundancia de capital y mano de obra no calificada son fuentes de ventaja comparativa en la mayoría de los sectores, pero la evidencia sobre los efectos de la mano de obra calificada (y la tierra) es bastante débil.

Por otra parte, Schott (2003) investiga si los países desarrollados y en desarrollo se especializan en diferentes subconjuntos de productos debido a sus diferencias en dotaciones factoriales y descubre que los países con abundante mano de obra producen relativamente pocos de los bienes de mayor uso intensivo de capital. Esta conclusión se basó en datos de 1990 sobre el valor añadido, capital social y datos de empleo de ONUDI (Organización de las Naciones Unidas para el Desarrollo Industrial) para un máximo de 45 países desarrollados y en desarrollo en 28 industrias manufactureras (organizados en "agregados de Heckscher-Ohlin" según la intensidad de los factores).

Batista y Potin (2014) amplían el trabajo de Schott para explicar la dinámica de la especialización industrial en el tiempo examinando un panel de 44 países desarrollados y en desarrollo durante 1976-2000. Encuentran un efecto substancial de Rybczynski, en el sentido de que los países que acumulan capital producen menos bienes de uso intensivo de mano de obra y bienes de uso más intensivo de capital. Los autores encuentran, además que los países pobres en abundancia de mano de obra que acumulan capital diversifican su producción alejándose de las industrias de uso intensivo de mano de obra hacia las industrias de uso intensivo de capital, mientras que los países ricos en abundancia de capital que acumulan capital se especializan en producción de bienes de uso altamente intensivo de capital.

Romalis (2004) utiliza un modelo de proporciones factoriales para examinar si podía explicar la estructura del comercio de productos básicos integrando una versión multinacional del modelo Heckscher-Ohlin con un modelo de Dornbusch, Fischer y Samuelson (1980) con un continuo de bienes y un modelo Krugman (1980) de competencia monopolística y costos de transporte. Romalis (2004) no asume reversiones de intensidad factorial y proporciones factoriales fijas dentro de las industrias y países. Sus resultados corroboran dos predicciones. Primero, los países tienden a captar mayores participaciones de producción y comercio de productos que utilizan sus factores abundantes con mayor intensidad. Segundo, los países que rápidamente acumulan un factor ven sus estructuras de producción y exportación desplazarse sistemáticamente hacia las industrias que utilizan ese factor de manera intensiva.

La segunda parte de la literatura empírica de comercio, Harrigan (1997) fue el primero en probar empíricamente la teoría de las proporciones factoriales, asumiendo diferencias tecnológicas entre los países que son neutrales según Hicks y específicos de la industria. Utiliza datos de dotación factorial y participaciones de producción manufacturera en el producto interno bruto (PIB) para diez países desarrollados en siete industrias (alimentos, prendas de vestir, papel, químicos, vidrio, metales y maquinaria) para el período 1970-88. Sus resultados son más o menos congruentes con los de Leamer (1984), quien utiliza las exportaciones netas como sustituto para la variable dependiente; y por Harrigan (1995), quien, en cambio, usa la producción. Los resultados más recientes de Harrigan, publicados en su influyente artículo de 1997, sugieren que la abundancia de capital y de trabajadores de educación media generalmente se asocia a mayores participaciones en la producción manufacturera, mientras que la construcción no residencial y los trabajadores altamente educados conducen a menores participaciones en la producción.[3] Aunque este hallazgo mejora substancialmente en trabajos empíricos anteriores, sus datos muestran poca variación entre países, ya que los países de alto ingreso, miembros de la OCDE, tienen dotaciones factoriales y participaciones en la producción sectorial similares.

Harrigan y Zakrajšek (2000) superan este inconveniente y explotan la variación entre países ampliando la muestra para incluir a 28 países miembros y no miembros de la OCDE, países desarrollados y en desarrollo y 12 industrias durante un período más largo (1970-92). Su evidencia es ampliamente congruente con la teoría neoclásica, en el sentido de que la abundancia de capital humano y físico aumenta la producción en sectores industriales pesados, mientras que el capital físico disminuye la producción en las industrias de alimentos y prendas de vestir/textiles.

Asimismo, Fitzgerald y Hallak (2004) utilizan una sección representativa de 21 países miembros de la OCDE en 1988 para estimar los efectos de dotación factorial en el patrón de especialización manufacturera, pero permiten que la acumulación factorial responda a la productividad. Sus resultados sugieren que no controlar las diferencias de productividad entre los países deviene en estimaciones sesgadas de los coeficientes de Rybczynski. Su modelo genera resultados sólidos que explica dos tercios de las diferencias observadas en el patrón de especialización entre los países más pobres y más ricos de la OCDE.

Utilizando un enfoque similar, Redding (2002) concluye que, en el corto plazo, los efectos comunes entre países, como el progreso tecnológico, son más importantes para explicar los cambios observados en la especialización que las dotaciones factoriales. En períodos más largos, las dotaciones factoriales se vuelven relativamente más importantes y representan la mayor parte de la variación observada en la especialización. Esta evidencia es coherente con la idea de que los cambios en la abundancia factorial relativa ocurren gradualmente y toman tiempo para afectar la estructura de producción.

Morrow (2010) se basa en Romalis (2004) para realzar el modelo ricardiano con diferencias de productividad total de los factores (PTF) y estima el modelo utilizando datos de panel para el período 1985-95 en 20 países desarrollados y en desarrollo, abarcando 24 industrias manufactureras. Morrow (2010) observa que las diferencias de productividad y la interacción de la abundancia de factores con la intensidad de los factores juegan un papel en la determinación de los patrones de especialización internacional -con poca evidencia de que los niveles relativos de productividad son sistemáticamente más altos o más bajos para los países de abundante mano de obra calificada. Además, encuentra que las diferencias en la abundancia de factores son más potentes que las diferencias en la productividad ricardiana en la determinación de los patrones de especialización.

Estrategia de estimación y datos

El enfoque empírico utilizado para estimar los coeficientes de Rybczynski y los datos utilizados en la estimación se presentan en esta sección. Estos incluyen las exportaciones netas y las dotaciones de mano de obra, capital y tierras cultivables.

Modelo econométrico

La relación empírica entre la acumulación de factores y las exportaciones puede deberse a la adopción de tecnologías (que determinan los requisitos de participación de factores en la producción), al nivel general de eficiencia económica en una economía o la tasa de acumulación de factores (es decir, industrias que emplean tecnologías de uso intensivo de mano de obra calificada no surgirán en economías con insuficiente mano de obra calificada. A su vez, la adopción de tecnología y la acumulación de factores pueden ser determinadas por diversos fenómenos económicos, sociales e institucionales. En términos generales, la función empírica de Rybczynski para una industria dada se puede especificar como muestra aquí la ecuación 2.1:

$$x_{cit} = \alpha_{i0} + \beta_{i1}K_{ct} + \beta_{i2}SL_{ct} + \beta_{i3}UL_{ct} + \beta_{i4}T_{ct} + \gamma_{it} + \varepsilon_{cit} \qquad (2.1)$$

donde el subíndice c representa países; i, industrias; t, el período de tiempo; y K, SL, UL y T, dotaciones de capital, mano de obra calificada, mano de obra no calificada y tierra cultivable, respectivamente. La variable dependiente x es para producción o exportaciones, γ_t es el efecto fijo anual, y e representa el término de error.

En la ecuación (2.1), el término de intercepción capta cualquier otro factor de producción que no esté explícitamente incluido y que sea específico de la industria; es decir, se estima para cada industria por separado. Los parámetros de interés en la ecuación 2.1 son los βs, que pueden interpretarse como la inversa de los requisitos de participación de factores determinados tecnológicamente (es decir, la cantidad de cada participación requerida para producir y exportar una unidad de un bien final) en una industria dada.

Para permitir la posibilidad de que se produzcan cambios en la economía tanto en las industrias orientadas a la exportación y las que compiten por las importaciones, los efectos del consumo se controlan siguiendo a Leamer (1995), como se muestra aquí en la ecuación 2.2:

$$NX_{ci} = A_{ci}^{-1}\left(V_c - s_{ci}V^w\right) \tag{2.2}$$

donde NX_{ci} son las exportaciones netas del país c en la industria i; V_c and V^w son los vectores de las dotaciones en el país c y en el mundo, respectivamente (que podrían potencialmente incluir diferentes números de factores de producción); s_{ci} es la participación en el consumo de la industria i en el país c en el consumo mundial total de esa industria; y A es la matriz de producción-ingresos, con los requerimientos de factor de unidad como sus elementos. Por ende, la ecuación de estimación (2.3) es la siguiente:

$$\begin{aligned} NX_{cit} = {} & \alpha_{i0} + \beta_{i1}\left(K_{ct} - s_{ci}K^w\right) + \beta_{i2}\left(SL_{ct} - s_{ci}SL^w\right) \\ & + \beta_{i3}\left(UL_{ct} - s_{ci}UL^w\right) + \beta_{i4}\left(T_{ct} - s_{ci}T^w\right) + \gamma_{it} + \varepsilon_{cit} \end{aligned} \tag{2.3}$$

En esta especificación, todas las variables son observables excepto para participaciones de consumo. Los dos enfoques siguientes se utilizan para estimar las proporciones de consumo y construir las variables independientes. El primero supone preferencias homotéticas entre países, de modo que el sci pueda ser aproximado por el coeficiente de consumo del país c al consumo mundial, $s_{ci} \approx C_c/C_w$. El segundo enfoque permite además que las participaciones de consumo varíen según el nivel de desarrollo del país suponiendo que son una función del PIB per cápita del país c en el año t.

Igual que con la mayoría de los análisis económicos aplicados, vale la pena destacar varias inquietudes. Primero, los βs pueden diferir entre los países dentro de las industrias debido a diferencias en la adopción de tecnología (Cusolito y Lederman 2009) o a las diferencias en la eficiencia económica total (o PTF) que pueden ser vistas como un factor de escala para las dotaciones factoriales observadas.

Como se señaló previamente, uno de los principales supuestos subyacentes en los modelos comerciales neoclásicos donde las dotaciones factoriales impulsan la ventaja comparativa es que las tecnologías son idénticas entre países. De particular importancia, esto implica que una unidad de trabajo o de capital en un país es tan productiva como una unidad de mano de obra o de capital, por ejemplo, en Estados Unidos. Para abordar estos desafíos de estimación, se sigue el enfoque adoptado por Fitzgerald y Hallak (2004), utilizando las estimaciones existentes de la PTF total para ajustar las dotaciones factoriales de cada país por el diferencial de la PTF con respecto a Estados Unidos, obteniendo así en cifras netas las diferencias de productividad entre países.

Segundo, otro supuesto de los modelos comerciales neoclásicos es que el número de bienes iguala el número de factores de producción. La literatura interpreta la constante en la ecuación empírica como captación del efecto promedio de todos los factores de producción omitidos. En consecuencia, la inclusión de efectos fijos de los países es equivalente a suponer que el número de factores de producción omitidos puede variar de un país a otro. El modelo se estima con y sin efectos fijos (para discusión, véase Fitzgerald y Hallak 2004).

Además, el análisis explora las diferencias en βs entre los diferentes subconjuntos de países: (a) países de alto ingreso frente a países de bajo ingreso; y (b) países con abundancia de capital o mano de obra calificada versus aquellos con abundancia de mano de obra no calificada. Para justificar una estructura de error común, todos los se interactuaron todos los regresores con la variable indicadora para cada dicho grupo. Esto es esencialmente una prueba del supuesto de que todos los países aplican las mismas tecnologías para cada industria (después de ajustar los diferenciales de PTF entre los países, como lo hacen Fitzgerald y Hallak (2004) o que pertenecen al mismo cono de diversificación.

Datos sobre exportaciones netas y sobre dotaciones de mano de obra, capital y tierras cultivables

El conjunto de datos utilizado en este capítulo contiene información sobre las exportaciones netas en 28 industrias manufactureras de tres dígitos de la CIIU (Clasificación Industrial Internacional Uniforme), de dotaciones de capital y tierras cultivables y sobre el empleo de trabajadores calificados y no calificados para una muestra de 129 países durante el período 1975-2010. Además, el anexo 2A detalla la construcción del conjunto de datos, destacando las limitaciones en el país y cobertura de tiempo impuesta por la disponibilidad de datos. Una de esas limitaciones es la disponibilidad de datos educativos en incrementos de cinco años. Por tanto, el conjunto de datos es un panel de países por industria, en períodos quinquenales, midiéndose las dotaciones factoriales en el año inicial de cada período, y promediando exportaciones netas (brutas) durante el quinquenio

La contratación de trabajadores calificados y no calificados se construye utilizando datos de población y nivel educativo alcanzado de Barro y Lee (2013). La *mano de obra calificada* se refiere a los trabajadores entre 25 y 64 años de edad que concluyeron el bachillerato (educación secundaria). Los datos sobre comercio vienen de Comtrade-UNO (base de datos estadísticos sobre el comercio internacional); de capital social, de la PTF; de consumo, de la Tabla Mundial de Penn; y sobre tierras cultivables, de los Indicadores Mundiales de Desarrollo del Banco Mundial. (para más detalles, véase el anexo 2A.)

El cuadro 2.1 (panel A) ofrece un resumen de estadísticas de la PTF y de las dotaciones de capital, mano de obra calificada y no calificada y tierras cultivables (no ajustadas en cuanto a diferencias de productividad) en la muestra a lo largo

Cuadro 2.1 Estadística general: Dotaciones y productividad total de los factores para todos los países y países de abundante mano de obra de baja frente a una alta calificación

Año	PTF	Capital, US$	Mano de obra calificada	Mano de obra no calificada	Hectáreas de tierras cultivables	Número de países
			(en millones)			
Panel A: Todos los países						
1975	0.84	0.86	7.29	27.74	13.69	45
	(0.46)	(2.20)	(24.82)	(72.98)	(36.32)	
1980	0.82	0.85	7.06	23.48	11.36	65
	(0.41)	(2.44)	(25.28)	(68.28)	(31.28)	
1985	0.75	0.88	9.62	36.46	12.72	71
	(0.27)	(2.46)	(29.27)	(123.14)	(32.80)	
1990	0.72	0.95	11.08	33.26	11.14	85
	(0.26)	(2.67)	(33.32)	(123.57)	(30.30)	
1995	0.63	1.18	15.27	31.56	12.00	98
	(0.28)	(3.09)	(43.50)	(121.77)	(30.39)	
2000	0.63	1.25	18.33	29.29	10.91	107
	(0.35)	(3.51)	(55.54)	(118.59)	(28.69)	
2005	0.67	1.65	21.76	30.73	11.16	105
	(0.35)	(4.67)	(61.46)	(128.44)	(28.46)	
2010	0.67	2.19	24.55	32.86	11.12	104
	(0.32)	(6.00)	(63.34)	(144.67)	(27.88)	
Panel B: Países abundantes en mano de obra de calificación relativamente alta						
1975	0.80	1.12	10.17	16.50	12.03	29
	(0.21)	(2.69)	(30.64)	(23.83)	(35.29)	
1980	0.83	1.32	11.45	14.64	11.01	34
	(0.23)	(3.27)	(34.43)	(20.74)	(33.18)	
1985	0.75	1.29	13.09	14.43	10.74	36
	(0.21)	(3.35)	(37.31)	(19.91)	(32.23)	
1990	0.76	1.32	13.34	11.53	8.93	45
	(0.22)	(3.54)	(37.39)	(17.17)	(28.71)	
1995	0.66	1.65	17.42	10.76	11.29	52
	(0.25)	(4.04)	(41.74)	(15.74)	(31.15)	
2000	0.68	1.72	19.66	8.93	10.63	54
	(0.31)	(4.58)	(46.12)	(12.96)	(29.78)	
2005	0.72	2.13	22.58	8.08	10.72	52
	(0.29)	(5.77)	(50.50)	(11.56)	(29.08)	
2010	0.70	2.48	24.28	7.30	10.20	53
	(0.23)	(6.25)	(54.36)	(10.35)	(27.95)	

Cuadro continúa en la siguiente página

Cuadro 2.1 Estadística general: Dotaciones y productividad total de los factores para todos los países y países de abundante mano de obra de baja frente a una alta calificación (continuación)

Año	PTF	Capital, US$	Mano de obra calificada	Mano de obra no calificada	Hectáreas de tierras cultivables	Número de países
			(en millones)			
Panel C: Países abundantes en mano de obra de calificación relativamente baja						
1975	0.92	0.38	2.08	48.10	16.70	16
	(0.73)	(0.58)	(3.18)	(117.81)	(39.11)	
1980	0.82	0.33	2.25	33.17	11.74	31
	(0.54)	(0.58)	(3.76)	(96.37)	(29.60)	
1985	0.75	0.45	6.05	59.13	14.75	35
	(0.33)	(0.73)	(17.47)	(172.54)	(33.72)	
1990	0.68	0.53	8.53	57.70	13.61	40
	(0.30)	(0.93)	(28.32)	(177.20)	(32.18)	
1995	0.60	0.66	12.85	55.07	12.79	46
	(0.30)	(1.25)	(45.75)	(174.98)	(29.83)	
2000	0.58	0.77	16.98	50.05	11.18	53
	(0.37)	(1.82)	(64.16)	(166.21)	(27.83)	
2005	0.62	1.17	20.96	52.96	11.59	53
	(0.40)	(3.23)	(71.08)	(178.46)	(28.11)	
2010	0.63	1.88	24.82	59.43	12.08	51
	(0.39)	(5.77)	(72.05)	(203.94)	(28.04)	

Fuentes: Tabla Mundial de Penn, Indicadores de Desarrollo Mundial, y cálculos del Banco Mundial.
Nota: PTF = productividad total de factores. Los valores de la PTF son relativos con respecto a U.S. PTF (Valor U.S. = 1 en todos los años). Se reportan desviaciones estándar en paréntesis. El Panel A reporta estadísticas generales para dotaciones de capital, tierras, y mano de obra (calificada y o calificada) por año para todos los países en la muestra. Los paneles B y C reportan las mismas estadísticas para países con un coeficiente de mano de obra calificada a no calificada por encima o debajo de la media en el año 2000, respectivamente.

del tiempo. Los paneles B y C reportan las mismas estadísticas para dos subgrupos: países con una alta relación de mano de obra calificada a no calificada y aquellos con una baja relación en el 2000. La muestra se divide en dos subgrupos usando una media para la relación de mano de obra calificada a no calificada en 2000.[4]

El número de países para los cuales se dispone de datos aumentó gradualmente, pasando de 45 en 1975 a 107 para el 2000; presumiblemente, los datos para más países con abundante mano de obra no calificada se hicieron disponibles en años posteriores. Aun así, las estadísticas generales muestran el número promedio de mano de obra calificada explotó en este período. Tomando en cuenta el conjunto cambiante de países a lo largo de los años, la dotación de mano de obra calificada para un país promedio aumentó de 7.3 a 25 millones, mientras que la dotación de mano de obra no calificada de un país promedio se mantuvo en alrededor de 30 millones. Un patrón similar, aunque menos impactante, se observa para la dotación de capital, la cual para un país promedio fue de US$0,9 y US$2,2 millones en 1975 y 2010, respectivamente. Al comparar los paneles B y C, observamos que, aunque los países de abundante mano de obra de calificación relativamente alta tienden a tener, en promedio, mayores dotaciones de mano de obra calificada y menores dotaciones de mano de obra no calificada (por construcción), muchos de los cambios en la dotación de mano de obra calificada a lo largo del tiempo fueron impulsados por el grupo de países de abundante mano de obra de calificación relativamente baja. La dotación de mano de obra calificada para un país promedio en este último grupo aumentó de 2,1 millones en 1975 a 14 millones en 2010, comparado con la misma estadística para el grupo de países de abundante mano de obra de calificación relativamente alta, que sólo cambió de 10 millones a 24 millones.

El cuadro 2.2 resume las exportaciones netas sectoriales en millones de dólares de Estados Unidos y como proporción del PIB en 1975 y 2010. Muestra variaciones significativas en los patrones de comercio sectorial dentro de las industrias y entre industrias en los países.

Cuadro 2.2 Estadísticas generales: Exportaciones netas en U.S. Dólares y como proporción del PIB, 1975 vs. 2010

		US$ (millones)				Proporción del PIB (%)			
		1975		2010		1975		2010	
Sector	Descripción	Media	DS	Media	DS	Media	DS	Media	DS
311	Manufactura de alimentos	−36.3	1,537.7	538.8	7,757.3	0.30	1.23	−0.32	2.34
313	Bebidas	9.4	487.4	38.0	2,127.7	0.00	0.16	0.01	0.35
314	Manufactura de tabaco	24.5	145.9	−3.2	764.5	0.00	0.10	−0.03	0.18
321	Textiles	−1.4	520.9	335.5	7,117.2	−0.21	0.68	−0.28	0.44
322	Prendas de vestir	−84.1	889.2	−80.9	13,746.3	0.18	0.93	−0.02	0.79
323	Productos de piel	−8.5	111.7	−32.0	2,752.4	−0.01	0.06	−0.06	0.27
324	Calzado	−35.2	536.9	−76.9	2,915.3	0.01	0.13	−0.05	0.18
331	Productos de madera	−125.9	658.3	45.6	1,617.9	0.07	0.40	0.07	0.57
332	Muebles	−20.8	281.9	60.5	5,346.0	−0.01	0.08	−0.02	0.38
341	Productos de papel	7.0	1,035.9	6.5	2,287.9	0.02	0.64	−0.13	0.65
342	Impresión y edición	5.7	179.8	27.4	747.9	−0.04	0.07	−0.04	0.27
351	Químicos industriales	133.3	1,442.4	−755.6	9,930.6	−0.28	0.79	−0.40	2.37
352	Otros productos químicos	73.3	606.0	44.6	7,605.8	−0.13	0.22	−0.33	2.54
353	Refinerías de petróleo	−285.6	1,836.8	951.1	12,567.6	0.27	2.76	−1.03	5.22
354	Misceláneos Productos de petróleo y carbón	8.3	189.9	−0.5	337.3	−0.01	0.04	−0.02	0.04
355	Productos de caucho	6.4	267.7	18.1	2,067.8	−0.04	0.08	−0.12	0.29
356	Productos plásticos	−15.8	207.1	42.6	4,903.0	−0.01	0.11	−0.18	0.27
361	Cerámica, porcelana, china, de barro	−3.0	117.6	25.6	853.0	−0.02	0.03	−0.02	0.04
362	Productos de vidrio	1.5	107.1	15.1	987.6	−0.04	0.07	−0.06	0.12
369	Productos minerales no metálicos	19.1	268.4	107.8	1,917.7	−0.04	0.18	−0.15	0.27

Cuadro continúa en la siguiente página

Cuadro 2.2 Estadísticas generales: Exportaciones netas en U.S. Dólares y como proporción del PIB, 1975 vs. 2010 *(continuación)*

Sector	Descripción	US$ (millones)				Proporción del PIB (%)			
		1975		2010		1975		2010	
		Media	DS	Media	DS	Media	DS	Media	DS
371	Hierro y acero	241.4	2,140.5	83.8	5,122.7	−0.19	0.66	−0.34	0.80
372	Metales no ferrosos	−143.6	737.2	−224.1	9,213.6	0.15	0.65	0.67	2.76
381	Productos fabricados de metal	114.6	830.8	181.5	9,566.3	−0.18	0.30	−0.42	0.52
382	Maquinaria excepto eléctrica	705.0	4,304.6	88.6	29,106.5	−0.75	1.08	−1.45	2.19
383	Maquinaria eléctrica	203.2	2,107.2	−2,664.9	26,089.3	−0.23	0.41	−1.08	4.99
384	Equipo de transporte	508.7	4,448.5	1,092.7	28,773.0	−0.70	0.94	−1.28	2.57
385	Equipo profesional y científico	−10.4	603.6	−42.2	5,373.8	−0.08	0.24	−0.09	1.24
390	Otras manufacturas	−83.3	535.5	18.9	8,691.0	−0.05	0.14	0.04	1.83
Número de países		45		103		45		103	

Fuentes: Cálculos del Banco Mundial basados en datos de Comtrade-UNO y Tabla Mundial de Penn.
Nota: SD = Desviación estándar

Resultados

El Cuadro 2.3 contiene el primer conjunto de resultados, que corresponden a las ecuaciones no ajustadas de Rybczynski, sector por sector para cada uno de los 28 sectores. La variable dependiente es exportaciones netas, con variables independientes construidas como en la ecuación 2.3. A su vez, el cuadro 2.4 muestra los resultados de las ecuaciones de Rybczynski ajustadas a la productividad, en las que las variables independientes se construyen utilizando la dotación factorial bruta multiplicada por la PTF, como lo hacen Fitzgerald y Hallak (2004).

Para evaluar cómo el ajuste de la productividad afecta los coeficientes estimados, las industrias se clasificaron por intensidad de factor (de mayor intensidad de factor al menor) y las correlaciones de rango se calcularon entonces para la especificación que incluye los efectos fijos de país y año (de los cuadros 2.3 y 2.4). Se observa poca correlación entre la clasificación de industrias por intensidad de mano de obra calificada y no calificada (0,33 y 0,58, respectivamente), mientras que la clasificación de industrias por intensidad de capital casi se invierte (-0,64), lo que sugiere que el ajuste de la productividad marca una diferencia.[5] Por tanto, la discusión de los resultados a continuación se centra en las estimaciones presentadas en el Cuadro 2.4.

El Cuadro 2.4 presenta tres conjuntos de resultados que controlan solo los efectos fijos por año, solo los efectos fijos por país y efectos fijos por país y por año. Los efectos fijos por país se incluyen para permitir la posibilidad de que el número de factores de producción omitidos varíe entre países. Los efectos fijos por año se incluyen para captar factores variables en el tiempo comunes a todos los países, como los choques comunes en un año cualquiera o cambios comunes en los niveles de precios en el tiempo. Se utilizaron correlaciones de

Cuadro 2.3 Ecuaciones no ajustadas de Rybczynski para exportaciones netas

Variable Dependiente: Exportaciones netas	Efecto fijo por año				Efecto fijo por país				Efectos fijos por país y año			
	Capital	Capacitada Mano de obra	No capacitada Mano de obra	Tierras	Capital	Capacitada Mano de obra	No capacitada Mano de obra	Tierras	Capital	Capacitada Mano de obra	No capacitada Mano de obra	Tierras
Alimentos	-1.36***	-0.04	-5.19	0.52***	-0.86*	4.03	24.40	0.33	-0.86**	4.55	24.59	0.38
Bebidas	0.45*	-1.22	4.34**	0.02	0.37***	17.31***	-3.34	0.24**	0.37***	17.51***	-3.58	0.25**
Tabaco	-0.27***	6.30**	-1.85**	-0.01	-0.12	4.72	-1.09	-0.11	-0.12	4.72	-1.11	-0.11
Textiles	1.40*	5.77	23.96**	-0.78***	2.11***	-9.88	64.41***	-3.40***	2.10***	-10.97	65.83***	-3.45***
Prendas de vestir	2.92**	53.19	52.44***	-1.06**	4.33***	52.36*	122.32***	-5.24***	4.32***	49.91*	125.14***	-5.36***
Cuero y productos de cuero	0.57*	1.20	8.58***	-0.15	0.78***	0.08	24.55***	-0.96***	0.78***	-0.47	25.18***	-0.99***
Calzado	0.87***	5.67	13.21***	-0.22***	0.94***	11.81**	23.30***	-0.91***	0.94***	11.30**	23.87***	-0.93***
Madera y productos de madera	0.21	10.59*	1.93	0.24***	0.20	14.47**	10.52	0.00	0.20	14.53**	10.47	0.01
Muebles y accesorios	1.57***	13.86	17.80***	-0.37**	2.07***	23.76	32.24***	-1.80***	2.06***	23.05	33.08**	-1.83***
Papel y productos de papel	-0.06	-10.13**	-4.89***	0.35***	-0.27***	-10.99**	-1.04	0.72***	-0.27***	-10.70**	-1.32	0.74***
Impresión y edición	0.11***	-1.40	1.20***	-0.11***	0.16***	-1.86	-0.13	-0.06	0.16***	-1.85	-0.14	-0.06
Químicos industriales	0.35	-4.19	-25.61**	0.57	-0.67	2.24	-74.07***	3.54***	-0.65	3.07	-75.00***	3.56***
Otros productos químicos	0.19	9.51	4.83	-0.42***	0.60	44.02***	-27.33*	0.42	0.60	45.02***	-28.29*	0.47
Refinerías de petróleo	-0.51	84.42**	-17.74*	1.01***	-2.76*	70.16*	-25.13	-0.46	-2.76**	70.53*	-25.46	-0.44
Productos de petróleo y carbón misc.	-0.04	-1.61**	-0.45**	-0.01	-0.06*	-2.76**	-0.60	0.09***	-0.06*	-2.73**	-0.63	0.09***
Productos de caucho	0.82***	1.68	6.89***	-0.23***	0.84***	7.85*	0.61	-0.52***	0.84***	7.77*	0.72	-0.52***

Cuadro continúa en la siguiente página

Cuadro 2.3 Ecuaciones no ajustadas de Rybczynski para exportaciones netas *(continuación)*

Variable Dependiente: Exportaciones netas	Efecto fijo por año				Efecto fijo por país				Efectos fijos por país y año			
		Mano de obra				Mano de obra				Mano de obra		
	Capital	Capacitada	No capacitada	Tierras	Capital	Capacitada	No capacitada	Tierras	Capital	Capacitada	No capacitada	Tierras
Productos plásticos	1.13**	1.93	17.47***	−0.50***	1.58***	−3.55	35.46***	−1.88***	1.57***	−4.33	36.40***	−1.91***
Cerámica, porcelana de china, de barro	0.24***	−0.28	3.67***	−0.10***	0.26***	−1.62	7.62***	−0.31***	0.26***	−1.75	7.77***	−0.32***
Vidrio y productos de vidrio	0.33***	−2.53	3.45***	−0.12***	0.36***	−4.62**	8.14***	−0.30***	0.36***	−4.73**	8.28***	−0.30***
Otros productos minerales no metálicos	0.67***	−2.26	7.35***	−0.19***	0.75***	0.84	14.28***	−0.58***	0.75***	0.70	14.45***	−0.58***
Hierro y acero	2.47***	7.07	11.90***	−0.22	1.51***	1.09	18.22*	−1.16***	1.50***	0.27	19.14**	−1.21***
Metales no ferrosos	0.23	−1.16	−18.70***	1.19***	−0.54	−2.38	−44.70***	3.85***	−0.53	−1.69	−45.93***	3.89***
Productos de fabricación metálica	3.00***	4.88	34.19***	−1.11***	3.72***	1.17	61.50***	−3.49***	3.71***	−0.12	63.04***	−3.56***
Maquinaria	12.65***	1.69	96.88***	−4.22***	14.34***	53.83	50.89	−7.33***	14.33***	51.86	53.33	−7.43***
Maquinaria eléctrica	9.27***	43.11	76.89***	−2.33***	9.36***	117.51*	34.16	−5.25***	9.37***	114.06*	37.81	−5.47***
Equipo de transporte	11.36***	46.41	56.18*	−2.49***	9.35***	214.98***	−200.72**	2.34	9.37***	218.34***	−204.95**	2.52
Equipo científico profesional	0.50	−4.39	−2.16	−0.15	0.18	7.35	−36.34**	1.21***	0.18	7.92	−36.99***	1.24***
Otras manufacturas	2.31***	35.87**	31.88***	−0.59***	2.61***	44.55**	65.48***	−2.75***	2.60***	43.01**	67.27***	−2.82***

Nota: Los coeficientes de capital y tierras se dividen por 1,000 y 100, respectivamente.

***, **, y * indican significación a niveles de 1 por ciento, 5 por ciento y 10 por ciento, respectivamente.

Cuadro 2.4 Ecuaciones de Rybczynski ajustadas para exportaciones netas

Variable Dependiente: Exportaciones netas	Efecto fijo por año				Efecto fijo por país				Efectos fijos por país y año			
		Mano de obra				Mano de obra				Mano de obra		
	Capital	Calificada	No calificada	Tierras	Capital	Calificada	No calificada	Tierras	Capital	Calificada	No calificada	Tierras
Alimentos	−1.83**	−80.08**	−35.88***	1.55***	−1.63	−23.10	−18.84	0.87	−1.89	−33.19	−25.31	1.09
Bebidas	0.53	−0.15	22.69***	−0.04	−0.44	34.95**	−17.06	0.11	−0.47	33.65**	−17.94	0.14
Tabaco	−0.44***	6.14	−10.91***	0.03	−0.52***	−2.37	−11.30***	0.17	−0.54***	−3.16	−11.88***	0.19
Textiles	−2.61*	−67.85	−25.40	−0.97***	−2.23***	−115.74	80.22**	−3.48***	−2.33***	−119.60	77.99***	−3.43***
Prendas de vestir	−6.96***	−176.05	−45.51	−1.13***	−6.95***	−92.01	40.58	−6.29***	−6.96***	−92.45	40.53	−6.33***
Cuero y productos de cuero	−1.06**	−44.10	−8.98	−0.13*	−1.39***	−48.03	6.56	−0.79***	−1.40***	−48.42	6.38	−0.79***
Calzado	−1.00***	−40.79*	3.15	−0.31***	−1.21***	−8.72	7.11	−1.30***	−1.19***	−7.99	7.62	−1.32***
Madera y productos de madera	−0.74***	−24.29	0.03	0.51***	−0.77***	27.40	−9.50	−0.28	−0.81***	25.84	−10.53	−0.25
Muebles y accesorios	−2.05***	−62.07	−12.29	−0.53***	−2.66***	−29.80	0.04	−2.20***	−2.70***	−31.36	−0.91	−2.18***
Papel y productos de papel	0.51**	−17.31	4.70	0.65***	0.75**	8.58	0.22	0.52*	0.74**	8.29	0.03	0.53*
Impresión y edición	0.10	6.33	1.09	−0.22***	0.07	−2.58	1.24	−0.12	0.07	−2.84	1.08	−0.12
Químicos industriales	4.73***	184.65**	58.47***	−0.26	4.44***	148.21***	−24.88	2.65**	4.70***	158.23***	−18.62	2.45**
Otros productos químicos	1.32*	106.31***	37.52***	−1.03***	−0.08	125.83***	−23.64	−0.31	−0.24	120.31***	−27.35	−0.18
Refinerías de petróleo	1.72*	261.67***	80.46***	1.04**	1.12	187.00*	134.22	3.62	1.01	182.15*	131.20	3.72
Productos de petróleo y carbón misc.	0.13***	2.38	0.90	−0.02*	0.17***	−1.38	1.12	0.08*	0.18***	−1.23	1.22	0.07*
Productos de caucho	−0.06	4.68	7.43	−0.53***	−0.23	0.42	10.78	−0.72**	−0.24	0.13	10.61	−0.72**
Productos plásticos	−1.97**	−72.03	−20.93	−0.64***	−2.00***	−79.68	10.21	−1.99***	−2.04***	−81.34	9.23	−1.98***

Cuadro continúa en la siguiente página

Cuadro 2.4 Ecuaciones de Rybczynski ajustadas para exportaciones netas *(continuación)*

Variable Dependiente: Exportaciones netas	Efecto fijo por año				Efecto fijo por país				Efectos fijos por país y año			
		Mano de obra				Mano de obra				Mano de obra		
	Capital	Calificada	No calificada	Tierras	Capital	Calificada	No calificada	Tierras	Capital	Calificada	No calificada	Tierras
Cerámica, porcelana de china, de barro	−0.33***	−14.12	−2.41	−0.15***	−0.31***	−15.25	4.10	−0.33***	−0.31***	−15.53	3.94	−0.33***
Vidrio y productos de vidrio	−0.10	−8.18	0.33	−0.21***	−0.13	−21.45	11.89**	−0.21	−0.14	−21.63	11.81**	−0.21
Otros productos minerales no metálicos	−0.22	−19.34	4.32	−0.29***	−0.32	−6.75	16.43	−0.99***	−0.34	−7.64	15.91	−0.98***
Hierro y acero	−0.14	−7.82	16.06	−1.07***	−1.04	−77.88	51.01*	−0.06	−0.99	−76.08	52.28*	−0.12
Metales no ferrosos	0.13	−73.29	−15.33	1.74***	−0.38	43.38	−217.30***	3.75***	−0.34	44.56	−216.73***	3.76***
Productos de fabricación metálica	−2.78	−93.09	−21.02	−1.81***	−3.12**	−117.71	42.59	−4.25***	−3.19**	−120.46	41.02	−4.22***
Maquinaria	−2.35	−32.30	13.27	−8.98***	−5.14	−129.43	35.59	−12.81***	−5.30	−134.71	32.66	−12.78***
Maquinaria eléctrica	−4.17	−37.01	20.81	−5.85***	−8.51	−12.97	−68.06	−7.84**	−8.04	5.83	−56.47	−8.26**
Equipo de transporte	9.06**	515.14***	270.61***	−8.31***	5.31	691.38***	−77.54	−6.89	5.21	687.06**	−80.16	−6.80
Equipo científico profesional	1.83***	87.10***	29.66***	−0.86***	1.31*	56.84*	−24.72	1.06	1.32*	57.24*	−24.55	1.06
Otras manufacturas	−2.89***	−39.73	7.56	−1.07***	−3.46***	1.81	43.08	−3.45***	−3.43***	3.02	44.06	−3.52***

Nota: Los coeficientes de capital y tierras se dividen por 1,000 y 100, respectivamente.

***, **, y * indican significación a niveles de 1 por ciento, 5 por ciento y 10 por ciento, respectivamente.

rangos para evaluar la importancia de la inclusión de efectos fijos por país y por
año. Las estimaciones de coeficientes de del cuadro 2.4 sugieren que la inclusión
de los efectos fijos por año no altera la clasificación de las industrias por su intensidad de factor, porque la correlación de rango entre los dos conjuntos de estimaciones es cercana a 0,99. Sin embargo, omitir los efectos fijos por país cambia
bastante la clasificación de las industrias. En particular, las clasificaciones son
completamente independientes cuando se clasifican las industrias por la intensidad de mano de obra no calificada. Un rápido vistazo a las estimaciones de las
especificaciones con efectos fijos por país y con efectos fijos por país y año en el
Cuadro 2.4 también revela que los dos conjuntos de estimaciones son cualitativamente iguales, y la discusión a continuación se centra en estas últimas.

Un coeficiente estimado positivo en función, por ejemplo, de mano de obra
calificada para una industria en particular significa que la abundancia de mano de
obra calificada está asociada a las exportaciones netas de esa industria o es una
fuente de ventaja comparativa. Igualmente, un coeficiente negativo en función de
mano de obra calificada indica que la abundancia de mano de obra calificada es
una fuente de desventaja comparativa o está asociada con las importaciones netas
en esa industria.

En general, la única inferencia importante es que el capital y la tierra resultan
ser una fuente de desventaja comparativa en la mayoría de las industrias. Los
coeficientes en función del capital son estadísticamente significativos y negativos para 11 industrias y positivos para sólo 4 industrias, con coeficientes para las
industrias restantes que se estiman de forma imprecisa. Los coeficientes en función de la tierra son estadísticamente significativos y negativos para 13 industrias
y positivos para 4 industrias. El efecto de la mano de obra calificada es siempre
positivo cuando sea estadísticamente significativo, lo que sugiere que la abundancia de mano de obra calificada es una fuente de ventaja comparativa para seis
industrias. El efecto de la mano de obra no calificada es difícil de admitir debido
a los efectos de estimaciones imprecisas con grandes errores estándar. Estos resultados son consistentes con los hallazgos de Fitzgerald y Hallak (2004) que, después de ajustar las diferencias de productividad, a menudo el coeficiente en
función del capital es más negativo que positivo.

Los resultados antes descritos se basan en el supuesto de preferencias homotéticas entre países y las participaciones imputadas del consumo. Se supone
además que las participaciones del consumo pueden variar según el nivel de
ingreso de los países, y el PIB per cápita se incluye en la especificación preferida.
El cuadro 2.5 ofrece los resultados de las ecuaciones de Rybczynski ajustadas a la
productividad que controla el nivel de ingreso del país. Las estimaciones son
cualitativamente las mismas que en el cuadro 24 y, por tanto, la especificación
preferida se utiliza en todas las estimaciones siguientes.

Para permitir la posibilidad de más de un cono de diversificación, se interactúa
una variable indicadora para países con alta relación de mano de obra calificada a
no calificada en el 2000 con medidas de dotación factorial.[6] La regresión principal
se incrementa con estos cuatro términos de interacción, con los resultados reportados en el cuadro 2.6. Todas las regresiones incluyen efectos fijos por país y por año.

Cuadro 2.5 Ecuaciones de Rybczynski ajustadas por productividad para exportaciones netas, teniendo en cuenta el PIB per cápita

Variable dependiente: Exportaciones netas	Efectos fijos por año				Efectos fijos por país				Efectos fijos por país y año			
	Capital	Calificada Mano de obra	No calificada Mano de obra	Tierra	Capital	Calificada Mano de obra	No calificada Mano de obra	Tierra	Capital	Calificada Mano de obra	No calificada Mano de obra	Tierra
Alimentos	−1.89**	−80.62**	−36.33***	1.56***	−1.78	−26.75	−20.96	0.95	−1.84	−32.46	−24.95	1.08
Bebidas	0.53	−0.17	22.67***	−0.04	−0.47	34.25**	−17.46	0.13	−0.48	33.56**	−17.98	0.14
Tabaco	−0.47***	5.93	−11.08***	0.04	−0.56***	−3.42	−11.91***	0.19	−0.57***	−3.63	−12.12***	0.20
Textiles	−2.76*	−69.02	−26.37	−0.94***	−2.50***	−122.33	76.40**	−3.33***	−2.47***	−121.79	76.89**	−3.38***
Prendas de vestir	−7.14***	−177.49	−46.70	−1.10***	−7.16***	−97.12	37.62	−6.18***	−7.10***	−94.63	39.44	−6.28***
Cuero y productos de cuero	−1.07**	−44.21	−9.07	−0.12*	−1.43***	−48.89	6.07	−0.77***	−1.42***	−48.65	6.27	−0.78***
Calzado	−1.01***	−40.87*	3.08	−0.30***	−1.23***	−9.06	6.91	−1.29***	−1.21***	−8.27	7.48	−1.32***
Madera y productos de madera	−0.78***	−24.63	−0.25	0.52***	−0.80**	26.64	−9.94	−0.26	−0.82**	25.83	−10.53	−0.24
Muebles y accesorios	−2.10**	−62.48	−12.63	−0.52***	−2.78***	−32.68	−1.63	−2.14***	−2.77***	−32.42	−1.44	−2.16***
Papel y productos de papel	0.45*	−17.85	4.25	0.67***	0.79**	9.49	0.75	0.50*	0.78**	8.85	0.31	0.51*
Impresión y edición	0.12	6.45	1.19	−0.22***	0.06	−2.81	1.11	−0.12	0.06	−2.88	1.06	−0.12
Químicos industriales	4.68***	184.23***	58.12**	−0.25	4.42***	147.69***	−25.18	2.66**	4.47***	154.75***	−20.37	2.53**
Otros productos químicos	1.03	103.95***	35.58***	−0.97***	−0.63	112.58***	−31.32	−0.01	−0.65	114.07***	−30.49	−0.03
Refinerías de petróleo	1.33	258.54***	77.89***	1.11**	0.49	171.69	125.35	3.96	0.52	174.82	127.52	3.89
Productos de petróleo y carbón misc.	0.14***	2.43	0.94	−0.02*	0.19***	−1.04	1.32	0.07*	0.19***	−1.08	1.30	0.07*

Cuadro continúa en la siguiente página

Cuadro 2.5 Ecuaciones de Rybczynski ajustadas por productividad para exportaciones netas, teniendo en cuenta el PIB per cápita *(continuación)*

Variable dependiente: Exportaciones netas	Efectos fijos por año				Efectos fijos por país				Efectos fijos por país y año			
	Capital	Calificada Mano de obra	No calificada Mano de obra	Tierra	Capital	Calificada Mano de obra	No calificada Mano de obra	Tierra	Capital	Calificada Mano de obra	No calificada Mano de obra	Tierra
Productos de caucho	−0.04	4.80	7.53	−0.53***	−0.25	−0.06	10.50	−0.71**	−0.25	−0.03	10.53	−0.72**
Productos plásticos	−2.06**	−72.71	−21.49	−0.63***	−2.14***	−83.12	8.21	−1.92***	−2.13***	−82.63	8.59	−1.94***
Cerámica, porcelana de china, de barro	−0.33**	−14.17	−2.46	−0.15***	−0.33***	−15.67	3.86	−0.32***	−0.32***	−15.65	3.88	−0.32***
Vidrio y productos de vidrio	−0.09	−8.16	0.34	−0.21***	−0.13	−21.46	11.89**	−0.21	−0.13	−21.53	11.86**	−0.21
Otros productos minerales no metálicos	−0.22	−19.37	4.29	−0.29***	−0.33	−7.11	16.22	−0.99***	−0.33	−7.50	15.98	−0.98***
Hierro y acero	−0.16	−7.93	15.96	−1.06***	−1.05	−78.09	50.89*	−0.06	−1.02	−76.50	52.07*	−0.11
Metales no ferrosos	0.24	−72.38	−14.58	1.72***	−0.11	50.02	−213.45***	3.60***	−0.13	47.68	−215.16***	3.68***
Productos de fabricación metálica	−2.89	−94.02	−21.79	−1.78***	−3.32**	−122.72	39.69	−4.13***	−3.30**	−122.10	40.20	−4.18***
Maquinaria	−2.50	−33.51	12.28	−8.95***	−5.70	−142.88	27.80	−12.51**	−5.63	−139.74	30.13	−12.66***
Maquinaria eléctrica	−3.99	−35.50	22.04	−5.89***	−8.24	−6.51	−64.32	−7.99**	−8.16	4.06	−57.36	−8.22**
Equipo de transporte	9.46**	518.34***	273.25***	−8.38***	5.33	691.76**	−77.32	−6.90	5.33	688.89**	−79.25	−6.84
Equipo científico profesional	1.87***	87.39***	29.90***	−0.87***	1.31*	56.79*	−24.75	1.07	1.30	56.96*	−24.69	1.07
Otras manufacturas	−2.91***	−39.90	7.41	−1.07***	−3.46***	1.91	43.14	−3.45***	−3.42***	3.22	44.16	−3.52***

Nota: Coeficientes en función de capital y tierra están divididos por 1,000 y 100, respectivamente.

***, **, y * indican significación a niveles de 1 por ciento, 5 por ciento, y 10 por ciento, respectivamente.

Cuadro 2.6 Ecuaciones de Rybczynski ajustadas para productividad para exportaciones netas por grupos de países de alta relación de mano de obra calificada a no calificada

Variable dependiente: Exportaciones netas	Países con bajo coeficiente de mano de obra calificada a no calificada				Países con alto coeficiente de mano de obra calificada a no calificada				¿Diferencia significativa?	
	Capital	Mano de obra calificada	No calificada Mano de obra	Tierra	Capital	Calificada Mano de obra	No calificada Mano de obra	Tierra	Capital	Mano de obra calificada
Alimentos	-5.58*	-118.02	-103.50*	5.80*	-1.56	-44.46	28.56	-0.73		***
Bebidas	0.26	12.58*	0.26	-0.12	-0.27	83.49***	0.42	-0.13		
Tabaco	-0.37***	-14.76***	-3.00	0.44***	-0.62***	6.25	-23.79	-0.06		
Textiles	-2.24***	-175.91***	106.51***	-6.70***	-0.12	104.33***	18.76	-0.99***	**	***
Prendas de vestir	-6.05***	-297.17***	86.60**	-10.30***	-2.07	457.34***	164.17***	-4.56***	**	***
Cuero y productos de cuero	-1.20***	-83.97***	19.90***	-1.54***	-0.62**	46.00***	5.37	-0.39*	*	***
Calzado	-1.13***	-45.39***	10.46	-2.15***	-0.15	99.39***	47.27**	-0.92***	**	***
Madera/productos de madera	-0.48**	-14.55	-3.76	-0.41	-0.13	113.83***	42.44*	-0.51		***
Muebles y accesorios	-2.16***	-162.36***	33.86***	-3.22***	-0.44	256.17***	42.47	-2.01***	*	***
Papel productos de papel	0.23	-3.17	-12.59	1.13**	0.84*	9.49	16.65	0.28		
Impresión y edición	-0.06	-10.07***	1.68	-0.34***	0.30***	18.27**	-7.92	0.13	***	***
Químicos industriales	6.34***	115.91	17.94	4.03	4.02***	176.69***	30.90	0.26		
Otros productos químicos	-0.14	33.33	12.03	0.65	0.20	234.31***	-117.52	-0.66		**
Refinerías de petróleo	5.09***	318.61***	234.15***	-3.35*	0.58	170.86	-56.27	7.54		
Productos de petróleo y carbón misc.	0.07	4.00**	-2.61***	0.07	0.15*	-10.41***	2.06	0.13***		***
Productos de caucho	-0.10	-29.31***	23.44***	-1.45***	0.44	80.85***	-2.32	-0.26		***
Productos plásticos	-1.87***	-145.18***	32.91**	-3.72***	-0.41	101.89***	-10.69	-0.82*	**	***
Cerámica, porcelana de china, de barro	-0.33***	-27.83***	6.29**	-0.58***	-0.01	17.43***	5.74**	-0.16***	***	***

Cuadro continúa en la siguiente página

Cuadro 2.6 Ecuaciones de Rybczynski ajustadas para productividad para exportaciones netas por grupos de países de alta relación de mano de obra calificada a no calificada (continuación)

Variable dependiente: Exportaciones netas	Países con bajo coeficiente de mano de obra calificada a no calificada				Países con alto coeficiente de mano de obra calificada a no calificada				¿Diferencia significativa?	
	Capital	Mano de obra calificada	No calificada Mano de obra	Tierra	Capital	Calificada Mano de obra	No calificada Mano de obra	Tierra	Capital	Mano de obra calificada
Vidrio y productos de vidrio	−0.22***	−31.50***	12.77***	−0.76***	0.31***	18.37***	10.33	0.23*	***	***
Otros productos minerales no metálicos	−0.06	−37.04***	27.93***	−2.06***	0.54***	89.92***	25.63**	−0.41**		***
Hierro y acero	−1.05	−115.18***	59.90**	−2.51***	0.81	91.87**	59.83	1.58*		***
Metales no ferrosos	1.94**	39.11	−218.27***	4.30***	−0.48	67.61*	61.75**	1.32	**	
Productos de fabricación metálica	−3.08***	−288.21***	91.21***	−7.84***	0.79	326.38***	5.70	−1.75	**	***
Maquinaria	−8.50***	−885.79***	181.77**	−19.38***	8.79	1,485.95***	−199.38	−6.58	**	***
Maquinaria eléctrica	−3.94**	−615.09***	167.00***	−9.78***	−0.08	1,210.54***	16.64	−10.27***		***
Equipo de transporte	0.03	41.24	39.25	−3.31	12.69	1,686.22***	−546.89	−6.05		***
Equipo científico profesional	0.95	−9.88	−1.56	2.77***	1.22	101.63*	−111.89	0.20		*
Otras manufacturas	−2.70***	−126.35***	82.85***	−6.34***	−0.34	358.19***	91.81*	−2.15***	*	***

Nota: El bajo coeficiente de mano de obra calificada a no calificada y el alto coeficiente de mano de obra calificada a no calificada calculada para 54 grupos de países. Las regresiones incluyen efectos fijos por país y por año. Los coeficientes en función de capital y tierra están divididos por 1,000 y100, respectivamente.

***, **, y * indican significación a niveles de 1 por ciento, 5 por ciento, y 10 por ciento, respectivamente.

Las últimas dos columnas indican si la diferencia entre los coeficientes estimados para el capital y la mano de obra calificada es estadísticamente diferente de cero entre los dos grupos de países. Para la mayoría de las industrias, los coeficientes estimados en función de mano de obra calificada son estadísticamente diferentes entre los dos grupos de países, mientras que la diferencia en los coeficientes estimados en función del capital sólo es estadísticamente diferente de cero para casi la mitad de las industrias.

Resumiendo los resultados obtenidos hasta ahora, los efectos del capital y de la abundancia de mano de obra calificada/no calificada en las exportaciones netas son sorprendentemente heterogéneos entre los países con relaciones altas o bajas de mano de obra calificada a no calificada. Una variedad de razones podría explicar esa heterogeneidad. En primer lugar, los países con relaciones alta o baja de mano de obra calificada a no calificada posiblemente producen variedades diferentes dentro de las mismas categorías de productos, siendo los primeros los que usan tecnologías intensivas en capital que los segundos, lo que conduce a patrones de ventaja comparativa observados en los datos. Esto es coherente con las conclusiones de Schott (2003).

En segundo lugar, las restricciones a la movilidad del capital se han suprimido gradualmente con el tiempo, mientras que persisten las restricciones a la movilidad de la mano de obra. Así, es posible que el capital se haya tornado más móvil con el tiempo, fluyendo hacia países donde podría complementar la abundante mano de obra no calificada.[7] Esto asimilaría el coeficiente del capital a dos grupos de países, como ocurre en la mitad de las industrias de la muestra. El gráfico 2.1 muestra la relación de inversión extranjera directa con respecto a la formación de capital bruto en países de alto ingreso y bajo a mediano ingreso en los últimos 40 años. Esta relación fue relativamente estable para ambos grupos de países hasta principios de los años noventa, pero ha crecido significativamente desde entonces. Además, ha sido mucho más volátil para el grupo de alto ingreso en relación con el grupo de bajo a mediano ingreso. Una ruptura estructural en la serie parece haber aparecido a principios de los noventa. Para responder de los cambios potenciales en la movilidad del capital entre los países, se estima la especificación preferida utilizando submuestras anteriores y posteriores a 1995. Las estimaciones de coeficientes en función del capital y la mano de obra calificada para dos grupos de países con relaciones alta y baja de mano de obra calificada a no calificada antes y después de 1995 se presentan en el cuadro 2.7.

Antes de 1995, el capital era una fuente de desventaja comparativa en todas las industrias de países con una baja relación de mano de obra calificada a no calificada (las estimaciones para 10 industrias son estadísticamente significativas y negativas), mientras que era una fuente de ventaja comparativa en un puñado de industrias en países con una alta relación de mano de obra calificada a no calificada (de 14 coeficientes estadísticamente significativos en función del capital, 9 son positivos). Además, la diferencia entre las estimaciones en función del capital de los dos grupos de países es estadísticamente diferente de cero para todas las industrias, con coeficientes positivos y estadísticamente significativos en función del capital. Sin embargo, si bien el número de industrias con un coeficiente negativo en función del capital no ha cambiado en los países con una baja relación de mano de obra calificada a no calificada a partir de 1995 (las estimaciones para 9 industrias son estadísticamente significativas y negativas), ahora hay cuatro industrias en las cuales el capital resulta una fuente de ventaja comparativa. En contraste, a partir de 1995, los resultados son más dispares para países con una alta relación de mano de obra calificada a no calificada; en casi la mitad de las industrias para las cuales las estimaciones son estadísticamente significativas, el capital es una fuente de ventaja comparativa, y en la otra mitad, parece ser una fuente de desventaja comparativa. Asimismo, las diferencias entre los dos grupos de países ya no son tan significativamente diferentes como antes de 1995, proporcionando cierto apoyo a una mayor movilidad del capital en las últimas décadas.

Sin embargo, el patrón de ventaja comparativa basado en mano de obra calificada se hizo cada vez más diferente en estos dos grupos de países. Antes de 1995, la mano de obra calificada era una fuente de ventaja comparativa en casi todas las industrias con coeficientes estadísticamente significativos en ambos subconjuntos de países. Desde 1995 sigue siendo una fuente de ventajas comparativas en los países con una elevada relación entre la mano de obra calificada y la mano de obra no calificada, pero se convierte en una fuente de desventajas comparativas en muchas industrias de países con una baja relación entre la mano de obra calificada y la mano de obra no calificada.

Gráfico 2.1 Relación de inversión extranjera directa con respecto a la formación de capital bruto en países de alto ingreso y de bajo a mediano ingreso, 1975–2014

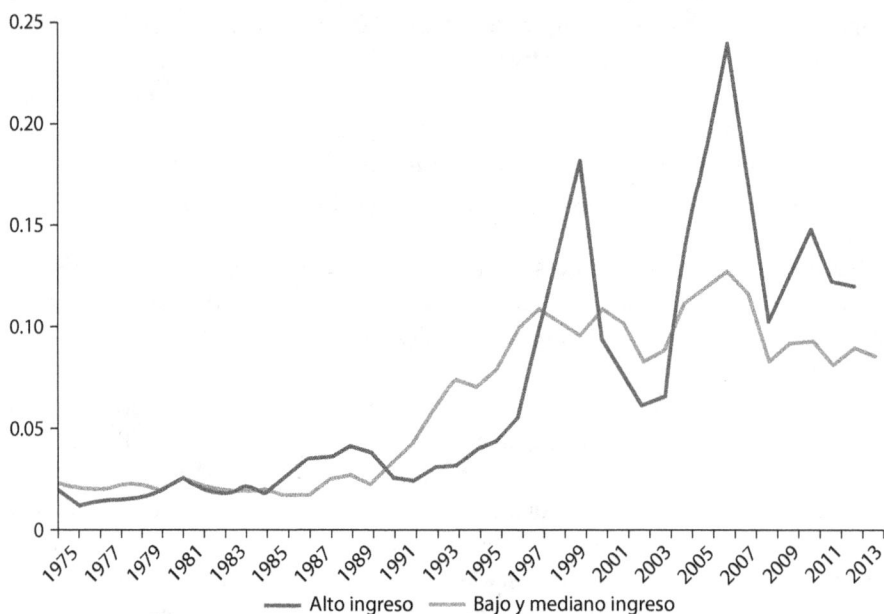

Alto ingreso   Bajo y mediano ingreso

Fuente: Basado en datos de los Indicadores del Desarrollo Mundial del Banco Mundial.
Note: Tanto los flujos de inversión extranjera directa como la formación bruta de capital se utilizan como participación del PIB para construir la relación antes graficada. La clasificación del Banco Mundial se utiliza para agrupar a los países en subgrupos de *ingresos alto y bajo a mediano ingreso.*

Cuadro 2.7 Ecuaciones de Rybczynski ajustadas según productividad para exportaciones netas por grupos de países de alta relación de mano de obra calificada a no calificada, 1975–90 versus 1995–2010

Variable dependiente: Exportaciones netas	Baja relación de mano de obra calificada y no calificada				Alta relación de mano de obra calificada y no calificada				¿Significación de diferencias?			
	1975–1990		1995–2010		1975–1990		1995–2010		Capital		Mano de obra calificada	
	Capital	Mano de obra calificada	Capital	Mano de obra calificada	Capital	Mano de obra calificada	Capital	Mano de obra calificada	1975–1990	1995–2010	1975–1990	1995–2010
Alimentos	-1.59***	205.08***	-6.39	-108.23	-3.32**	-305.19***	1.76***	341.88***		**	***	***
Bebidas	-0.05	-18.23	0.47**	11.04	-0.59	0.36	-0.73	41.79		*		
Tabaco	0.01	-9.47	-0.22*	-14.00**	-0.39	-113.87***	-0.57***	76.62***		*	*	***
Textiles	-0.59**	175.19***	-2.26*	-138.61**	0.38	120.15	-1.24***	38.70*				***
Prendas de vestir	-1.17**	397.64***	-4.60**	-261.08***	-3.54**	287.20*	-4.27***	175.43***				***
Cuero y productos de cuero	-0.05	44.18***	-0.91***	-75.56***	-0.36	72.26**	-0.95***	-0.30				***
Calzado	-0.11	143.29***	-0.83***	-50.07***	-0.27	154.08**	-0.89***	8.51				**
Madera y productos de madera	-0.82**	141.24**	0.09	-0.38	-1.36*	-97.03**	0.88***	110.08***		*	***	***
Muebles y accesorios	-0.37***	56.35***	-1.71***	-149.51***	-0.07	13.71	-2.39***	163.75***				***
Papel y productos de papel	-0.22	86.61	-0.02	2.98	0.46	-36.93	1.90***	74.30**		***		**
Impresión y edición	-0.01	-8.52	-0.18*	-12.05***	0.31*	-20.06	0.34**	32.16*	*	***		**
Químicos industriales	-1.25	-61.88	6.78**	29.22	1.55	-174.59	4.36***	217.41				
Otros productos químicos	0.10	-64.66	-0.15	43.16*	0.69	-8.68	-0.39	419.56**				*
Refinerías de petróleo	-1.13	-173.51**	7.16***	452.72***	-1.23**	-119.16**	3.63	600.83*				
Productos de petróleo y carbón misc.	-0.03	0.79	0.06	4.96**	-0.10	-10.86	0.35***	2.69		***		

Cuadro continúa en la siguiente página

Cuadro 2.7 Ecuaciones de Rybczynski ajustadas según productividad para exportaciones netas por grupos de países de alta relación de mano de obra calificada a no calificada, 1975–90 versus 1995–2010 *(continuación)*

Variable dependiente: Exportaciones netas	Baja relación de mano de obra calificada y no calificada				Alta relación de mano de obra calificada y no calificada				¿Significación de diferencias?			
	1975–1990		1995–2010		1975–1990		1995–2010		Capital		Mano de obra calificada	
	Capital	Mano de obra calificada	Capital	Mano de obra calificada	Capital	Mano de obra calificada	Capital	Mano de obra calificada	1975–1990	1995–2010	1975–1990	1995–2010
Productos de caucho	0.10	26.46***	-0.28	-34.04***	0.80***	80.07***	-0.91	-10.15	***		***	
Productos plásticos	-0.18	128.18***	-1.17***	-149.16***	0.18	71.38**	-1.18**	76.57*	***			***
Cerámica, porcelana de china, de barro	-0.05	12.55	-0.18**	-29.89***	0.12*	28.99***	-0.11***	10.85***	**			***
Vidrio y productos de vidrio	-0.15***	23.29***	-0.17	-29.16***	0.43***	25.31***	0.05	-4.41	***			*
Otros productos minerales no metálicos	-0.57	6.47	0.02	-35.29**	0.46	14.76	0.28**	92.67***	*			***
Hierro y acero	0.42	-118.21**	-0.25	-65.96	-0.69	16.86	-0.72	-157.57**			*	
Metales no ferrosos	0.66	19.01	2.90**	-57.63	-1.89**	-230.14***	-0.28	146.61	***	**	***	*
Productos de fabricación metálica	-1.65***	125.06***	-2.13	-268.27***	1.66***	170.35***	-1.49	264.24**	***		***	***
Maquinaria	-1.30	-244.39	-7.43	-785.50***	24.57***	1,518.48***	-5.73	701.34	***		***	**
Maquinaria eléctrica	-2.59***	108.65**	-2.42	-621.19***	16.14***	1,804.55***	-14.93***	511.37	***	**	***	***
Equipo de transporte	-0.55	35.74	1.64	50.75	22.53***	1,848.37***	-2.70	304.45	***		***	
Equipo científico profesional	-0.60*	23.73	1.46	-48.96	2.03*	-65.55	0.68	162.81	**			
Otras manufacturas	-0.91***	339.37***	-1.45	-104.00	-0.20	353.55***	-2.07***	138.73*	***			**

Nota: La baja relación de mano de obra calificada y no calificada y la alta relación de mano de obra calificada y no calificada se calculan para 54 grupos de países. Las regresiones incluyen efectos fijos por país y por año. Los coeficientes en función de capital y tierra se dividen por 1,000 y100, respectivamente.

***, **, y * indican significación a niveles del 1 por ciento, 5 por ciento, 10 por ciento, respectivamente.

Ventaja comparativa revelada para la República Dominicana

Luego de estimar los coeficientes de Rybczynski para un amplio conjunto de productos, se examinan los coeficientes de productos para los cuales la República Dominicana tiene una ventaja comparativa. El término *ventaja comparativa* se define construyendo un índice de ventaja comparativa revelado propuesto por Vollrath (1991), a saber, la diferencia entre el registro de concentración de exportaciones y el registro de concentración de importaciones en una industria dada. Más formalmente, se calculó la medida mostrada en la ecuación 2.4 para cada una de 28 industrias:

$$RCA_{it} = ln\left(\frac{X_{it}/X_t}{X_{it}^w/X_t^w} \right) - ln\left(\frac{M_{it}/M_t}{M_{it}^w/M_t^w} \right) \qquad (2.4)$$

donde X_{it} (M_{it}) son las exportaciones dominicanas (importaciones) del producto i en el año t, X_t (M_t) son las exportaciones totales (importaciones) de la República Dominicana en el año t, y X_{it}^w (M_{it}^w) y X_t^w (M_t^w) se refiere a las exportaciones mundiales (importaciones) del producto i y el total de exportaciones mundiales (importaciones) en el año t. Los valores positivos revelan una ventaja comparativa, mientras que los valores negativos indican una desventaja comparativa.

El cuadro 2.8 presenta el índice de ventaja comparativa revelado para la República Dominicana para 2005-14, lo que sugiere que la República Dominicana tenía una ventaja comparativa en tabaco, bebidas, prendas de vestir, calzados, maquinarias eléctricas y fabricación de equipos científicos profesionales. A su vez, se evalúa la bondad de ajuste de las estimaciones preferidas para la República Dominicana y dos submuestras: países de bajo capital humano y países de alto capital humano.

Los resultados de este ejercicio se reportan en el cuadro 2.9. El primer conjunto de columnas informa los resultados para la República Dominicana, seguidos por las muestras de baja calificación y alta calificación. Para cada grupo, el cuadro muestra las exportaciones netas promedio observadas para cada categoría de industria, la media residual de las estimaciones mostradas en el cuadro 2.6 para cada grupo de países y la relación entre la media residual dividida entre las exportaciones netas observadas.

Una advertencia importante a tener en cuenta es que se espera que las estimaciones para la República Dominicana sean menos precisas que las de las muestras de economías de alta y baja calificación, principalmente porque el conjunto de datos incluye sólo tres observaciones quinquenales para este país. Por ende, se espera que las residuales para una sola economía sean relativamente mayores que el promedio de las residuales en un gran número de observaciones.

Dicho esto, las estimaciones para la República Dominicana son adecuadas, según el cuadro 2.9. En primer lugar, la relación de la media residual promedio específica de la industria dividida entre las exportaciones netas promedio observadas es de alrededor de -0.05 por ciento para este país, lo que se compara muy favorablemente con la relación correspondiente de 0.09 por ciento para la

Cuadro 2.8 Índice de ventaja comparativa revelada para la República Dominicana, 2005–14

Industrias	2005	2006	2007	2008	2009	2010	2011	2012	2013	2014
Alimentos	−0.69	−0.53	−0.68	−0.57	−0.17	0.09	−0.04	−0.19	−0.26	−0.22
Bebidas	−0.08	0.17	0.43	0.51	0.84	1.03	0.30	0.69	0.31	0.04
Tabaco	4.62	4.54	4.77	5.00	4.42	3.45	3.55	3.25	3.05	2.28
Textiles	−2.63	−1.87	−0.52	−0.24	0.05	0.15	−0.17	−0.29	−0.04	−0.49
Prendas de vestir	1.20	1.32	1.49	1.69	2.23	1.82	1.80	1.98	1.46	1.67
Cuero y productos de cuero	0.75	−0.07	−1.62	−1.41	−1.08	−0.72	−0.84	−0.83	−0.91	−0.82
Calzado	1.71	1.53	1.55	1.67	1.73	2.05	2.10	2.07	1.93	2.12
Madera y productos de madera	−3.14	−3.43	−2.70	−1.97	−2.30	−2.33	−2.41	−2.00	−2.59	−2.27
Muebles y accesorios	−0.96	−1.03	−1.49	−1.24	−0.93	−0.90	−1.28	−1.13	−1.24	−1.17
Papel y productos de papel	−0.08	0.08	−0.06	−0.23	0.14	0.19	−0.05	−1.17	−1.25	−1.06
Impresión y edición	−2.04	−1.73	−2.33	−1.61	−1.49	−1.17	−1.22	0.51	−1.15	−1.09
Químicos industriales	−1.75	−1.62	−1.52	−1.21	−0.98	−0.74	−0.85	−1.04	−1.02	−1.05
Otros productos químicos	−1.58	−1.65	−1.52	−1.29	−1.08	−0.70	−0.80	−0.05	−0.40	−0.50
Refinerías de petróleo	1.58	−4.78	1.57	1.85	−6.03	−5.34	−1.79	−1.03	−2.32	−0.93
Productos misc. de petróleo y carbón	−7.64	−7.61	−8.15	−6.16	−3.51	−5.58	−3.85	−4.63	−5.24	−5.27
Productos de caucho	−2.82	−2.58	−2.52	−2.57	−1.54	−2.13	−1.62	−1.69	−1.64	−1.60
Productos plásticos	−0.63	−0.17	0.09	0.06	−0.45	−0.03	0.22	0.38	0.01	−0.16
Cerámica, porcelana china, y de barro	0.58	0.61	0.44	0.38	0.39	0.38	−0.39	0.20	−1.00	−1.54
Vidrio y productos de vidrio	−3.22	−4.55	−2.75	−3.81	−2.42	−2.96	−3.31	−3.19	−3.60	−2.91
Otros productos minerales no metálicos	−1.98	−0.68	−0.12	0.31	0.69	0.84	0.41	0.63	0.56	0.39
Hierro y acero	0.54	1.09	1.43	0.52	−0.23	−0.40	0.90	0.55	0.19	−0.95
Metales no ferrosos	−0.52	−1.30	−1.73	−0.23	0.34	0.79	0.62	1.17	2.68	2.68
Productos fabricados de metal	−2.02	−2.06	−1.53	−1.64	−1.35	−1.44	−1.52	−1.57	−1.19	−1.41
Maquinaria	−0.62	−1.41	−3.17	−3.26	−2.37	−2.73	−2.53	−1.44	−1.77	−1.82
Maquinaria eléctrica	0.10	0.05	0.38	0.06	0.20	0.22	0.11	0.00	0.00	0.05
Equipo de transporte	−5.67	−5.38	−5.12	−4.41	−3.60	−3.31	−2.98	−3.43	−3.29	−3.43
Equipo científico profesional	1.72	1.72	−0.79	1.37	2.36	2.34	1.98	1.60	1.91	1.71
Otras manufacturas	2.68	1.78	1.55	1.22	1.17	1.33	1.10	0.55	0.84	0.48

Nota: El Índice de la ventaja comparativa revelada (IVCR) se construye a partir de Vollrath (1991). Las industrias en las cuales la República Dominicana tiene una ventaja comparativa (VCR > 0) están en cursiva. Las industrias en negrilla y cursiva son las que se mencionan en el texto.

muestra de economías de baja calificación. Esta es una comparación adecuada porque la República Dominicana está clasificada como una *economía de baja calificación*. En otras palabras, los errores de estimación para la economía dominicana son pequeños en relación con los datos observados, incluso cuando los valores absolutos de los errores son más altos para la República Dominicana que para su promedio de muestra comparable. La estadística correspondiente para la muestra de economías de alta calificación es aún mayor, en 0.61 por ciento.

Cuadro 2.9 Promedio de exportaciones netas y medias residuales para la República y economías de baja calificación en contraste con aquellas de alta calificación

Industria	República Dominicana			Economías de baja calificación			Economías de alta calificación		
	Exp. netas (mln $)	Media resid.	Coeficiente (%)	X N (mln $)	Media resid.	Coeficiente	X N (mln $)	Media resid.	Coeficiente
Alimentos	−530.7	18.67	−3.52%	265.6	−1.12	−0.42%	64.1	2.02	3.15%
Bebidas	−26.6	−0.33	1.25%	52.7	0.01	0.02%	−23.8	−0.03	0.12%
Tabaco	283.7	1.33	0.47%	2.5	0.15	5.91%	28.6	−0.45	−1.57%
Textiles	−376.5	5.33	−1.42%	358.2	0.00	0.00%	−215.7	−1.04	0.48%
Prendas de vestir	521.4	−1.33	−0.26%	1,009.7	1.60	0.16%	−1,192.4	2.59	−0.22%
Cuero y productos de cuero	−64.0	1.25	−1.95%	137.0	−0.99	−0.72%	−222.5	−0.48	0.22%
Calzado	121.4	0.33	0.27%	220.3	0.94	0.43%	−311.9	−0.01	0.00%
Madera y productos de madera	−123.5	1.33	−1.08%	7.2	0.02	0.33%	−46.4	−0.19	0.40%
Muebles y accesorios	−53.8	−0.09	0.17%	234.0	−0.29	−0.12%	−232.4	0.48	−0.21%
Papel y productos de papel	−180.1	1.33	−0.74%	−299.4	0.57	−0.19%	245.2	−0.30	−0.12%
Impresión y edición	−63.7	0.33	−0.52%	−0.6	−0.01	1.21%	4.0	−0.11	−2.84%
Químicos industriales	−539.2	1.33	−0.25%	−1,368.4	−2.87	0.21%	629.0	3.97	0.63%
Otros productos químicos	−419.4	0.00	0.00%	−318.2	0.87	−0.27%	372.2	2.42	0.65%
Refinerías de petróleo	−843.5	21.33	−2.53%	223.2	1.03	0.46%	65.3	10.38	15.90%
Productos misc. de petróleo/carbón	−7.6	−0.02	0.27%	−22.9	0.06	−0.27%	21.4	−0.20	−0.92%
Productos de caucho	−104.6	−0.33	0.32%	13.9	−0.30	−2.13%	−2.4	0.08	−3.29%
Productos plásticos	−167.3	0.00	0.00%	142.3	0.33	0.23%	−228.0	−0.40	0.17%
Cerámica, porcelana china, y barro	−3.4	−0.04	1.23%	56.8	−0.12	−0.21%	−47.4	−0.17	0.36%
Vidrio y productos de vidrio	−63.8	0.08	−0.13%	15.0	0.10	0.67%	−1.1	−0.11	9.77%
Otros productos minerales no metálicos	−60.8	0.50	−0.82%	125.4	0.19	0.15%	−62.5	−0.27	0.43%
Hierro y acero	12.7	0.67	5.25%	−149.6	1.80	−1.20%	224.6	−0.15	−0.07%

Cuadro continúa en la siguiente página

Cuadro 2.9 Promedio de exportaciones netas y medias residuales para la República y economías de baja calificación en contraste con aquellas de alta calificación (continuación)

Industria	República Dominicana			Economías de baja calificación			Economías de alta calificación		
	Exp. netas (mln $)	Media resid.	Coeficiente (%)	X N (mln $)	Media resid.	Coeficiente	X N (mln $)	Media resid.	Coeficiente
Metales no ferrosos	*128.3*	*2.67*	*2.08%*	*−456.1*	*−4.35*	*0.95%*	*102.4*	*−4.32*	*−4.22%*
Productos fabricados de metal	−282.2	0.33	−0.12%	192.3	−1.78	−0.92%	−170.7	0.14	−0.08%
Maquinaria	−761.5	−10.67	1.40%	−726.7	2.33	−0.32%	828.3	7.37	0.89%
Maquinaria eléctrica	*−382.2*	*0.00*	*0.00%*	*−444.3*	*3.94*	*−0.89%*	*−1,054.2*	*1.79*	*−0.17%*
Equipo de transporte	−806.7	10.67	−1.32%	−604.0	3.00	−0.50%	1,772.3	−15.23	−0.86%
Equipo científico profesional	*369.8*	*−2.67*	*−0.72%*	*−438.5*	*0.57*	*−0.13%*	*286.6*	*−4.45*	*−1.55%*
Otras manufacturas	219.5	2.67	1.21%	478.2	0.47	0.10%	−759.1	0.42	−0.05%
Promedio entre industrias	N.A.	1.95	−0.05%	N.A.	0.22	0.09%	N.A.	0.13	0.61%
Promedio para RD VCR>1	236.7	0.52	1.19%	N.A.	N.A.	N.A.	N.A.	N.A.	N.A.
Correlación entre XN y medias residuales		−0.43			0.08			−0.38	
Número de observaciones de países	3			318			357		

Nota: N.a. = no aplicable; XN = exportaciones netas; VCR = ventaja comparativa revelada. Las industrias dominicanas en la cuales el índice de ventaja comparativa revelada es mayor a una por lo menos en un año en el transcurso del período 2005–14 se muestra en cursiva.

Sin embargo, como se esperaba, la relación promedio del error de estimación respecto a las exportaciones netas observadas es notablemente mayor, es decir, el 1.19 por ciento, para aquellos sectores en los que la República Dominicana parece tener una ventaja comparativa revelada. Aun así, dado que esta relación se calcula a partir de una muestra muy pequeña (es decir, siete, que representa el número igual a tres veces el número de industrias en las cuales la República Dominicana tiene una ventaja comparativa revelada), no sorprende que esta relación sea mayor. Pero, parece baja dada la pequeña muestra. Para concluir, el modelo con coeficientes heterogéneos de Rybczynski parece proporcionar un conjunto aceptable de predicciones, tanto para las submuestras como para la propia República Dominicana.

Después de estimar los coeficientes de Rybczynski con ajustes adecuados para las diferencias tecnológicas internacionales neutrales de Hicks y documentar la heterogeneidad sistemática entre países que difieren en términos de sus dotaciones relativas de mano de obra calificada, es importante reexaminar los aspectos relativos a la economía dominicana; a saber, si el crecimiento asociado a la ventaja comparativa en ciertas industrias manufactureras pudiera ayudar a explicar por qué sus mercados laborales no han generado crecimiento con equidad. Sencillamente, las conclusiones de este capítulo sugieren que es improbable que la especialización comercial proporcione una explicación completa de estos hechos estilizados debido a la siguiente razón: la evidencia econométrica indica que las industrias en las cuales la República Dominicana desarrolló una ventaja comparativa son aquellas en las que las dotaciones de mano de obra calificada no son una fuente de ventaja comparativa en economías con bajas relaciones de dotaciones de mano de obra calificada con respecto a no calificada. Además, es probable que estos resultados están asociados a un mayor flujo de capital social internacional hacia las economías en desarrollo desde los años noventa.

Conclusión

Los autores, en este capítulo, hacen dos aportes a la literatura. En primer lugar, amplían la literatura empírica sobre la estimación de las participaciones factoriales como determinantes de los patrones de comercio internacional a un gran conjunto de economías diversas, incluidos países en desarrollo. Basándose en datos comerciales, en lugar de datos de producción, y siguiendo a Leamer (1995), amplían la muestra de estimación para incluir a más de cien países. A su vez, esto proporciona evidencia más rica que la producida por la literatura existente, que se basa principalmente en datos de economías de alto ingreso.

En segundo lugar, los autores se centran no sólo en el papel de las diferencias tecnológicas internacionales neutrales de Hicks, sino también en el papel de las diferencias tecnológicas sistemáticas entre países con diferentes dotaciones factoriales relativas. Más concretamente, proporcionan evidencia sobre las diferencias en los coeficientes de Rybczynski entre países con relaciones bajas y altas de mano de obra calificada respecto a mano de obra no calificada.

La evidencia resultante parece pertinente para comprender los patrones mundiales de especialización comercial. Como constataron Fitzgerald y Hallak (2004), los autores concluyen que controlar las diferencias tecnológicas neutrales de Hicks entre países es bastante importante. En particular, el capital no parece ser "amigo" de la manufactura después de controlar las diferencias internacionales de PTF que afectan a la productividad de todos los factores de producción por igual. Sin embargo, la mano de obra calificada parece desempeñar un papel importante y favorable, en promedio, cuando se supone que no existen diferencias tecnológicas sistemáticas entre países.

La evidencia, no obstante, también sugiere que permitir diferencias en los coeficientes de Rybczynski entre los países cambie la tabla significativamente. Las economías en desarrollo, con relativamente menores dotaciones de mano de obra calificada, muestran coeficientes que en términos estadísticos son significativamente diferentes a sus contrapartes de alta calificación dentro de las industrias. Además, estas diferencias podrían estar asociadas al aumento de la inversión extranjera directa desde los años noventa, cuando su importancia relativa a la inversión interna aumentó, particularmente en países de ingresos bajo y mediano. Desde el punto de vista de economías como la República Dominicana, que desarrolló ventajas comparativas en varias industrias manufactureras, la evidencia implica que las industrias manufactureras orientadas a la exportación requieren un número considerable de trabajadores no calificados en relación con los trabajadores calificados. A su vez, los autores conjeturan que es improbable que la especialización en las exportaciones de manufacturas, que en parte son impulsadas por la inversión extranjera directa, aumenten la prima del trabajo calificado, precisamente porque estas industrias parecen hacer un uso relativamente intensivo de mano de obra no calificada en economías con números relativamente bajos de trabajadores calificados.

Anexo 2A

Exportaciones e importaciones

Los datos sobre el comercio provienen de la ONU Comtrade y cubren 129 países y 28 industrias manufactureras de la CIIU durante el período 1976-2014.[8] Se construyen el promedio de exportaciones e importaciones de cinco años para cada par de industrias-país. Para el primer período en el conjunto de datos, se dispone del promedio para 4 años de datos (1976-79). El conjunto de datos resultante contiene las exportaciones e importaciones promedio por país e industria en ocho períodos quinquenales (1976-79, 1980-84, 1985-89, 1990-94, 1995-99, 2000-2004, 2005-09 y 2010-14). El panel está equilibrado para 49 países y desequilibrado para el resto debido a la falta de tiempo o la cobertura de la industria. Por ejemplo, se dispone de los datos correspondientes a Albania, Armenia, Estonia, la República Islámica del Irán, Kazajstán y la República Kirguisa a partir de 1995; y para Bulgaria, la República Checa, Croacia, Hungría, Letonia y Lituania, entre otros, a partir de 1990. Los datos comerciales imponen la mayor limitación a la cobertura por países de la muestra final.

Cantidad de mano de obra calificada y no calificada

Los datos sobre logros educativos internacionales provienen de Barro y Lee (2013). Las tasas de finalización secundaria y terciaria y los datos de población para cada grupo etario se utilizan para calcular la cantidad de mano de obra calificada y no calificada entre las edades de 25 y 64. Estos datos están disponibles para 146 países en incrementos quinquenales entre 1950 y 2010. La disponibilidad de datos de logro educativo impone la principal limitación en la cobertura temporal de la muestra. Por esta razón, el conjunto de datos se construye para incluir los promedios quinquenales de los datos comerciales y las dotaciones factoriales iniciales al principio de cada período quinquenal.

Capital social

Los datos sobre el capital social y la PTF provienen de la Tabla Mundial de Penn disponibles para 166 países entre 1950 y 2011. El capital social y la PTF en 1975, 1980, 1985, 1990, 1995, 2000, 2005 y 2010 se utilizan como valores iniciales para cada período quinquenal. Los datos de capital social para 142 países están disponibles para todos los años. Para 24 países (principalmente las antiguas repúblicas soviéticas y los países de Europa Oriental), se dispone de los datos sobre el capital social desde 1990. Faltan datos de la PTF para unos 56 países.

Tierra cultivable

Los datos sobre tierras cultivables se derivan de los Indicadores de Desarrollo Mundiales (IDM) del Banco Mundial y abarcan 205 países durante 1975-2010. Para cada período quinquenal, los datos de los años siguientes se utilizan como valores iniciales: 1975, 1980, 1985, 1990, 1995, 2000, 2005 y 2010.

Muestra final

La muestra final contiene datos sobre las exportaciones e importaciones de 28 industrias mafactureras de la CIIU durante el período 1975-2010 en promedios a cinco años, así como sobre la PTF, el capital social, la cantidad de mano de obra calificada y no calificada y la dotación de tierras cultivables al inicio de cada quinquenio (1975-2010) para 108 países. La disponibilidad de datos por país y año se presenta en el cuadro A.1.

Cuadro 2A.1 Disponibilidad de datos por país y lapso de años

Código de país (ISO)	Año(s)	Código de país (ISO)	Año(s)	Código de país (ISO)	Año(s)
ARG	1980–2010	IDN	1975–2010	RUS	1995–2010
ARM	1995–2010	IND	1975–2010	RWA	1995–2010
AUS	1975–2010	IRL	1975–2010	SAU	1975–2010
AUT	1975–2010	IRN	1995–2010	SEN	1975–2010
BDI	1990–2010	IRQ	2000–10	SGP	1975–2010
BEN	1990–2010	ISL	1975–2010	SLE	1980, 2000

Cuadro continúa en la siguiente página

Cuadro 2A.1 **Disponibilidad de datos por país y lapso de años** *(continuación)*

Código de país (ISO)	Año(s)	Código de país (ISO)	Año(s)	Código de país (ISO)	Año(s)
BGR	1990–2010	ISR	1980–2010	SRB	1990–2010
BHR	1990–2010	ITA	1975–2010	SVK	1990–2010
BLX	1975–2010	JAM	1975–2010	SVN	1990–2010
BOL	1975–2010	JOR	1980–2010	SWE	1975–2010
BRA	1980–2010	JPN	1975–2010	SWZ	2000–2005
BRB	1980–2010	KAZ	1995–2010	TGO	1975–2010
BWA	2000–2010	KEN	1980–2010	THA	1975–2010
CAF	1980–2010	KGZ	1995–2010	TJK	2000
CAN	1975–2010	KOR	1975–2010	TTO	1975–2010
CHE	1975–2010	KWT	1985–2010	TUN	1980–2010
CHL	1980–2010	LKA	1975–2010	TUR	1985–2010
CHN	1985–2010	LSO	2000–2010	TZA	1995–2010
CIV	1975–85, 1995–2010	LTU	1990–2010	UKR	1995–2010
CMR	1975–2010	LVA	1990–2010	URY	1980–2010
COL	1975–2010	MAR	1975–2010	USA	1975–2010
CRI	1985–2010	MDA	1990–2010	VEN	1980–2010
CYP	1975–2010	MEX	1985–2010	ZAF	1975–2010
CZE	1990–2010	MLT	1990–2010	ZWE	1980–2010
DEU	1975–2010	MNG	1995–2010		
DNK	1975–2010	MOZ	1990–2010		
DOM	1990–2010	MRT	1995–2010		
ECU	1975–2010	MUS	1980–2010		
EGY	1980–2010	MYS	1975–2010		
ESP	1975–2010	NAM	2000–2010		
EST	1995–2010	NER	1975–80, 1995–2010		
FIN	1975–2010	NLD	1975–2010		
FJI	1980–90, 2000–10	NOR	1975–2010		
FRA	1975–2010	NZL	1975–2010		
GAB	1980, 1990–2005	PAN	1985–2010		
GBR	1975–2010	PER	1975–2010		
GRC	1975–2010	PHL	1975–2010		
GTM	1985–2010	POL	1980–2010		
HKG	1975–2010	PRT	1975–2010		
HND	1985–2010	PRY	1980–2010		
HRV	1990–2010	QAT	1980–2010		
HUN	1990–2010	ROM	1985–2010		

Nota: ISO = Organización Internacional de Normalización (por sus siglas en inglés).

Notas

1. Las ecuaciones de Rybczynksi relacionan los productos básicos con las dotaciones factoriales. Cuando el *stock* de un factor aumenta, la producción del bien que es intensivo en ese factor aumenta.

2. Leamer (1995) muestra que, en una economía abierta con influencia limitada sobre los precios mundiales, la curva de demanda para cada sector es horizontal, a un nivel salarial definido por el precio de los bienes fijado por la demanda mundial igualmente horizontal (exceso) de sus productos. En este contexto, los volúmenes de producción y comercio dejan de cambiar esta curva de demanda de trabajo infinitamente elástica, como tampoco lo hacen muchos de los tipos más conocidos de cambio tecnológico.

3. Harrigan (1995) supone que todos los países pueden acceder a las mismas tecnologías, mientras que Harrigan (1997) supone diferencias tecnológicas neutrales de Hicks entre países.

4. Los autores han elegido el año 2000 debido a la disponibilidad de datos. También han clasificado a los países según la relación de mano de obra calificada-no calificada para cada uno de los años disponibles, y la correlación de rangos de los diferentes años es superior a 0,98.

5. La clasificación por intensidad de tierra es la clasificación menos afectada por el ajuste de productividad, encontrándose la correlación de rango en 0,75.

6. Los autores también exploraron la posibilidad de más de un cono de diversificación dividiendo la muestra por la razón capital-mano de obra no calificada. El conjunto de países es similar al que se agrupa por la relación de mano de obra calificada-no calificada, y más importante aún, los coeficientes de Rybczynski son cualitativamente los mismos. Estos resultados están disponibles a solicitud.

7. Véase Jones (2000) con respecto a la teoría de la entrada productiva internacionalmente móvil.

8. Se puede acceder a los datos a través de la Solución Comercial Integrada Mundial (WITS por sus siglas en inglés) en http://wits.worldbank.org/.

Referencias

Barro, R. y J.-W. Lee. 2013. "A New Data Set of Educational Attainment in the World, 1950–2010." *Journal of Development Economics* 104: 184–98.

Batista, C., y J. Potin. 2014. "Stages of Diversification in a Neoclassical World." *Economics Letters* 122 (2): 276–84.

Cusolito, A. P., y D. Lederman. 2009. "Technology Adoption and Factor Proportions in Open Economies: Theory and Evidence from the Global Computer Industry." World Bank Policy Research Working Paper 5043, Banco Mundial, Washington, DC.

Djankov, S., C. Freund, y C. S. Pham. 2010. "Trading on Time." *Review of Economics and Statistics* 92 (1): 166–73.

Dornbusch, R., S. Fischer, y P. A. Samuelson. 1980. "Heckscher-Ohlin Trade Theory with a Continuum of Goods." *Quarterly Journal of Economics* 95 (2): 203–24.

Fitzgerald, D., y J. C. Hallak. 2004. "Specialization, Factor Accumulation and Development." *Journal of International Economics* 64 (2): 277–302.

Gill, I., I. Izvorski, W. van Eeghen, y D. de Rosa. 2013. *Diversified Development: Making the Most of Natural Resources in Eurasia*. Washington, DC: Banco Mundial.

Harrigan, J. 1995. "Factor Endowments and the International Location of Production: Econometric Evidence for the OECD, 1970–1985." *Journal of International Economics* 39 (1–2): 123–41.

———. 1997. "Technology, Factor Supplies and International Specialization: Estimating the Neoclassical Model." *American Economic Review* 87 (4): 475–94.

Harrigan, J., y E. Zakrajšek. 2000. "Factor Supplies and Specialization in the World Economy." National Bureau of Economic Research Working Paper 7848 (August), Cambridge, MA, and Federal Reserve Bank of New York Staff Report 107 (August), New York.

Helpman, E., M. Melitz, y. Rubinstein. 2008. "Estimating Trade Flows: Trading Partners and Trading Volumes." *Quarterly Journal of Economics* 123 (2): 441–87.

Jones, R. W. 2000. *Globalization and the Theory of Input Trade*. Cambridge, MA: MIT Press.

Krugman, P. R. 1980. "Scale Economies, Product Differentiation, and the Pattern of Trade." *American Economic Review* 70 (5): 950–59.

Leamer, E. E. 1984. Sources of Comparative Advantage: Theories and Evidence. Cambridge, MA: MIT Press.

———. 1995. *The Heckscher-Ohlin Model in Theory and Practice*. Vol. 77 of Princeton Studies in International Finance. Princeton, NJ: Princeton University, Department of Economics, International Finance Section.

Morrow, P. M. 2010. "Ricardian–Heckscher–Ohlin Comparative Advantage: Theory and Evidence." *Journal of International Economics* 82 (2): 137–51.

Redding, S. 2002. "Specialization Dynamics." *Journal of International Economics* 58 (2): 299–334.

Romalis, J. 2004. "Factor Proportions and the Structure of Commodity Trade." American Economic Review 94 (1): 67–97.

Schott, P. 2003. "One Size Fits All? Heckscher-Ohlin Specialization in Global Production." *American Economic Review* 93 (3): 686–708.

Vollrath, T. 1991. "A Theoretical Evaluation of Alternative Trade Intensity Measures of Revealed Comparative Advantage." *Review of World Economics* 127 (2): 265–80.

Banco Mundial. 1993. *The East Asian Miracle: Economic Growth and Public Policy*. New York: Oxford University Press.

CAPÍTULO 3

Participación del ingreso laboral y el cambio tecnológico sesgado

El Caso de la República Dominicana

Javier Báez, Andrés García-Suaza, y Liliana D. Sousa

Aun cuando la economía de la República Dominicana ha experimentado un período de crecimiento sano, con una media de 4,6 por ciento por año entre 2000 y 2014, la reducción de la pobreza ha sido moderada. A una tasa de 41,8 por ciento, la cifra oficial de la pobreza en el 2013 se mantuvo por encima del nivel registrado en el año 2000, de 32,6 por ciento. Un factor fundamental que subyace a la falta de crecimiento inclusivo de este país es una aparente desconexión entre la productividad laboral y el ingreso laboral. Cónsono con un fuerte crecimiento del producto, la República Dominicana registró además altos índices de productividad laboral entre el 2000 y 2013. Las estimaciones comúnmente citadas indican que la productividad aumentó un 39 por ciento

Los autores expresan su agradecimiento a los colaboradores por sus útiles comentarios sobre análisis e interpretación de datos, particularmente a Maritza García, Ramón González Hernández, Magdalena Lizardo, Antonio Morillo, Dagmar Romero (Ministerio de Economía, Planificación y Desarrollo, MEPyD), y Elina Rosario (Banco Central de la República Dominicana). También a McDonald Benjamín, Oscar Calvo-González, Francisco Carneiro, Gabriela Inchauste, Cecile Niang, Juan Carlos Parra, Mateo Salazar, Diana Sánchez, y Miguel Sánchez (todos del Banco Mundial). Este capítulo se basa en el análisis incluido en: "*Do Labor Markets Limit the Inclusiveness of Growth in the Dominican Republic?*", Una publicación del Banco Mundial de 2017.

Javier E. Báez es economista principal de la Práctica Global de Pobreza y Equidad del Banco Mundial para la Región de África. Tiene una licenciatura y maestrías en ciencias económicas de la Universidad de los Andes, en economía de desarrollo de la Universidad de Harvard y un doctorado en economía de la Universidad de Syracuse. Por favor dirigir cualquier correspondencia a jbaez@worldbank.org.

Andrés García-Suaza es profesor de economía en la Universidad del Rosario en Bogotá. Tiene una maestría en ciencias económicas de la Universidad del Rosario y un doctorado en economía de la Universidad Carlos III de Madrid. Por favor dirigir cualquier correspondencia a andres.garcia@urosario.edu.co.

Liliana D. Sousa es economista de la Práctica Global de Pobreza y Equidad del Banco Mundial para América Latina y el Caribe. Tiene un doctorado en economía de la Universidad de Cornell. Por favor dirigir cualquier correspondencia a lsousa@worldbank.org.

durante este período. Sin embargo, los salarios reales siguieron una tendencia opuesta, disminuyendo entre finales de los años noventa y el 2004, una tendencia intensificada por la crisis bancaria de 2003-2004, y estancada en gran medida hasta 2013. En consecuencia, los ingresos reales por hora, tanto para los asalariados del sector privado como para los trabajadores autónomos, fueron 26 por ciento más bajos en 2013 que en el 2000.

Una posible explicación por la cual el crecimiento no se ha traducido en aumentos salariales es la existencia de cambios tecnológicos sesgados al capital. Intuitivamente, el *cambio tecnológico sesgado* se refiere a cambios en la productividad relativa de los factores que afectan la demanda relativa de factores de productividad y su distribución en los ingresos. Específicamente, si la tecnología aumenta la productividad del capital de forma desproporcionada, dado el grado de sustitución entre los factores, sería óptimo reducir la demanda de mano de obra e incrementar el capital. Este cambio reduce la participación del ingreso laboral, la proporción de la producción total asignada a la remuneración de los trabajadores y, finalmente, el crecimiento de los ingresos de los hogares con poco capital. Como tal, el cambio tecnológico sesgado tiene repercusiones tanto sobre la reducción de la pobreza como sobre la desigualdad de ingresos.

En este capítulo se analiza la evolución reciente de la participación del ingreso laboral en la República Dominicana para comprobar si el Cambio Tecnológico Sesgado puede ayudar a explicar por qué un sólido crecimiento económico no se ha traducido en mejores resultados en el mercado laboral. Más concretamente, el análisis se enfoca en determinar si una disminución en la participación del ingreso laboral explica un estancamiento salarial en un contexto de crecimiento económico favorable. Si, efectivamente, el cambio tecnológico sesgado hacia el capital es un factor determinante, entonces los sectores que experimentaron un mayor crecimiento del producto también experimentaron una disminución en la participación del ingreso laboral.

En el contexto del modelo de crecimiento clásico, los coeficientes que interactúan con los factores de productividad representan el cambio tecnológico. Comprender estos coeficientes tecnológicos ofrece percepciones importantes sobre la transformación de una economía en el tiempo. De hecho, la participación del ingreso laboral resume las estructuras de producción y las condiciones tecnológicas de los sectores, de modo tal que las variaciones reflejan cambios tanto en la composición sectorial del producto como en la estructura de la utilización de los factores (Kravis, 1962). Si bien por muchos años, la constancia de la participación laboral fue una aproximación razonable para los datos, a nivel mundial, este indicador ha mostrado una disminución constante durante las últimas tres décadas. Por ejemplo, Karabarbounis y Neiman (2013) estimaron una disminución de 5 puntos porcentuales en la participación del valor agregado bruto que pagan las empresas de mano de obra a nivel mundial (de 65 a 59 por ciento) en una muestra de 59 países, cuyos datos abarcan al menos 15 años entre 1975-2012. Esta disminución se observa en la gran mayoría de países e industrias. Esta tendencia refleja el menor precio de los bienes de inversión, que impulsa casi la mitad de la disminución de la participación laboral; la tendencia del aumento de las ganancias y el crecimiento basado en el aumento de capital, y los cambios en la composición de las calificaciones de la fuerza laboral.

Los resultados indican que la participación laboral en República Dominicana cayó considerablemente durante la crisis bancaria de 2003-2004, reflejando una amplia corrección salarial, que ya había recuperado sus niveles anteriores a la crisis para el 2010. Por tanto, una mejor medición de la participación laboral para la República Dominicana es uno de los aportes de este análisis. En concreto, incluye ajustes por concepto de salarios devengados en empresas no constituidas, que son importantes dado las altas tasas de trabajo autónomo e informalidad del país, y genera cifras de participación laboral comparables entre dos series de datos de cuentas nacionales. La disminución de la participación laboral es significativa en los sectores que en gran parte impulsan el crecimiento económico, posiblemente debido a cambios tecnológicos sesgados que aumentan la productividad, a la vez que reducen la demanda de mano de obra. En particular, se observó una relación negativa entre los cambios sectoriales en la participación laboral y el crecimiento antes y después de la crisis. Un análisis de descomposición reveló que, en la mayoría de los años, la disminución de la participación laboral *dentro* de los sectores realmente impulsó la disminución de la participación laboral, en lugar de un cambio en la composición sectorial de la producción total.

Este capítulo examina estos fenómenos de la siguiente manera. En primer lugar, se proporciona un marco para comprender los canales potenciales por medio de los cuales el cambio tecnológico sesgado puede ser un factor para explicar el estancamiento de los salarios observados en la República Dominicana. En segundo lugar, se describe y se implementa el enfoque metodológico para estimar la participación laboral de esta economía. En tercer lugar, se consideran las dinámicas sectoriales que impulsan las tendencias de participación laboral observadas.

Relación entre cambio tecnológico sesgado y salarios

Inspirada en Hicks (1932), la teoría original del cambio tecnológico sesgado sostiene que la fluctuación de los precios relativos de los factores produce incentivos para implementar innovaciones que ahorran costos en lugar de meras sustituciones de factores. Más allá de los precios relativos de los factores, las nuevas invenciones, junto con la eficiencia y la tecnificación, también inducen cambios tecnológicos mediante variaciones en la productividad relativa de los factores (para modelos pioneros, véase Kennedy 1964 y Binswanger, 1974; para un enfoque más reciente, véase Zuleta 2008).

La función de producción de Cobb-Douglas ilustra la relación entre el cambio tecnológico sesgado y la participación laboral. Suponiendo que, además de los aportes tradicionales de capital (K_t en la ecuación 3.1) y mano de obra (L_t), la tecnología puede expresarse por un factor único (A_t), entonces, las elasticidades de la producción (los exponentes de los factores productivos) captan la productividad marginal de cada factor o la distribución de la producción total entre los factores.

En un modelo con dos factores de producción, capital y mano de obra, a y $1 - a$ representa la elasticidad de la producción en relación a cada uno de los factores, de manera que:

$$Y_t = A_t K_t^a L_t^{1-a} \tag{3.1}$$

Suponiendo que los mercados son competitivos y, por tanto, a cada factor se le paga su producto marginal, al capital se le remunera con un porcentaje de $1 - a$ de la producción total y la mano de obra recibe a, denominada *participación del ingreso laboral*.

La productividad multifactorial total A_t es una fuente de cambio tecnológico que afecta, de la misma manera, los retornos de ambos factores, sin alterar las proporciones de los retornos. Se han cuestionado la caracterización de la tecnología por este coeficiente único y la constancia de las elasticidades de producción, y se han propuesto otros modelos de solución. Una extensión lógica es permitir que a varíe en el tiempo, lo que implica que la productividad factorial aumenta asimétricamente a favor de un factor. Esta extensión proporciona una relación intuitiva entre la participación del ingreso laboral y el cambio tecnológico[1]. En este contexto, el cambio tecnológico sesgado hacia el capital significa que la innovación se traduce en la utilización de menos de un insumo para obtener la misma producción. Esta diferencia en la productividad marginal de los factores de insumos afecta la selección óptima de los factores y los precios relativos de los insumos. En el modelo antes mencionado con dos factores productivos (mano de obra y capital), si uno se vuelve relativamente más costoso, las empresas ajustan los factores de manera óptima haciendo mayor demanda del factor más barato (efecto de sustitución)[2]. Por tanto, si el crecimiento económico va acompañado de cambios tecnológicos sesgados, el crecimiento se distribuirá entre los factores de acuerdo a su participación en la función productiva.

Kaldor (1957) encontró que la participación del capital y la mano de obra en los ingresos netos es casi constante por largos períodos de tiempo. Sin embargo, investigaciones recientes han arrojado evidencia de la hipótesis de cambio tecnológico sesgado en muchos países (Valentinyi y Herrendorf 2008; para Estados Unidos, Young 2010 y Elsby, Hobijn y S,ahin 2013; para Colombia, Zuleta, García-Suaza, y Young 2009; para Irlanda, Sweeney 2014; para China, Bai y Qian 2010; y para Australia, Parham 2013). Karabarbounis y Neiman (2013) documentaron el declive mundial de la participación del ingreso laboral en un conjunto de 59 países. Entre 1975 y 2012, encontraron una tendencia decreciente de alrededor de 5 puntos porcentuales, de un nivel promedio de 64 por ciento en 1975[3]. Según los autores, este cambio fue el resultado de la disminución de los precios relativos de los factores que favorecen las tecnologías de aumento de capital mediante el efecto de sustitución. Asimismo, Estrada y Valdeolivas (2012) encontraron que la disminución promedio entre economías seleccionadas de la OCDE fue de aproximadamente 5 puntos porcentuales en el mismo período. Sus estimaciones sugieren que los factores tecnológicos desempeñan un mayor papel para impulsar las tendencias decrecientes de participación laboral que la globalización o los factores institucionales del mercado laboral.[4]

Medición de la participación laboral en la República Dominicana

Utilizando información del Sistema de Cuentas Nacionales de la República Dominicana (SCN), particularmente las matrices de utilización, se calcula la participación del ingreso laboral para el período 1991-2010. Las matrices de utilización proporcionan información detallada sobre la utilización de los factores, el consumo intermedio, las exportaciones, la inversión y el gasto público, tanto a niveles total como sectorial.

Debido a una interrupción de la serie del SCN tras una actualización metodológica a partir del 2007, se utilizó información de dos SCN diferentes con referencias: 1991 (1991-2005) y 2007 (2007-2010). Una diferencia clave entre estas dos series es cómo se reportan los ingresos de las empresas no constituidas, incluyendo la mayoría de las ganancias del trabajo autónomo. En la serie SCN-1991, este ingreso fue incluido como ganancias de capital, mientras que en la serie SCN-2007, se reportó como un tipo separado de ingreso. Como se muestra en la siguiente sección, estos datos mejorados tienen implicaciones para cómo se mide la participación laboral en las dos series.

Cálculo de la participación laboral ajustada

Siguiendo la metodología de Bernanke and Gurkaynak (2002) and Gollin (2002), la participación del ingreso laboral se calculó como la proporción de la producción total utilizada para compensar a los trabajadores (mostrada en la ecuación 3.2). Es decir, que a es la relación entre la compensación laboral y la producción total neta de impuestos sobre la producción y las importaciones, la cual viene dada por:

$$a_t = \frac{WM_t}{Y_t} \tag{3.2}$$

donde MS es la masa salarial y $= VA - ID$ es el valor total añadido o agregado después de los impuestos directos.

La estimación de cada componente en la ecuación 3.2 requiere varios supuestos. Por ejemplo, el SCN indica los impuestos netos sobre la producción y las importaciones como un monto, sin hacer distinciones de los impuestos sobre mano de obra o el capital. Por tanto, un supuesto subyacente en esta ecuación es que la participación de la mano de obra se mide como la participación de la producción después de impuestos[5].

La interrupción de la serie del SCN fue el resultado de mejorar la medición (incluyendo mejoras en la recolección de datos) y metodología emprendida por las autoridades dominicanas, de manera que las dos series no son estrictamente comparables. Sin embargo, dado que la interrupción de la serie se produce en 2006, sólo dos años después de la crisis bancaria de 2003-2004, algunas diferencias en las dos series podrían ser el resultado de cambios en la economía debido a la crisis (gráfico 3.1). De hecho, los años entre la serie SCN-1991 y el inicio de

Gráfico 3.1 Tasa de crecimiento anual per cápita del PIB durante dos series SCN, 2000–14

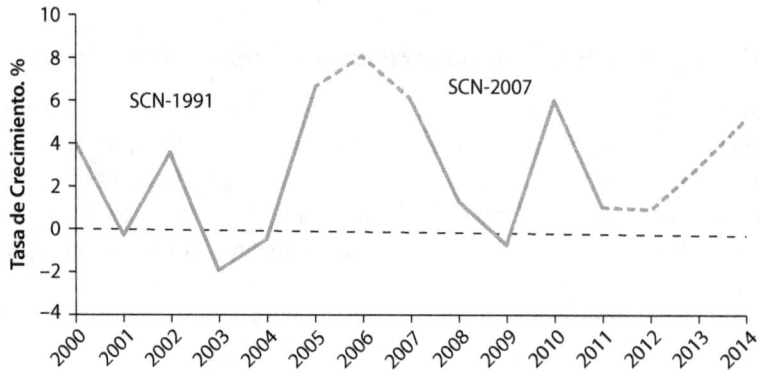

Fuente: Datos de los Indicadores de Desarrollo Mundial, Banco Mundial.
Nota: SCN = Sistema de cuentas nacionales. En el gráfico de la tasa de crecimiento per cápita del PIB por año, la línea sólida representa años de datos con una serie de SCN, y la línea de puntos, aquellos años en los cuales no se dispone de los datos de la serie de SCN.

Gráfico 3.2 Participación de ingreso laboral pre y post crisis, por sector, 1999–2002 versus 2007–2010

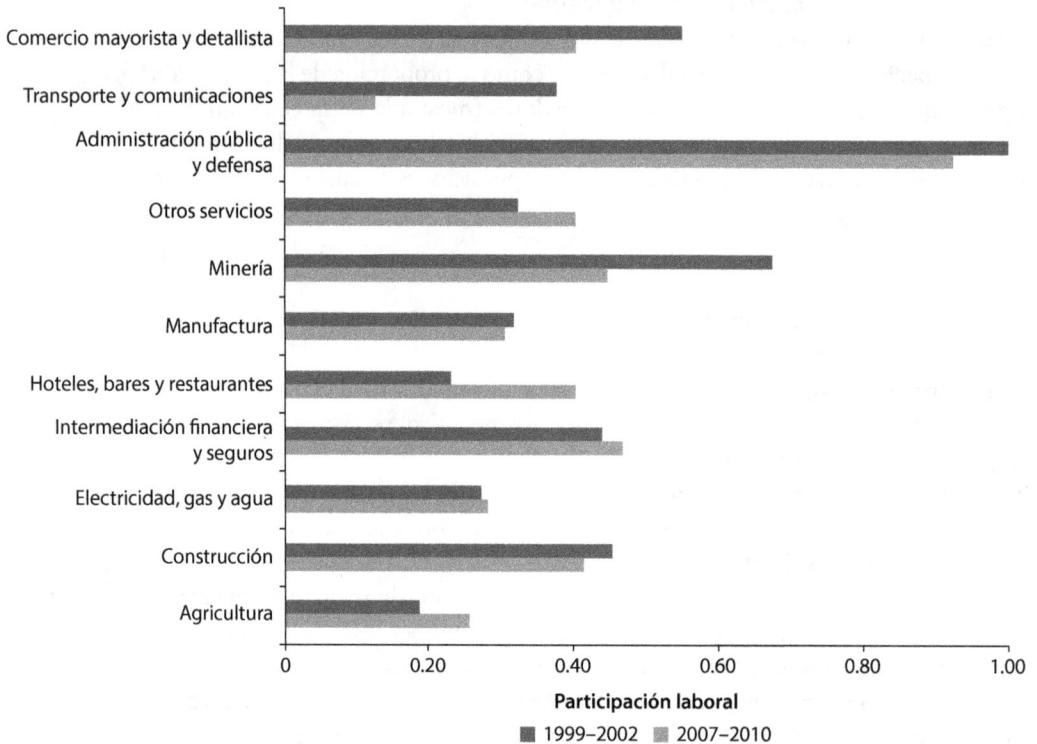

Fuente: Basado en datos del SCN-1991 y SCN-2007.
Nota: SCN = Sistema de cuentas nacionales.

la serie SCN-2007 fueron años de alto crecimiento que representan una recuperación económica.

Como muestran los resultados del gráfico 3.2, varios sectores clave de empleo muestran cambios significativos en la participación laboral estimada antes y después de la crisis. Los hoteles, bares y restaurantes, un sector importante en un país con una industria turística muy desarrollada, registraron un aumento significativo de la participación laboral entre las dos series, pasando de un promedio de 0,23 durante el período anterior a la crisis (1999-2002) a un promedio de 0,40 en la nueva serie (2007-10). Aunque este cambio puede reflejar un aumento en la proporción de compensación asignada a la mano de obra de este sector, en su lugar podría ser el resultado de mayor formalización en el sector o mejor medición de salarios y sueldos en el SCN-2007. Por otro lado, los sectores de transporte y comunicaciones experimentaron una caída en la participación de mano de obra, de 0,38 en el período previo a la crisis a 0,13 en la serie nueva. El sector de transportación es altamente informal, con niveles significativos de trabajo autónomo. Unido a una corrección importante hacia la baja para el sector de comunicaciones, como resultado de un cambio de base para la SCN-2007, este cambio en el nivel de participación de mano de obra parece reflejar el efecto de mejor medición de actividad informal en el sector de transporte. El sector de intermediación financiera y seguro, un sector altamente formal que estuvo en el centro de la crisis de 2003-2004, no tuvo cambios significativos en su participación laboral pre y post crisis: el sector aumentó de un promedio de 0,44 a un promedio de 0,47. Igualmente, la participación laboral en los sectores de manufactura y servicios públicos (electricidad, gas y agua) se mantuvo muy similar entre ambos períodos.

Sin embargo, los valores de remuneración laboral registrados en los SCN se limitan a los sueldos y salarios de las empresas constituidas. El mercado laboral en la República Dominicana presenta altas tasas de informalidad: alrededor del 40 por ciento de los trabajadores son autónomos y otro 31 por ciento trabajan para microempresas de menos de cinco empleados, aumentando considerablemente la probabilidad de informalidad. Si bien el SCN-1991 incluye toda la producción de empresas no constituidas en sociedad (incluido el trabajo autónomo) como parte de la remuneración del capital, la serie SCN-2007 lo incluye como una cantidad residual denominada *ingreso mixto bruto* (IMB). Dado que el trabajo autónomo y las empresas no constituidas hacen un uso menos intensivo del capital que las empresas constituidas, la inclusión implícita del IMB en la remuneración del capital en la serie original subestima la participación laboral.

Para abordar esta cuestión, se aplica el enfoque de Gollin (2002) para evaluar la participación laboral, bajo el supuesto de que el IMB es un ingreso laboral o una combinación de ingresos de capital y de trabajo[6]. Para ello, se calculan dos estimaciones alternativas de participación del ingreso laboral (ecuación 3.3 y gráfico 3.3). En primer lugar, *a(1)* supone que el IMB es el ingreso laboral, que produce un límite superior en la participación de los ingresos laborales. El supuesto es que la tecnología de producción utilizada por personas con trabajo autónomo y empresas no constituidas hace uso intensivo de mano de obra.

Gráfico 3.3 Participación del ingreso laboral basada en dos supuestos de IMG, 2007–10

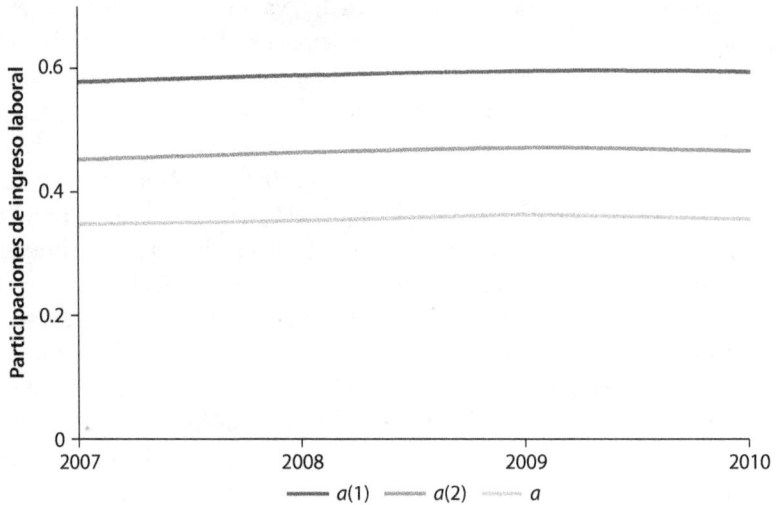

Fuente: Basado en datos del SCN-2007
Nota: SCN = Sistema de cuentas nacionales

De manera más formal:

$$a(1)_t = \frac{WM_t + GMI_t}{Y_t} \qquad a(2)_t = \frac{WM_t}{Y_t - GMI_t} \qquad (3.3)$$

Por otra parte, *a(2)* supone que el IMB se distribuye proporcionalmente para preservar la relación entre el ingreso laboral y el ingreso de capital con respecto al producto total (neto) menos el IMB. Este ajuste sigue la misma lógica que la distribución de impuestos sobre la producción y las importaciones discutida anteriormente. Este enfoque supone implícitamente que la participación laboral y de capital son las mismas para las empresas constituidas, las empresas no constituidas y personas con trabajo autónomo. Dada la importancia del trabajo autónomo en República Dominicana y su propensión a hacer uso intensivo de la mano de obra, la mayor parte de este análisis utiliza *a(1)*.

Puesto que el IMB no es observable en la serie de SCN-1991, se construyó un factor de ajuste para estimar la participación laboral del período 1991-2005, utilizando la información de la serie SCN-2007. Estudios previos han propuesto imputar el IMB como una proporción del valor agregado equivalente a la relación entre el trabajo autónomo y el empleo. La hipótesis de trabajo detrás de este enfoque es que el capital y el trabajo son igualmente productivos en el sector no constituido. Sin embargo, el análisis de la serie SCN-2007 revela que esto se traduce en una sobreestimación de la participación del IMB porque los trabajadores autónomos ganan menos que los productores más grandes (véase el gráfico 3.4):

$$\widehat{GMI_t} = (1-a)Y_t \left[\frac{GMI}{(1-a)Y} \right]_{SNA-2007} \qquad (3.4)$$

Gráfico 3.4 Tasas de trabajo autónomo y participación del IMB por sector, 2007–10

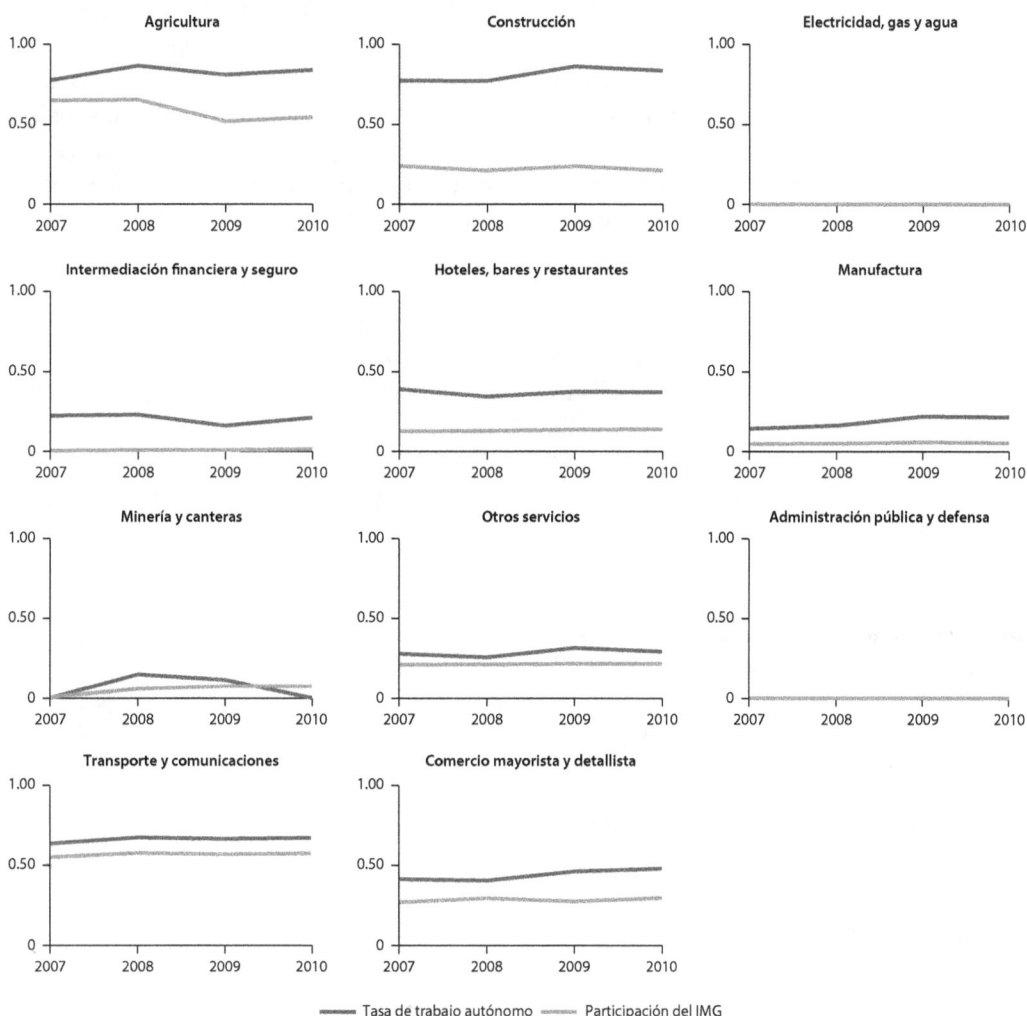

Agricultura — Construcción — Electricidad, gas y agua
Intermediación financiera y seguro — Hoteles, bares y restaurantes — Manufactura
Minería y canteras — Otros servicios — Administración pública y defensa
Transporte y comunicaciones — Comercio mayorista y detallista

—— Tasa de trabajo autónomo ―――― Participación del IMG

Fuente: Basado en las tasas de trabajo autónomo de la ENFT y en participación del IMB de la serie SCN-2007.
Nota: IMB = ingreso mixto bruto; ENFT = Encuesta Nacional de Fuerza de Trabajo; SCN = Sistema de cuentas nacionales.

En cambio, debido a que tenemos información sectorial del lMB de la serie SCN-2007, la participación del IMB se atribuye a cada sector en la serie SCN-1991 como la participación promedio del IMB del sector con respecto a los ingresos de capital (conocido como *excedente operativo bruto*) durante 2007-2010. En particular, a nivel sectorial, se supuso que la participación del IMB en la serie SCN-1991 es equivalente a la participación media del IMB medida en la serie de SCN-2007 (ecuación 3.4). Esto se basa en la observación de que las tasas del trabajo autónomo no han cambiado sustancialmente y sobre las suposiciones de que lo siguiente no ha cambiado significativamente entre las dos series: (a) la relación entre el trabajo autónomo y la participación del IMB y (b) la medición de la participación laboral[7]. De hecho, el análisis sectorial de las tasas de trabajo autónomo muestra que éstas han sido estables a lo largo del tiempo y, que para los años en que se dispone de datos de IMB y empleo autónomo, tienen una alta correlación de 0,84 del IMB. Este enfoque también explota las diferencias sectoriales para mejorar la calidad de las series ajustadas, imputándolas al nivel sectorial; por ejemplo, mientras que para el transporte y las comunicaciones y el sector agrícola, la participación del IMB es superior al 59 por ciento del valor agregado; en sectores como la manufactura y el sector hoteles, bar y restaurantes (HBR), esta participación es de 13,2 por ciento y 5,7 por ciento, respectivamente.

El gráfico 3.5 muestra la diferencia en la participación de los ingresos laborales entre los períodos anteriores y posteriores a la crisis para la participación laboral medida como a y para la participación laboral ajustada, medida como $a(1)$, el enfoque de preferencia. Como se puede apreciar en el gráfico, la participación laboral ajustada, que aprovecha la distinción entre el ingreso de capital y el IMB en la serie del SCN-2007, nivela las diferencias entre las dos series a nivel sectorial. Este hallazgo sugiere que el nuevo SCN se beneficia de una mejor medición del sector informal.

Gráfico 3.5 Crecimiento en la participación del ingreso laboral entre los períodos entre pre y postcrisis, usando participación laboral a y participación laboral ajustada a(1)

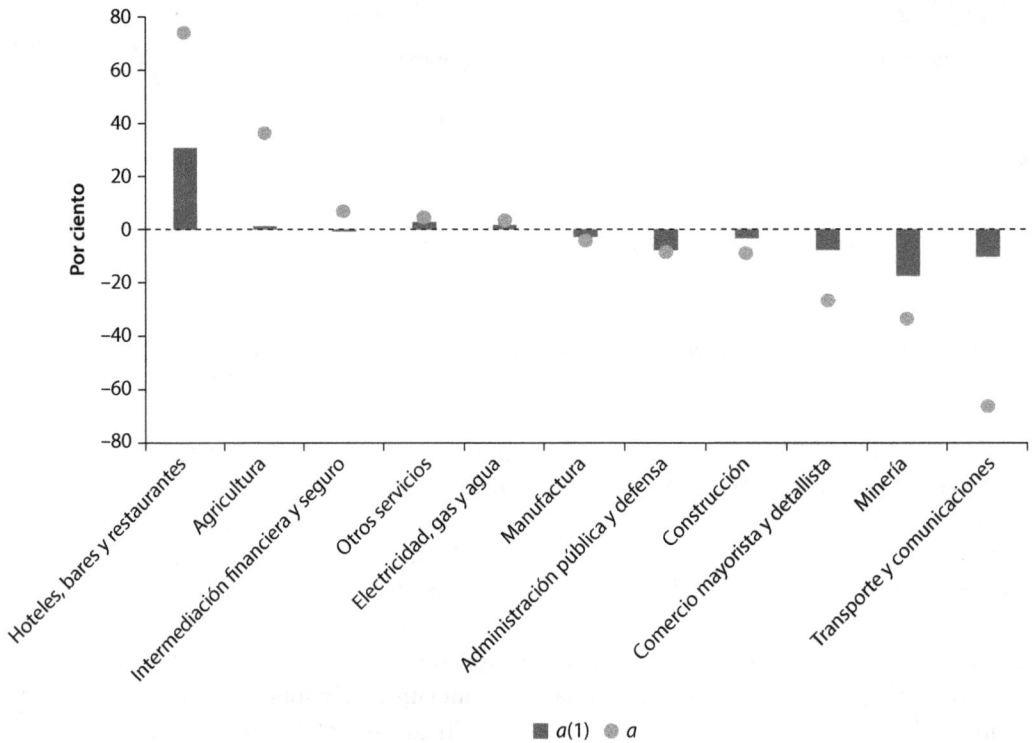

Fuente: Basada en los datos de la serie de SCN-1991 y SCN-2007.
Nota: SCN = Sistema de cuentas nacionales

Utilizando los datos ajustados de las cuentas nacionales, los cálculos muestran que la participación laboral en la República Dominicana se mantuvo en aproximadamente 0,57-0,58 en los años noventa. Esta participación cayó abruptamente durante la crisis de 2003-2004, pero a medida que el mercado de trabajo se recuperó, como lo demuestra la caída del desempleo, también lo ha hecho la participación laboral (gráfico 3.6). Si bien la comparabilidad de la serie del SCN termina en 2005, este año ya registró el inicio de una recuperación, con una participación laboral de 0,53. Aunque la serie 2007-2010 no es estrictamente comparable, los datos sugieren que la participación laboral del país puede haber recuperado su nivel anterior a la crisis.

Si bien el verdadero nivel de la participación laboral en República Dominicana sólo puede calcularse de manera aproximada, se puede extraer algunas conclusiones importantes de las tendencias del gráfico 3.6. En primer lugar, las tendencias no sugieren un cambio significativo en la participación laboral, salvo durante la crisis de 2003-2004. La participación laboral disminuyó drásticamente entre 2002 y 2004, de 0,56 a alrededor de 0,51. La caída coincidió con el período de crisis, cuando los precios, en particular los salarios, sufrieron una severa corrección. Es de notar que debido a que se utiliza el mismo deflactor, tanto para el numerador y el denominador, las variaciones de los precios nominales no afectan la participación de los ingresos laborales. En cambio, la caída de la participación laboral durante la crisis estuvo más relacionada con una reducción en el nivel de empleo y la consiguiente reducción del gasto salarial total. De hecho, la participación laboral en la República Dominicana muestra alguna asociación con la evolución de la tasa de desempleo, que disminuye cuando el desempleo aumenta y se recupera a medida que disminuye el desempleo. El final de la primera serie,

Gráfico 3.6 Serie de participación laboral concluida para la República Dominicana, 1991–2010

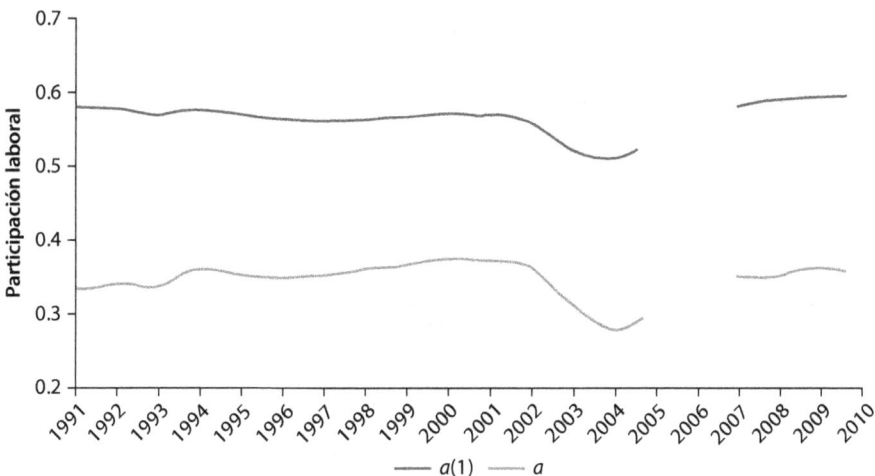

Fuente: Basado en los datos de la serie de SNA-1991 y SNA-2007 con ajustes de ingreso mixto bruto.
Nota: SCN = Sistema de cuentas nacionales.

Cuando no basta el crecimiento • http://dx.doi.org/10.1596/978-1-4648-1189-0

SNA-1991, muestra el inicio de la recuperación en 2005. Si bien la serie de SCA-2007 no es estrictamente comparable con la serie original, el resultado de este análisis sugiere un retorno al nivel de participación laboral observada antes de la crisis.

A primera vista, encontrar que la participación laboral en la República Dominicana se recuperó a partir de la crisis es sorprendente porque, a pesar del aumento de la producción por trabajador y el aumento de la participación laboral, los salarios no se han recuperado. La combinación del aumento de la producción por trabajador y el estancamiento de los salarios sugeriría que la participación de los ingresos laborales ha disminuido. Sin embargo, un examen más minucioso revela que, si bien los salarios son más bajos, el número total de horas trabajadas ha aumentado casi tanto como los salarios reales han disminuido (gráfico 3.7). Debido a la forma en que se calcula la participación de los ingresos laborales (es decir, la proporción de la producción total utilizada para compensar la mano de obra total), las tendencias en la participación laboral no se ven afectadas por cambios en los niveles salariales por hora, acompañados de cambios compensatorios en el número de horas trabajadas.

Gráfico 3.7 Índices de participación de mano de obra, total de horas laborales, y salario real por hora, 2000–10

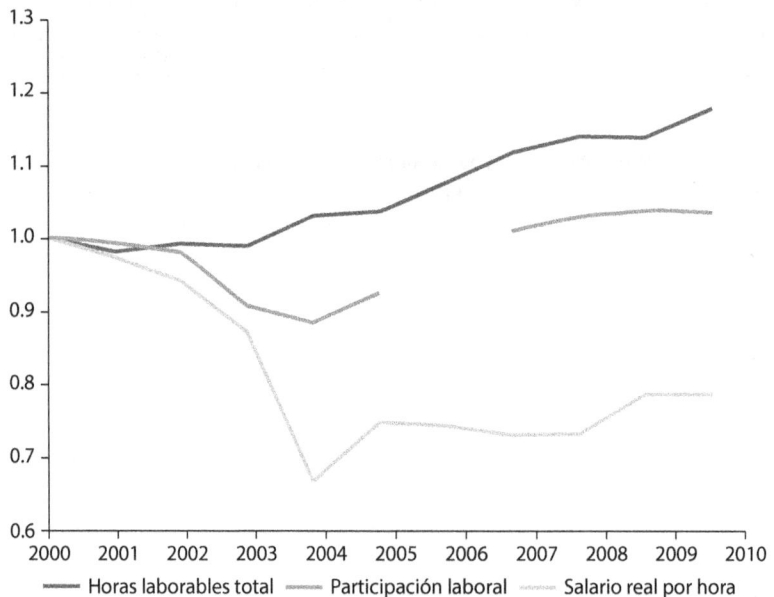

Horas laborables total —— Participación laboral —— Salario real por hora

Fuente: Basado en la ENFT y estimaciones de participación laboral de SCN-1991 y SCN-2007 con ajustes de IMB.
Nota: Las tendencias están indexadas a 2000 = 1. La interrupción en línea de participación laboral denota los años sin información de SCN. ENFT = Encuesta Nacional de Fuerza de Trabajo); SCN = Sistema de cuentas nacionales.

Comparación de la participación laboral a nivel internacional

Para poner en contexto los niveles de participación laboral dominicana, comparamos las estimaciones anteriores con la participación laboral de algunos países de la región de América Latina y el Caribe (LAC) y dos países de alto ingreso, Alemania y Estados Unidos (cuadro 3.1). La comparación de la participación laboral entre países es difícil, debido a la limitada comparabilidad y cobertura de las cuentas nacionales. Sin embargo, las series temporales de cuentas nacionales normalizadas demuestran que la participación laboral en República Dominicana es coherente con la de otros países de la región si se considera $a(1)$[8]. Como el punto final de la serie dominicana de 2005 aún podría haber sido un período de recuperación para la participación laboral después de la crisis de 2003-2004, el cuadro 3.1 también incluye la serie ajustada hasta el 2010. Excepto para Honduras, la participación laboral de los países de LAC, incluidos en este análisis son significativamente inferiores a las de Alemania y Estados Unidos, países con mayor participación de trabajadores calificados y menores tasas de informalidad. Esta observación implica que entre el 50 y el 60 por ciento de la producción en los países de la región de LAC remunera la mano de obra, en comparación con más del 70 por ciento en Alemania y Estados Unidos.

Cabe destacar que la mayoría de los países considerados, incluyendo a Alemania y Estados Unidos, vieron una reducción en su participación laboral. Al igual que con los estudios antes mencionados (véase, por ejemplo, Estrada y

Cuadro 3.1 Participación laboral para la República Dominicana y países seleccionados, por participación laboral inicial

País	Período		Participación laboral		Tasa de crecimiento anualizada (%)
	Año inicial	Año final	Año inicial	Año final	
República Dominicana	1991	2005	0.580	0.531	−0.64
Pre crisis únicamente	1991	2002	0.580	0.562	−0.29
Serie ajustada	1991	2010	0.580	0.593	0.11
Países de región LAC					
Brasil	2000	2009	0.604	0.609	0.09
Chile	1996	2009	0.557	0.513	−0.63
Colombia	1994	2005	0.695	0.616	−1.09
Guatemala	2001	2012	0.584	0.555	−0.46
Honduras	2000	2012	0.668	0.698	0.37
México	1993	2004	0.601	0.559	−0.66
Panamá	1997	2012	0.522	0.476	−0.61
Uruguay	1998	2005	0.639	0.578	−1.42
Países de alto ingreso					
Alemania	1995	2012	0.72	0.674	−0.39
Estados Unidos	1990	2012	0.71	0.673	−0.24

Fuente: Basado en estadísticas de cuentas nacionales (UNSTATS) y datos de SNC-1991 y SCN-2007 para República Dominicana.
Nota: SCN = Sistemas de cuentas nacionales.

Valdeolivas 2012 y Karabarbounis y Neiman 2013), la reducción de la participación laboral es de unos 4 a 5 puntos porcentuales para muchos países. Aunque la participación de República Dominicana disminuyó entre 1991 y 2005, una parte importante de esta reducción pudo haber sido el resultado de la crisis 2003-2004 porque el 2005 todavía era un año de recuperación. Si se observa sólo el período previo a la crisis, la participación laboral en este país se redujo en un 0,14 por ciento anual. Si se supone, sin embargo, que los resultados de la serie SNC-2007 son comparables a los de la serie anterior, entonces la participación laboral creció a una tasa anual de 0,11 por ciento entre 1991 y 2010, oponiéndose a las tendencias en la mayoría de los otros países. Honduras y Brasil también muestran aumentos en la participación de su ingreso laboral.

A pesar de las importantes diferencias en los niveles de participación del ingreso laboral, existen interesantes características comunes en cuanto a tendencias. Por ejemplo, la dinámica de la participación del ingreso laboral no es homogénea (gráfico 3.8). A pesar de una clara tendencia a mediano y largo plazo, la participación del ingreso laboral es bastante volátil y parece responder a las fluctuaciones de los ciclos comerciales: la correlación (combinada) entre la participación laboral y las tasas de crecimiento del PIB es 33,1 por ciento.

Gráfico 3.8 Tendencias en la participación del ingreso laboral para República Dominicana y países seleccionados, 2000–2010

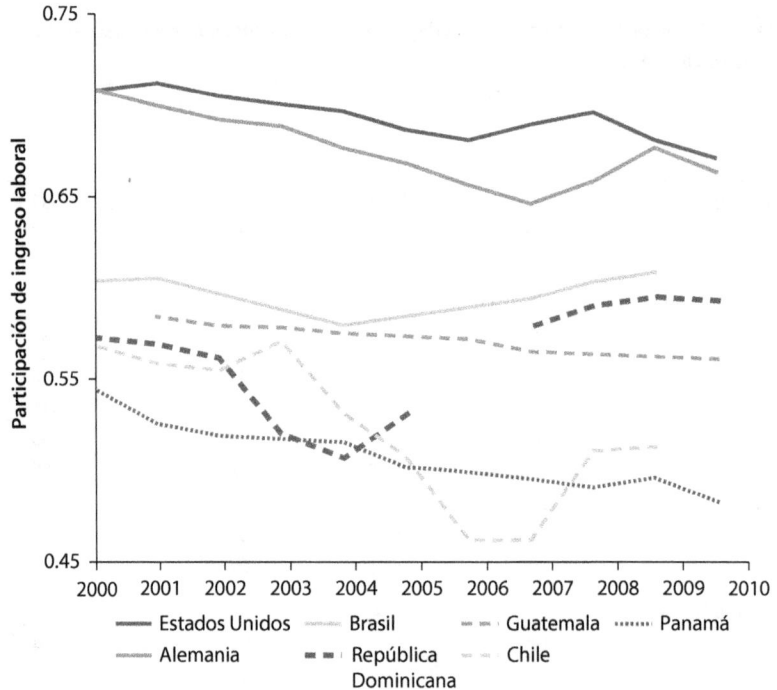

Fuente: Basado en Estadísticas de cuentas nacionales (UNSTATS) y datos de SNA-1991 y SNA-2007 para la República Dominicana.
Nota: SCN = Sistema de cuentas nacionales.

Esto sugiere que los resultados en este tipo de análisis, incluidos los del cuadro 3.1, deben interpretarse con cuidado porque son susceptibles a la selección de los años de inicio y de finalización.

Participación del ingreso laboral y el cambio tecnológico sesgado en la República Dominicana

Basándose en el ejercicio de medición presentado anteriormente, que sugiere que la participación laboral en toda la economía de la República Dominicana se ha recuperado tras la crisis de 2003-2004 y puede haber crecido entre 1990 y 2011, esta sección pone a prueba la evidencia de cambios tecnológicos sesgados. Específicamente, explora los cambios en la participación laboral sectorial y en la composición sectorial de la producción que subyacen a la tendencia de la participación laboral en toda la economía antes presentada. En un escenario de cambio tecnológico sesgado hacia el capital, un desempeño macroeconómico favorable no necesariamente da lugar a cambios favorables en el mercado laboral, ya que el aporte relativo de los trabajadores a la producción cae, haciendo que los beneficios del crecimiento económico se concentren en la remunerar el capital. Esto genera un ciclo en el cual el cambio tecnológico incrementa la participación del ingreso de capital, fomenta el crecimiento y produce mayores incentivos para invertir en tecnologías de uso intensivo de capital, como explicaron Zuleta y Young (2013).

Aunque no se encontró evidencia de una disminuida participación laboral a nivel de la economía global de la República Dominicana, esto puede ofuscar los cambios a nivel sectorial. Si las innovaciones que ahorran mano de obra llevan a un aumento de la productividad del trabajo (y, por tanto, una reducción de la demanda de mano de obra para un nivel fijo de producción), los sectores que experimentan un mayor crecimiento del producto basado en estas innovaciones también pueden sufrir caídas mayores en la participación del ingreso laboral. Por ejemplo, la inversión en telecomunicaciones y tecnología de la información puede reducir la demanda de especialistas en reservas de hoteles.[9]

Como señalan Abdullaev y Estevao (2013), el crecimiento de la producción económica se ha concentrado en sólo unos pocos sectores de la República Dominicana, y este crecimiento no se ha correlacionado necesariamente con el aumento del empleo. Concretamente, sectores como hoteles, bares y restaurantes (HBR); instituciones de intermediación financiera y seguros (IIF); electricidad; y el transporte y las comunicaciones exhiben el crecimiento económico más importante durante el período 2001-2010 (cuadro 3.2)[10]. Durante 2001-2005, la producción del sector HBR creció a una tasa anualizada del 7,0 por ciento, mientras que el transporte y las comunicaciones crecieron 11,4 por ciento. Por otro lado, si bien 2001-2005 no fue un período de alto crecimiento para las IIF, en parte debido a la crisis bancaria de 2003-2004, este sector creció a una tasa anualizada del 11,5 por ciento entre 2007 y 2010. Aun así, durante ambos períodos, la FII fue el sector con mayor aumento de empleo, creciendo a una tasa anualizada de 5,0 por ciento entre 2001 y 2005 y de 7,4 por ciento entre 2007 y 2010.

Cuadro 3.2 Producción anualizada sectorial y tasas de crecimiento anualizadas, 2001–2005 vs 2007–2010

Por ciento

Sector	2001–2005		2007–2010	
	Producción	Empleo	Producción	Empleo
Agricultura	1.9	1.3	4.7	4.7
Minería y canteras	5.5	−4.5	−29.9	5.0
Manufactura	3.6	2.0	2.8	−7.4
Electricidad, gas, y agua	−4.9	−2.2	6.2	6.9
Construcción	−1.9	2.2	2.0	−1.2
Comercio mayorista y detallista	0.4	2.0	5.1	3.9
Hoteles, bares, y restaurantes	7.0	3.3	1.5	0.8
Transporte y comunicaciones	11.4	0.6	11.3	3.5
Intermediación financiera y seguro	1.9	5.0	11.5	7.4
Administración pública y defensa	3.9	1.2	1.5	6.0
Otros servicios	8.5	0.6	4.2	3.5
General	*4.8*	*1.7*	*5.3*	*1.8*

Fuente: Basado en datos la ENFT para tasas de empleo y en datos de SCN-1991 y SCN-2007 para crecimiento del producto.
Nota: ENFT = Encuesta Nacional de Fuerza de Trabajo; SCN = Sistemas de cuentas nacionales. Los sectores se ordenan por el Código de la Clasificación Industrial Internacional Uniforme.

Entre estos sectores dinámicos, sólo HBR experimentó una desaceleración en su producción y en la tasa de crecimiento de empleo durante 2007-2010. Esto se correlacionó con las tendencias de empleo en el sector: HBR tuvo grandes ganancias en empleos durante el período 2001-2005, creciendo un 3,3 por ciento al año, pero se desaceleró durante el segundo período a sólo 0,8 por ciento anual. Por otro lado, sectores clave como agricultura y manufactura crecieron con tasas de producción más lentas (respectivamente, un 1,9 por ciento y un 3,6 por ciento de tasa anual en 2001-2005). Si bien la manufactura recortó un número significativo de trabajos durante 2007-2010, disminuyendo el empleo en un 7,4 por ciento por año, y su producción creció 2,8 por ciento por año.

Durante la primera década de los años 2000, los sectores que subyacen a gran parte del crecimiento económico de la República Dominicana vieron una reducción en la participación del ingreso laboral, que posiblemente refleje cambios tecnológicos que se han traducido en una menor demanda de mano de obra. Durante esta década, hubo una relación inversa entre los cambios en la participación del ingreso laboral por sector y la participación del valor agregado del sector (es decir, la contribución del sector al crecimiento económico). Esta relación se observó no sólo durante la crisis de 2003-2004, que incluyó una severa corrección salarial, sino también en la segunda mitad de la década (gráfico 3.9). Entre 2001 y 2005, el único sector que registró un aumento tanto en la participación del ingreso laboral como en la participación del valor agregado fue la agricultura. A excepción de la agricultura, el transporte y las comunicaciones, todos los demás sectores cuya importancia en términos de aumento de la producción aumentó vieron una reducción en su participación del ingreso laboral.

Gráfico 3.9 Cambio anualizado en participación del ingreso laboral y la participación en el valor agregado, 2000–2005 y 2007–2010

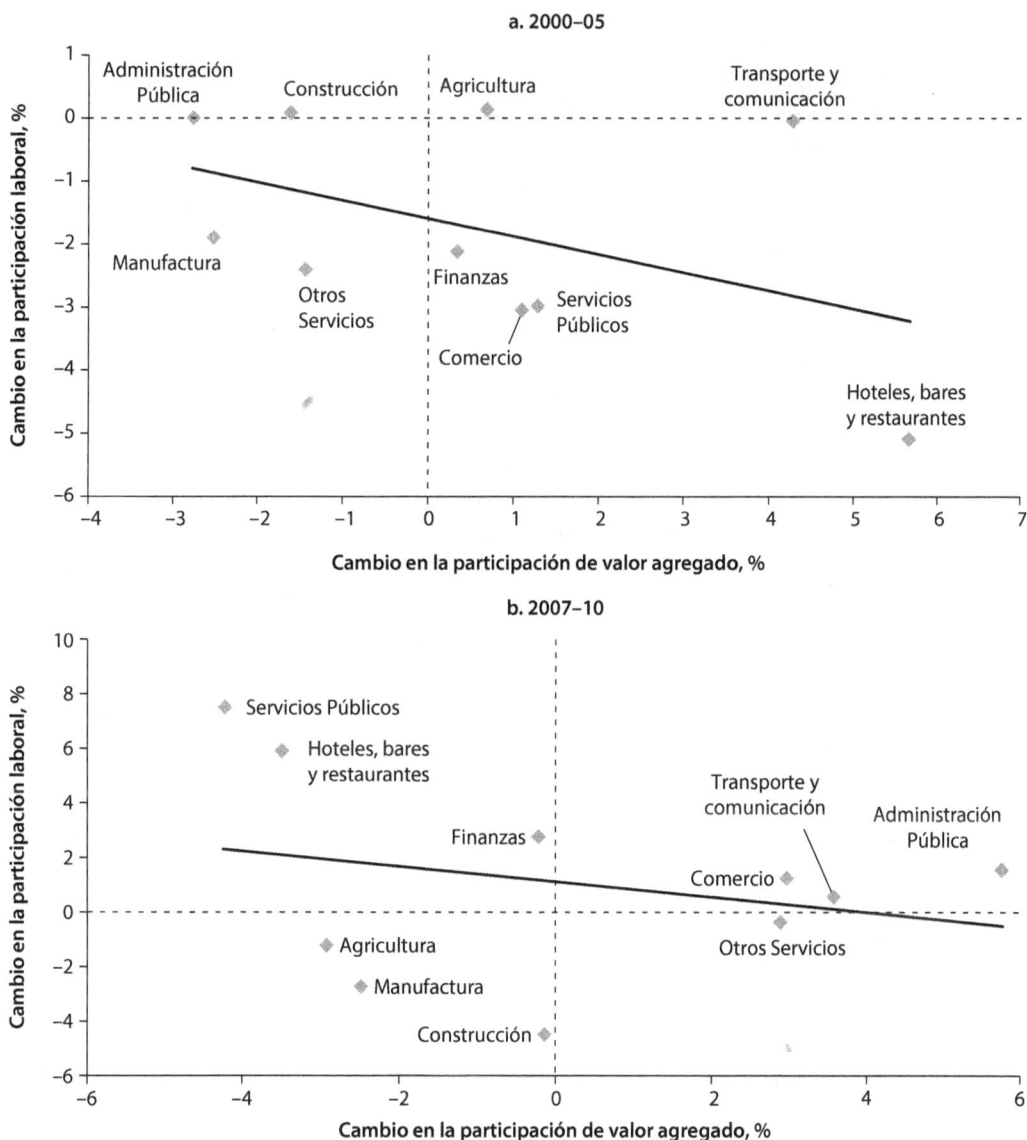

a. 2000–05

b. 2007–10

Fuente: Basado en los datos de la SCN-1991 y SCN-2007 para crecimiento del producto.
Nota: SCN = Sistema de cuentas nacionales.

Esta tendencia de la disminución de la participación del ingreso laboral en los sectores de creciente importancia en producción es particularmente notable en dos sectores que emplean una gran participación de trabajadores de baja calificación: el sector HBR y el comercio al detalle y mayorista y detallista. Los trabajadores de HBR, por ejemplo, vieron una disminución de su participación laboral en un promedio de 5,1 por ciento por año del 2001 al 2005.

Durante el Período 2007-2010, los trabajadores de este mismo sector vieron un aumento en la participación laboral equivalente al 6 por ciento anual, sin embargo, el aporte de HBR al crecimiento económico cayó un 3 por ciento por año. Entre 2007 y 2010, los sectores con mayor crecimiento en cuanto a participación laboral fueron aquellos cuya participación en el valor agregado disminuyó. Sin embargo, en tres sectores se observó un aumento en la participación laboral y en la participación en el valor agregado, incluido entre ellos el comercio y el transporte, dos sectores que emplean muchos trabajadores poco calificados.

Una interpretación verosímil de la relación negativa entre la participación del valor agregado y la participación del ingreso laboral es que los sectores que más han crecido han visto mayores inversiones en cambios tecnológicos sesgados hacia el capital, lo que a su vez se traduce en mayor productividad y crecimiento de la producción incluso cuando los costos laborales caen. Esta perspectiva sugiere que el cambio tecnológico sesgado haya impulsado potencialmente el reciente crecimiento macroeconómico.[11]

Como existe una heterogeneidad considerable entre los sectores, para evaluar sistemáticamente la evolución de la participación del ingreso laboral agregado, se realizó un análisis de descomposición para cuantificar la importancia (a) del cambio en la participación del ingreso laboral por sector y (b) el cambio en la importancia del sector en la participación del ingreso laboral de la economía total. Para ser específico, la participación en el ingreso agregado puede escribirse como la suma ponderada de la participación del ingreso sectorial (ecuación 3.5). Es decir:

$$a_t = \sum_i w_i a_{i,t} \qquad\qquad (3.5)$$

donde a_i representa la participación del ingreso laboral del sector i y w_i, es su tamaño relativo a la participación del ingreso laboral en el conjunto de la economía. En este escenario, la participación del ingreso laboral agregado puede crecer cuando los sectores con mayores niveles de participación de ingreso laboral aumentan su tamaño relativo, aun cuando la participación del ingreso laboral sectorial permanezca constante.

El cambio en la participación del ingreso laboral agregado se escribe como muestra la ecuación 3.6

$$\Delta\alpha_t = \sum_i w_{i,t-1}\Delta\alpha_{i,t} + \sum_i \left(\alpha_{i,t-1} - \alpha_{t-1}\right)\Delta w_{i,t-1} + \sum_i \Delta\alpha_{i,t}\Delta w_{i,t} \qquad (3.6)$$

donde el primer término es la variación *interna*, el segundo término es la variación *inter*, y el último componente representa la variación de la participación del ingreso laboral agregado debido al movimiento coincidente de la participación del ingreso laboral por sector y el tamaño del sector (véase Foster, Haltiwanger y Krizan 2001, Young 2010 y Zuleta, Garcia-Suaza y Young 2009).

Los resultados indican que la mayor parte de la variación en la participación laboral total entre 1991 y 2005 se debe al componente *interno* (gráfico 3.10).

Gráfico 3.10 Descomposición de la participación del ingreso laboral por cambio sectorial, 1991–2005

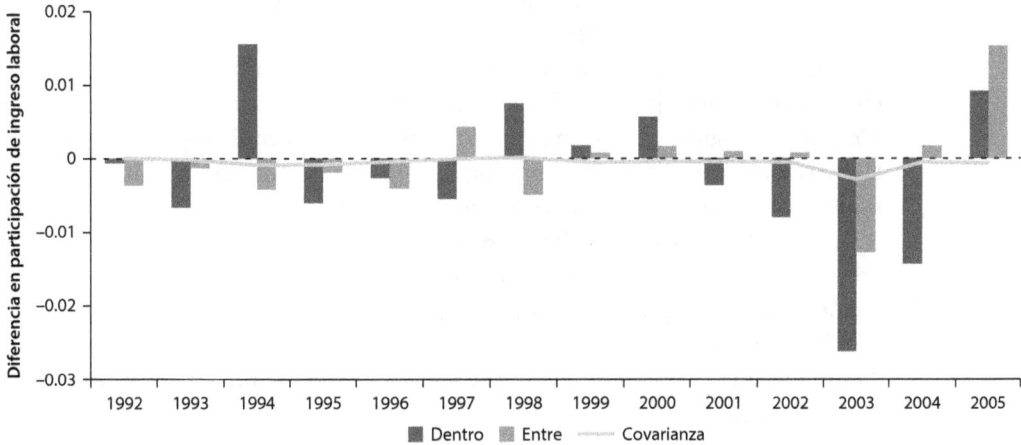

Fuente: Basado en datos del SCN-1991 y SNA-2007 para crecimiento del producto.
Nota: SCN = Sistema de las cuentas nacionales.

Es decir, los cambios en la participación laboral son impulsados por la disminución de la participación laboral dentro de los sectores más que por cambios en la composición sectorial de la producción. Esto es evidente principalmente en el patrón decreciente que ocurrió a principios de los años 2000. Aun así, el componente *inter* también explica parte de la variación total de la participación laboral en la República Dominicana, y este efecto ha tendido a ser positivo desde finales de los años noventa. Esto sugiere que el trabajo ha estado trasladándose hacia sectores en los que la participación laboral ha crecido; sin embargo, el patrón de valores negativos del factor interno con valores positivos del factor de interrelación implica que este movimiento positivo ha ocurrido aun cuando la participación laboral en estos sectores estaba disminuyendo.

Conclusión

El extraordinario crecimiento de la República Dominicana ha tenido solo éxito limitado en cuanto a disminuir la pobreza. En cambio, los salarios promedio se han mantenido estancados en gran medida desde la crisis de 2003-2004. Una posible explicación es que el crecimiento del país ha estado sujeto a un sesgo hacia el capital, de tal manera que los retornos al crecimiento corresponden en su mayoría al capital y no al trabajo. Si bien la interrupción de las series del SCN en la República Dominicana plantea un desafío significativo para evaluar si se ha producido un cambio en la participación laboral, la nueva serie del SCN-2007, con su mejor medición de la producción del sector informal, ofrece una oportunidad para estimar mejor la participación laboral en la República Dominicana.

Utilizando información sobre el producto de la actividad informal captada por el IMB en la serie SCN-2007, se estima una serie de la participación laboral ajustada en la República Dominicana, que abarca de 1991 a 2010. Con un 0,59, la participación laboral en República Dominicana es coherente con la participación laboral de otros países de LAC, aunque rezagada con respecto a las economías avanzadas de Alemania y Estados Unidos. A diferencia de esos países en los que la participación laboral ha mostrado una tendencia a la baja, la serie dominicana sugiere que la participación laboral cayó significativamente durante la crisis local de 2003-2004, pero que se ha recuperado. De hecho, el análisis sugiere un ligero aumento de la participación laboral entre 1991 y 2010. A pesar de la creciente brecha entre la producción y los salarios después de la crisis, en términos globales, la participación del producto asignado a la compensación laboral no ha disminuido. En cambio, los indicadores del mercado laboral sugieren que el número total de horas trabajadas ha aumentado, es decir, para compensar los salarios más bajos, los trabajadores han aumentado su oferta de mano de obra.

El análisis también documenta una relación negativa entre los cambios sectoriales en la participación del ingreso laboral y cambio en la participación del valor agregado, mostrando que los sectores cuya producción aumenta en importancia han reducido su participación laboral. Un análisis de descomposición revela que los cambios en la participación laboral los impulsa la disminución de la participación laboral *dentro de* los sectores más que los cambios en la composición sectorial de la producción. Esto concuerda con la presencia de cambios tecnológicos sesgados al capital y la adopción de innovaciones ahorradoras de mano de obra que aumentan la producción por trabajador, incluso a medida que disminuye la demanda de mano de obra para un nivel de producción dado.

Aunque sugerente, este análisis no es concluyente. Se requiere mayor investigación sobre el tema del cambio tecnológico en la economía dominicana para entender mejor si el cambio tecnológico sesgado hacia el capital puede explicar el estancamiento de los salarios en el país y, por extensión, la falta de reducción de la pobreza durante la mayor parte de la década pasada. Sin embargo, basándonos en los resultados de este análisis, una posible explicación es que la complementariedad entre capital y mano de obra no calificada ha llevado a sectores de uso intensivo de capital a un crecimiento más rápido, generando una demanda relativamente mayor de mano de obra no calificada. A su vez, esto ha llevado a una brecha creciente entre productividad y salarios porque los empleos que requieren menos habilidades y, por ende, pagan salarios más bajos, habrían sido creados a un ritmo más rápido. Los sectores de altos costos de capital, como las grandes inversiones inmobiliarias, pueden combinarse con empleos de salarios considerablemente bajos, traduciéndose en un sector de uso intensivo de capital que también emplea un gran número de trabajadores. Un ejemplo pertinente a este tipo de sector es el turismo, que requiere importantes inversiones de capital y emplea a un gran número de trabajadores poco calificados. Combinado con la destrucción de empleos de manufactura, este tipo de crecimiento de empleo podría llevar a la brecha creciente observada entre la productividad y los salarios.

Notas

1. Alternativamente, podemos imaginar una situación en la que la tecnología es multidimensional e incluye varios coeficientes tecnológicos, uno para cada factor de productividad, como sigue:

$$Y_t = \left(A_t^K K_t \right)^{\alpha} \left(A_t^L L_t \right)^{1-\alpha}$$

El comportamiento de estos coeficientes tecnológicos, A_t^K y A_t^L, puede diferir en el tiempo, por ejemplo, si las nuevas invenciones hacen que el capital sea relativamente más productivo o cambian el grado de sustituibilidad entre ellas, produciendo diferencias en las relaciones entre ellas. En aras de simplicidad, y sin perder de vista el contexto general, se mantuvo la función de producción clásica de Cobb-Douglas con elasticidades de producción variables en el tiempo.

2. Esto se debe normalmente a tendencias diferenciales de productividad entre los factores, pero también podría ser el resultado de la flexibilización de las barreras en los mercados de factores o cambios en el poder del mercado (que determinan los cambios en la brecha entre el producto marginal y el precio de un factor).

3. La evidencia de línea de base reportada por los autores se refiere a la participación del ingreso laboral del sector corporativo, porque que esto les permite eludir algunas dificultades de medición a fin de separar los empresarios de ingreso laboral y de ingreso de capital, propietarios individuales y empresas no constituidas.

4. Se han reportado hallazgos similares utilizando datos transversales del Fondo Monetario Internacional (FMI 2007), la Comisión Europea (2007), de Jacobson y Occhino (2012) y de la OCDE (2012).

5. Gomme y Rupert (2004) observan que, para algunas actividades, como el trabajo autónomo, no está clara la distinción entre compensación por factores. Postulan un conjunto de directrices y consideraciones necesarias para obtener estimaciones precisas de la compensación y productividad de los factores: los ingresos de propietarios no pueden dividirse trivialmente entre el trabajo y el capital; el sector público carece de capital (sesgando al alza la estimación de la participación laboral); y el sector inmobiliario carece de mano de obra (sesgo a la baja la estimación de la participación laboral). A pesar de que el nivel de la compensación del ingreso laboral puede ser malinterpretado debido a estos y otros posibles errores de medición, la tendencia, en general, es acentuada.

6. De manera similar, Guerriero (2012) construye participaciones alternas de ingreso laboral bajo diferentes tratamientos de IMB, utilizando datos de 89 países desarrollados y en desarrollo. Aunque el nivel difiere significativamente entre los diferentes supuestos, la tendencia de la participación del ingreso laboral es parecida.

7. Las estimaciones de la encuesta ENFT sobre fuerza de trabajo de la República Dominicana indican pequeñas fluctuaciones en el trabajo autónomo entre 2000 y 2013, con una tasa que oscila entre un mínimo de 37 por ciento y un máximo de 42 por ciento para este período; en el 2013, la tasa trabajo autónomo fue de 39 por ciento, similar a la tasa de 37 por ciento para el 2000.

8. Basándose en los datos de 11 países de SCN normalizados por las Naciones Unidas que incluyen datos de 11 países, las participaciones del ingreso laboral fueron estimadas de acuerdo a $a(1)$, es decir, suponiendo que el IMB representa el ingreso laboral. Debido a las actualizaciones del SCN en todos los países que conforman la muestra,

se seleccionó para cada país la metodología de SCN con la serie más larga de las últimas dos décadas.

9. Se han documentado resultados y explicaciones análogos para Colombia durante un período de tiempo similar (Zuleta, García-Suaza y Young 2009).

10. La producción del sector público se mide en gran medida en términos de salarios públicos (Gomme y Rupert, 2004), en lugar de valor económico agregado (porque muchos de los bienes y servicios no tienen precio). Como tal, la producción no es comparable con los otros sectores. Se incluye en los cuadros de esta sección para comprobar su exhaustividad, pero su interpretación debe ser limitada.

11. Una explicación alternativa es que la mano de obra se hace menos productiva con relación al capital.

Referencias

Abdullaev, U. y M. Estevão. 2013. "Crecimiento y empleo en la República Dominicana: Opciones para un crecimiento generador de empleo" Fondo Monetario Internacional Documento de trabajo WP/1340, Fondo Monetario Internacional", Washington DC.

Bai, C., y Qian, Z. 2010. "The Factor Income Distribution in China: 1978–2007." *China Economic Review* 21 (4): 650–70.

Bernanke, B., y R. Gurkaynak. 2002. "Is Growth Exogenous? Taking Mankiw, Romer, and Weil Seriously." *NBER Macroeconomics Annual* 2001 16: 11–72.

Binswanger, H. 1974. "A Microeconomic Approach to Induced Innovation." *Economic Journal* 84 (326): 940–58.

Elsby, M. W., B. Hobijn, y A. Şahin. 2013. "The Decline of the US Labor Share." *Brookings Papers on Economic Activity* 2: 1–63.

Estrada, A., y E. Valdeolivas. 2012. "La Caída de la participación del ingreso de trabajo in economías avanzadas." Documentos Ocasionales No. 1209, Banco de España, Madrid.

European Commission. 2007. "The Labor Income Share in the European Union." In *Employment in Europe 2007*. Brussels: Directorate-General for Employment Social Affairs and Equal Opportunities, European Commission.

Foster, L., J. Haltiwanger, y C. J. Krizan. 2001. "Aggregate Productivity Growth: Lessons from Microeconomic Evidence." In *New Developments in Productivity Analysis*, edited by C. Hulten, E. Dean, and M. Harper, 303–63. Chicago: University of Chicago Press.

Gollin, D. 2002. "Getting Income Shares Right." *Journal of Political Economy* 110 (2): 458–74.

Gomme, P., and P. Rupert. 2004. "Measuring Labor's Share of Income." Policy Discussion Paper no. 04-07, Federal Reserve Bank of Cleveland.

Guerriero, M. 2012. "The Labour Share of Income around the World: Evidence from a Panel Dataset." WP No. 32/2012, Development Economics and Public Policy Working Paper Series, Institute of Development Policy and Management, School of Environment and Development, University of Manchester, Manchester. http://hummedia.manchester .ac.uk/institutes/gdi/publications/workingpapers/depp/depp_wp32.pdf.

Hicks, J. 1932. "Marginal Productivity and the Principle of Variation." Economica 35: 79–88.

IMF (International Monetary Fund). 2007. Spillovers and Cycles in the Global Economy. World Economic Outlook: A Survey by the Staff of the International Monetary Fund.

Washington, DC: International Monetary Fund. https://www.imf.org/external/pubs/ft/weo/2007/01/pdf/text.pdf.

Jacobson, M., y F. Occhino. 2012. "Behind the Decline in Labor's Share of Income." Policy Discussion Paper, Federal Reserve Bank of Cleveland.

Kaldor, N. 1957. "A Model of Economic Growth." *Economic Journal* 67 (268): 591–624.

Karabarbounis, L., y Neiman, B. 2013. "The Global Decline of the Labor Share." NBER Working Paper 19136, National Bureau of Economic Research, Cambridge, MA.

Kennedy, C. 1964. "Induced Bias in Innovation and the Theory of Distribution." *Economic Journal* 74: 541–47.

Kravis, I. 1962. *The Structure of Income: Some Quantitative Essays*. Philadelphia: University of Pennsylvania Press.

OECD (Organisation for Economic Co-operation and Development). 2012. "Labour Losing to Capital: What Explains the Declining Labour Share?" In *Employment Outlook 2012*. Paris: OECD Publishing. http://dx.doi.org/10.1787/empl_outlook -2012-en.

Parham, D. 2013. *Labour's Share of Growth in Income and Prosperity*. Visiting Researcher Paper Series. Canberra: Australian Government Productivity Commission.

Sweeney, P. 2014. "An Inquiry into the Declining Labour Share of National Income and the Consequences for Economies and Societies." *Journal of the Statistical and Social Inquiry Society of Ireland* 42: 109–29.

Valentinyi, A., y B. Herrendorf. 2008. "Measuring Factor Income Shares at the Sectoral Level." *Review of Economic Dynamics* 11: 820–35.

Young, A. 2010. "One of the Things We Know That Ain't So: Is US Labor's Share Relatively Stable?" *Journal of Macroeconomics* 32 (1): 90–102.

Zuleta, H. 2008. "Factor Savings Innovations and Factor Income Shares." *Review of Economic Dynamics* 11 (4): 863–51.

Zuleta, H., A. Garcia-Suaza, y A. Young. 2009. "Participación de los factores a nivel sectorial en Colombia 1990–2005." Documento de Trabajo 76, Universidad del Rosario, Bogotá.

Zuleta, H., y A. Young. 2013. "Labor Shares in a Model of Induced Innovation." *Structural Change and Economic Dynamics* 24: 112–22.

CAPÍTULO 4

Efectos de la migración haitiana sobre los salarios en República Dominicana

Liliana Sousa, Diana Sánchez, y Javier Báez

La población inmigrante de República Dominicana ha crecido en los últimos 15 años, representando más del 5 por ciento de la población del país en 2012[1]. Unos 9 de cada 10 inmigrantes provienen del vecino país de Haití. Al mismo tiempo, a pesar de ser una de las economías de más rápido crecimiento en América Latina, los salarios reales en la República Dominicana se han mantenido bastante estancados tras la recuperación del país de la crisis bancaria de 2003-04. Los salarios en todas las categorías de calificaciones fueron cerca de 30% más bajas en términos reales en el 2013 comparado con el 2000 (Banco Mundial, 2017). Al igual que en otros países receptores de inmigrantes, los retos en el mercado laboral han generado inquietudes de que la inmigración puede

Los autores expresan su agradecimiento a los colaboradores por sus útiles observaciones sobre análisis e interpretación de datos, en particular Maritza García, Magdalena Lizardo, Antonio Morillo, y Dagmar Romero (Ministerio de Economía, Planificación y Desarrollo, MEPyD). También a McDonald Benjamín, Oscar Calvo-González, Francisco Carneiro, Gabriela Inchauste, Cecile Niang, Juan Carlos Parra, Mateo Salazar y Miguel Sánchez (todos del Banco Mundial). Este capítulo se basa en el análisis incluido en: *"Do Labor Markets Limit the Inclusiveness of Growth in the Dominican Republic?"*, Una publicación del Banco Mundial de 2017.

Liliana D. Sousa es economista del Banco Mundial que trabaja con el programa Práctica Global de Pobreza y Equidad para la Región de América Latina y el Caribe. Tiene un doctorado en economía de la Universidad de Cornell. Por favor dirija cualquier correspondencia a lsousa@worldbank.org.

Diana Sánchez-Castro es consultora del Banco Mundial con el programa Grupo de datos de desarrollo. Tiene un posgrado en Estadística de la Universidad Nacional de Colombia. Por favor dirija la correspondencia a dmarce.sanchezc@gmail.com.

Javier E. Báez es economista principal del Banco Mundial con el programa Práctica Global de Pobreza y Equidad para la Región de África. Tiene una licenciatura y una maestría en ciencias económicas de la Universidad de los Andes, y maestría en economía de desarrollo de la Universidad de Harvard y un doctorado en economía de la Universidad de Syracuse. Por favor dirija cualquier correspondencia a jbaez@worldbank.org.

traducirse en menores oportunidades de empleo para los trabajadores locales, y contribuir así al estancamiento de los salarios en el país y a una baja tasa de reducción de la pobreza.

¿Qué efecto, si alguno, tiene la inmigración haitiana en los salarios de los nativos nacidos en la República Dominicana? Esta es la pregunta clave que estaremos explorando en este capítulo. Basándonos en un modelo clásico de economía cerrada, un aumento de la oferta de mano de obra, por ejemplo, debido a la inmigración, puede llevar a reducciones salariales si los inmigrantes son sustitutos de la oferta de mano de obra local. Bajo el supuesto de que la mano de obra inmigrante y local son substitutos imperfectos, el aumento de la migración puede causar una reducción en el costo de la mano de obra inmigrante. Esto puede dar lugar a dos efectos opuestos: (a) a medida que disminuye el costo de la mano de obra inmigrante, las empresas sustituirán la mano de obra inmigrante por mano de obra local, denominado *efecto de sustitución* y (b) para un nivel de salario determinado, las empresas emplearán más trabajadores nativos a medida que crece la producción, denominado *efecto de escala*.

¿Cómo se manifiestan los efectos de sustitución y de escala en la economía dominicana? Como se muestra a continuación, hay evidencia de que los inmigrantes haitianos no representan un buen sustituto para la mano de obra local porque estos trabajadores tienen un nivel educativo mucho más bajo al de sus homólogos dominicanos y confrontan barreras lingüísticas. Sin embargo, la inmigración podría dar lugar a una mayor competencia por los empleos no calificados, reduciendo el crecimiento de salarios de los menos calificados, a la vez de aumentar los retornos de capital, en la medida en que el capital se ve complementado por la mano de obra no calificada.

En este capítulo probaremos la hipótesis según la cual una mayor inmigración haitiana se traduce en salarios más bajos para los trabajadores locales. La medida en que la inmigración afecta a los salarios en los mercados laborales locales depende mucho de si las calificaciones de los inmigrantes sustituyen o complementan las de los trabajadores locales. Si sus calificaciones son sustitutas, puede dar lugar a que los trabajadores locales enfrenten una creciente competencia por los empleos. Por otro lado, si sus calificaciones son complementarias, éstas pueden llevar a una mayor demanda de trabajadores locales en la medida que aumente la producción. Los trabajadores haitianos están fuertemente agrupados en la República Dominicana, no sólo geográficamente sino también en el mercado laboral, trabajando principalmente como mano de obra no calificada en tres sectores: agricultura, comercio y construcción. En este contexto, se explota la heterogeneidad de la distribución de los trabajadores inmigrantes haitianos en este país para probar una relación empírica entre el tamaño de la población local de inmigrantes haitianos y los salarios de los trabajadores locales nacidos en territorio dominicano. El ejercicio empírico sugiere que no hay relación negativa entre la proporción de la fuerza laboral local nacidos en Haití y los salarios de los trabajadores locales. Dado el nivel de escolaridad relativamente bajo de los inmigrantes haitianos y los altos niveles de desempleo de las mujeres inmigrantes haitianas, se supone que los hombres dominicanos con bajos niveles de escolaridad son el grupo afectado más directamente por la migración haitiana. Examinar los efectos salariales en los grupos de género y de calificaciones no arroja un efecto negativo o correlación entre la inmigración y los salarios locales.

El análisis empírico no encuentra evidencia que apoye la hipótesis de que la mano de obra haitiana en la República Dominicana ha ocasionado el estancamiento de los salarios de los trabajadores locales. Si bien la escasez de datos reduce la medida en que este aspecto pueda ser plenamente explorado, los datos disponibles sugieren relativamente pocas oportunidades de empleo para los trabajadores haitianos en la República Dominicana. Esto encuentra apoyo en el resultado que revelan que una gran mayoría de trabajadores inmigrantes haitianos trabajan en empleos no calificados e informales en agricultura, comercio y construcción, lo que sugiere un papel limitado para la mano de obra inmigrante en el mercado laboral dominicano. El aumento de la mano de obra no calificada procedente de Haití no puede por sí solo explicar por qué los salarios cayeron de forma generalizada en la República Dominicana, con márgenes similares, para los trabajadores altamente calificados y trabajadores no calificados en los sectores formal e informal[2].

El resto de este capítulo está estructurado de la siguiente manera. La primera sección revisa la literatura y la segunda aborda los retos que supone la ubicación de datos en la investigación sobre la inmigración y los efectos salariales en la República Dominicana. La tercera sección describe características clave de la migración haitiana, y la cuarta sección presenta el modelo empírico y los resultados.

Revisión bibliográfica

La mayoría de los estudios internacionales que exploran el rol de los efectos de sustitución y de escala de la inmigración han encontrado que la inmigración tiene poco o ningún efecto sobre los salarios de los trabajadores nativos (Peri 2014). Card (2009) constata que los trabajadores inmigrantes y nativos en Estados Unidos, con un nivel de calificación similar, son substitutos imperfectos; en cambio, los flujos migratorios subsecuentes tienen un impacto más fuerte sobre las olas anteriores de inmigrantes que sobre los trabajadores nativos. Ottaviano y Peri (2011) también encuentran evidencia de la sustitución imperfecta entre trabajadores inmigrantes y trabajadores nativos en Estados Unidos. Se estima que, entre 1990 y 2006, la inmigración tuvo un pequeño efecto sobre los salarios de los trabajadores nativos no calificados (aquellos sin título de escuela secundaria), traducido en un aumento salarial entre 0,6 y 1,7 por ciento. Es decir, los inmigrantes eran *complementos* de la mano de obra nacional poco especializada. Por otro lado, la inmigración tuvo un gran efecto negativo (-6,7 por ciento) sobre los salarios de los inmigrantes anteriores. Sin embargo, algunos estudios han hallado efectos negativos en los salarios de los trabajadores nativos poco calificados como resultado del aumento de la oferta de mano de obra de baja calificación. Por ejemplo, Borjas (2006) estima que un aumento del 10 por ciento en la oferta de mano de obra en una categoría específica de calificaciones (proveniente de la inmigración) reduce los ingresos en casi 4 por ciento.

Sin embargo, la mayoría de los estudios sobre el impacto de la mano de obra inmigrante en los mercados laborales locales analizaron economías desarrolladas; por tanto, podrían no haber captado la dinámica de la inmigración en economías menos desarrolladas en las cuales las instituciones y los mercados laborales pueden diferir considerablemente. Analizando el flujo de migración Sur-Sur entre Nicaragua y Costa Rica, Gidding (2009) concluye que, en promedio, no existe una relación estadísticamente significativa entre los ingresos de los trabajadores y la participación de inmigrantes nicaragüenses, aun después de desagregarlos por nivel de calificación y de género. El estudio no encontró una relación estadísticamente significativa entre una mayor oferta de mano de obra inmigrante y los ingresos de los trabajadores (hombres) locales, incluidos los trabajadores no calificados que tienen mayores probabilidades de competir con la mano de obra inmigrante.

El estudio de Gidding, sin embargo, encuentra una relación entre la inmigración y los salarios de la mujer. En particular, el estudio encuentra un efecto negativo en los salarios de las mujeres poco calificadas y un efecto positivo sobre aquéllos de mujeres con mayor nivel de escolaridad. Este hallazgo sugiere que las inmigrantes nicaragüenses son sustitutas de las mujeres costarricenses de baja calificación y complementos de mujeres de mayor educación. Una posible interpretación de estos hallazgos es que a estos dos efectos lo impulsan trabajadoras domésticas, el sector de empleo de una participación significativa de mujeres nicaragüenses inmigrantes. Mientras que las trabajadoras domésticas inmigrantes reemplazan a las trabajadoras locales no calificadas, el menor costo de las trabajadoras domésticas posibilita que un mayor número de mujeres trabajen fuera del hogar.

Instrumentando los cambios en los flujos migratorios hacia Malasia usando cambios poblacionales en los países de origen, Del Carpio et al. (2013) encuentran evidencia de que la inmigración internacional conduce a la migración interna de los nativos y a mejores resultados de empleo para la mano de obra nativa. Su análisis sugiere que el efecto de escala, o sea, una mayor demanda de mano de obra local, a medida que el producto aumenta, domina el efecto de sustitución de la mano de obra inmigrante en el mercado laboral de Malasia.

Históricamente, la migración haitiana hacia República Dominicana estuvo dominada por trabajadores rurales que migraban para trabajar en la agricultura, particularmente la caña de azúcar. Sin embargo, Duarte y Hasbún (2008) y Silié, Segura y Dore y Cabral (2002) documentan un cambio significativo en el flujo migratorio haitiano en los últimos 20 años. A medida que la República Dominicana se ha desarrollado económicamente y se ha urbanizado cada vez más, es más probable que los inmigrantes migren desde áreas urbanas de Haití y trabajen en construcción. Investigaciones anteriores centradas en la República Dominicana han encontrado alguna evidencia para apoyar la hipótesis de que la migración haitiana no calificada tiene efectos negativos, pero leves, en los resultados del mercado laboral de los trabajadores dominicanos y propietarios del capital. En particular, Aristy-Escuder (2008) encuentra evidencia de que los trabajadores inmigrantes haitianos ganan salarios más bajos que trabajadores dominicanos con calificaciones similares, sustituyendo la mano de obra local menos calificada a la vez de complementar el capital y la mano de obra nativa altamente calificada. Él estima una elasticidad negativa pero relativamente modesta de -0,37 en el sector de construcción, es decir, un aumento del 10 por ciento de la población producto de la inmigración reduce los salarios dominicanos promedio en el sector de la construcción en un 3,7 por ciento.

Desafíos relacionados con los datos

Un desafío importante en cuanto a la medición para medir el impacto que tiene la migración en los salarios es la escasez de datos sobre la migración haitiana hacia República Dominicana. Se cree que esta población no está bien medida en las estadísticas oficiales, incluidos los censos de Población y Vivienda de 2002 y 2010.

La fuente principal de datos sobre inmigrantes para este país es la Encuesta Nacional de Inmigrantes de la República Dominicana (ENI-2012), una encuesta nacional recolectada en el año 2012 y centrada exclusivamente en la población inmigrante del país. Esta encuesta estimó una población inmigrante total de algo menos de 525.000, lo que implica que el 5.4 por ciento de la población del país es de origen extranjero. De éstos, 87 por ciento son de Haití (cuadro 4.1).

Cuadro 4.1 Datos demográficos básicos de inmigrantes haitianos, por grupo de provincias, 2012

	Total	Grupo 1	Grupo 2	Grupo 3	Grupo 4	Grupo 5
Total de inmigrantes						
Población	524,677	250,653	68,976	81,391	65,450	58,206
Por ciento		47.8	13.1	15.5	12.5	11.1
Inmigrantes haitianos						
Población	458,233	213,915	65,546	70,196	60,353	48,223
Por ciento		46.7	14.3	15.3	13.2	10.5
Por ciento de todos los inmigrantes	87.3	85.3	95.0	86.2	92.2	82.8
Solo inmigrantes haitianos (%)						
Hombres	65.4	61.9	61.7	69.4	72.9	70.6
Tasa de participación de la fuerza laboral (edad 15 y mayor)	76.5	74.4	82.2	71.6	81.3	79.3
Hombres	89.4	86.7	95.7	83.5	94.8	94.1
Mujeres	50.9	53.8	58.9	43.3	42.6	41.6
Distribución etaria						
Por debajo de 15	8.5	8.0	13.8	6.4	8.3	6.5
15–24	28.8	28.7	34.1	20.4	32.6	29.6
25–44	52.8	56.6	41.3	54.1	51.2	51.4

Cuadro continúa en la siguiente página

Cuando no basta el crecimiento • http://dx.doi.org/10.1596/978-1-4648-1189-0

Cuadro 4.1 Datos demográficos básicos de inmigrantes haitianos, por grupo de provincias, 2012 *(continuación)*

	Total	Grupo 1	Grupo 2	Grupo 3	Grupo 4	Grupo 5
45–65	8.0	5.6	9.7	13.6	6.6	9.8
65 y mayor	1.9	1.1	1.0	5.5	1.2	2.6
Años desde la inmigración						
< 1 año	14.7	12.9	22.5	9.8	17.3	15.8
1 año	10.7	13.3	8.3	6.8	10.0	9.0
2 años	9.7	12.0	6.5	7.7	8.9	8.1
3–5 años	18.1	19.4	14.2	20.6	16.2	16.4
6–10 años	15.3	14.1	14.8	16.5	17.5	16.8
11–20 años	13.0	11.5	14.9	14.5	13.0	14.9
21–30 años	3.3	2.0	3.4	7.2	3.6	3.0
Mayor de 30 años	3.2	1.8	2.0	8.2	1.9	5.1
Desconocido	12.0	13.0	13.5	8.7	11.5	11.0

Fuente: Basado en los datos de la ENI-2012.
Nota: Los cinco grupos son (a) Grupo 1, *grandes centros urbanos,* incluidos el Distrito Nacional y las provincias de Santiago y Santo Domingo; (b) Grupo 2, *las provincias cercanas a la frontera,* incluidas Bahoruco, Barahona, Dajabón, Elías Piña, Independencia, Monte Cristi, Pedernales, y San Juan; (c) Grupo 3, *provincias donde se cultiva la caña de azúcar,* incluidas El Seibo, La Altagracia, La Romana, Puerto Plata, y San Pedro de Macorís; (d) Grupo 4, *provincias productoras de arroz y plátanos,* incluidos Azua, Duarte, María Trinidad Sánchez, Monseñor Nouel, Sánchez Ramírez, y Valverde; y (e) Grupo 5, *provincias con baja inmigración,* incluidas Espaillat, Hato Mayor, Hermanas Mirabal, La Vega, Monte Plata, Peravia, Samaná, San Cristóbal, Santiago Rodríguez, y San José. ENI = Encuesta Nacional de Inmigrantes de la República Dominicana.

La encuesta también identificó 240,000 individuos (2,5 por ciento de la población total) con al menos un padre nacido en el extranjero. Sin embargo, se cree que la población de inmigrantes haitianos y sus descendientes puede haber sido subestimada, debido a la dificultad de medir una población mayormente pobre e indocumentada. De hecho, según la ENI-2012, en el 2012 sólo el 7 por ciento de los inmigrantes haitianos en República Dominicana tenían un documento de identidad dominicano. La falta de documentación también era un problema para los dominicanos de ascendencia haitiana, entre los cuales sólo el 53 por ciento poseía un documento de identidad dominicano.[3]

Aunque la encuesta ENI-2012 estima una población inmigrante más alta que la del censo dominicano de 2010, no está claro cuán grave fue el error del sub-registro en el censo en relación con la encuesta. El censo de 2010 contó casi 312.000 inmigrantes haitianos en el país, mientras que ENI-2012 contó unos 460.000 dos años después. Sin embargo, la encuesta también encontró que una cuarta parte de estos inmigrantes, más de 116.000, habían llegado a la República Dominicana solo en los últimos dos años, es decir, *después* de que se recolectaron los datos del censo. Una posible razón de la alta tasa de inmigrantes recién llegados es la presencia de altas tasas de migración circular, por ejemplo, para el trabajo estacional en períodos de alta demanda. Esto no parece ser el caso porque, a pesar de la relativa facilidad para el cruce fronterizo entre los dos países, el 76 por ciento de los inmigrantes haitianos encuestados únicamente habían emigrado a este país una sola vez. Esto implica que una parte significativa de la población haitiana en la República Dominicana en 2012 había llegado recientemente como inmigrantes. En otras palabras, el sub-registro en el censo podría no ser tan grave como sugiere la comparación inicial.

La estrategia empírica empleada en este capítulo se basa en la ENI-2012, Encuesta Nacional de Fuerza de Trabajo (ENFT) y los censos de 2002 y 2010. Incluso si el censo tiene error de sub-registro de inmigrantes, *en la medida en que este sub-registro se distribuye uniformemente en todo el país*, sigue siendo una valiosa fuente de datos por ser la única fuente que proporciona una información geográfica desglosada sobre la inmigración en República Dominicana. Aunque representativa a nivel nacional, la ENI-2012 sólo puede proporcionar estadísticas representativas de aglomeraciones de provincias a nivel subnacional[4]. Por tanto, en este estudio, se utilizan ambas fuentes de datos: la ENI-2012 se utiliza para dar un contexto más completo para las características de la población haitiana inmigrante en este país. Mientras tanto, según se describe en mayor detalle a continuación, se utilizó una combinación de los censos de 2002 y 2010, junto con las encuestas anuales de fuerza de trabajo, para elaborar la estimación de un modelo empírico del efecto de la migración haitiana sobre los salarios locales.

Características de la inmigración haitiana en República Dominicana

El impacto de la migración sobre los salarios de los nativos depende de la medida en que la mano de obra inmigrante y la nativa son sustitutas o complementarias. Las características clave de la migración haitiana en la República Dominicana sugieren que el potencial para la substitución es limitado. Cabe destacar que los datos revelan que (a) la demanda de mano de obra es limitada para las mujeres haitianas en este país; (b) los inmigrantes haitianos están agrupados geográficamente y ocupacionalmente; y (c) los inmigrantes haitianos tienen niveles significativamente más bajos de capital humano (escolaridad y conocimientos del idioma español) que la mano de obra local. Estos tres factores, por sí solos, sugieren que cualquier impacto negativo directo de la migración haitiana sobre los salarios se limitará a ciertos grupos de trabajadores, en particular los hombres carentes de calificaciones.

La ENI-2012 muestra que los inmigrantes haitianos en su mayoría están en edad laboral (80 por ciento) y hombres (65 por ciento). Más de la mitad (53 por ciento) de los inmigrantes haitianos tienen entre 25 y 44 años, mientras que otro 29 por ciento tiene entre 15 y 24 años. El sesgo de género es más pronunciado en aquellas partes del país que reciben menos inmigrantes: más del 70 por ciento de los haitianos en el grupo de provincias reconocidas por producción arrocera y platanera y el grupo de provincias con menor inmigración son hombres[5]. Las mujeres inmigrantes de Haití reportan niveles de participación en la fuerza laboral comparables con otras mujeres en la República Dominicana (50,9 por ciento), pero enfrentan tasas de desempleo más altas (26,3 por ciento). Esto tiene un marcado contraste con los resultados de sus homólogos masculinos - el 89 por ciento de los inmigrantes haitianos participa en la fuerza laboral, con una tasa de desempleo de 8.3 por ciento.

Conforme con la ENI-2012, casi la mitad (47 por ciento) de los inmigrantes haitianos se concentran en los dos grandes centros urbanos del país (la zona de

Santo Domingo y el Distrito Nacional y la provincia de Santiago). En contraste, el 15 por ciento vive en las provincias donde se cultiva la caña de azúcar, y el 14 por ciento en las provincias cercanas a la frontera haitiana. El censo de 2010 ofrece un cuadro ligeramente diferente de la distribución geográfica de la población haitiana, revelando que los dos centros urbanos más grandes alojan sólo un tercio de los inmigrantes haitianos. También reporta que los haitianos representan una mayor participación de la población local en las zonas más escasamente pobladas del país (mapa 4.1). Cabe señalar que en las provincias a lo largo de la frontera haitiana y en la parte oriental de la República Dominicana, las provincias que albergan grandes centros turísticos (La Altagracia) y agricultura (El Seibo), así como aquellas donde se cultiva la caña de azúcar, los inmigrantes haitianos representan más del 7 por ciento de la población.[6]

Reviste suma importante el hecho de que los haitianos están sobrerrepresentados entre los trabajadores de menos calificación: el promedio de años de escolaridad de un inmigrante haitiano en edad laboral fue de 4,1 en 2012, en comparación con 9 años para los dominicanos (gráfico 4.1)[7]. En algunas provincias con altos índices de inmigración, especialmente El Seibo, Independencia, La Altagracia, Monte Cristi, Pedernales y Valverde, el censo de 2010 sugiere que los inmigrantes haitianos representan más del 20 por ciento de los adultos que no completaron la escuela primaria. Dado el nivel educativo significativamente menor de los

Mapa 4.1   Inmigrantes haitianos en relación al total de la población dominicana, en por ciento, 2010

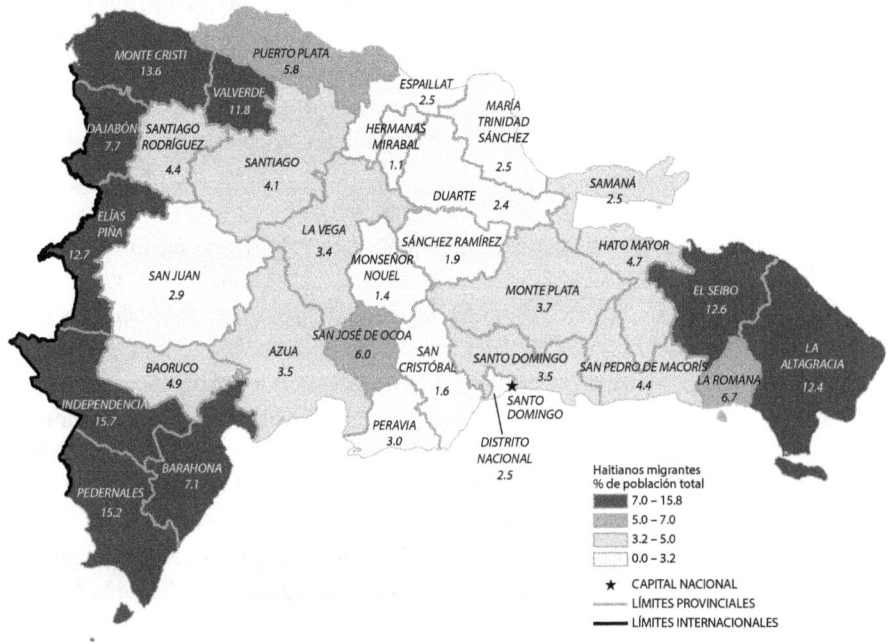

Fuente: Estimados basados en el censo de la República Dominicana de 2010.
Nota: Este mapa muestra los inmigrantes haitianos (edad 15 y mayores) como participación de la población total.

Gráfico 4.1 Distribución de nivel de educación: Inmigrantes haitianos con respecto a la población adulta dominicana, 2012

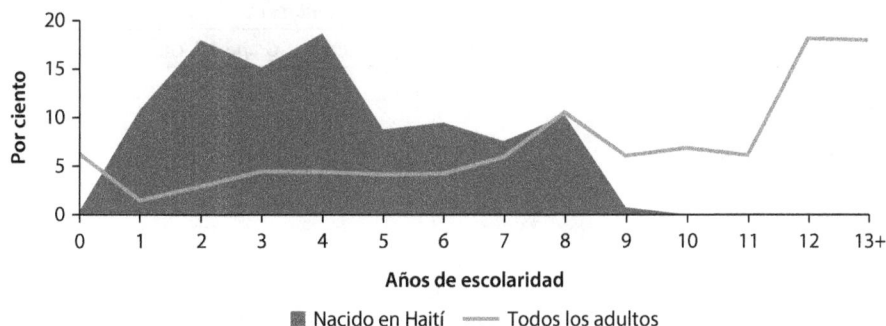

Fuentes: Estimaciones basados en los datos de la ENI-2012 (para inmigrantes y descendientes haitianos) y datos de la ENFT 2012 (para todos los adultos).
Nota: ENFT = Encuesta Nacional de Fuerza de Trabajo; ENI = Encuesta Nacional de Inmigrantes de la República Dominicana.

inmigrantes haitianos comparado con la mayoría de los trabajadores dominicanos, si se sustituyera la mano de obra nativa por mano de obra inmigrante, la mano de obra nativa no calificada sería el grupo más afectado adversamente por la competencia laboral debido a la inmigración. Otro factor de capital humano que podría limitar la posibilidad de sustitución de la mano de obra local por la mano de obra de inmigrantes haitianos es el conocimiento limitado que tienen estos últimos del idioma español: según datos tabulados de la ENI-2012 sólo el 9,8 por ciento de los inmigrantes haitianos expresan hablar *muy bien* el español y otro 25,3 por ciento hablan *bien* el español.

Los trabajadores haitianos están altamente concentrados en dos sectores de empleo: agricultura y construcción. Aunque estos sectores emplean el 72 por ciento de los trabajadores haitianos inmigrantes, emplean sólo un 7 por ciento de trabajadores dominicanos (cuadro 4.2)[8]. En cambio, a pesar de representar sólo el 7,5 por ciento del total de la mano de obra dominicana de 15 años de edad en adelante, los haitianos constituyen el 21 por ciento de todos los trabajadores agrícolas y el 16 por ciento de todos los trabajadores de la construcción. Estas participaciones varían significativamente a través del país, por ejemplo, entre los trabajadores agrícolas, los haitianos constituyen la mitad de la fuerza laboral de Valverde y aproximadamente un tercio en El Seibo, La Romana y San Pedro de Macorís. En La Altagracia y Puerto Plata, 40 y 30 por ciento, respectivamente, de los trabajadores de la construcción eran de origen haitiano. Aunque la construcción y la agricultura son importantes para la mano de obra nativa poco calificada en la República Dominicana (que en conjunto representa el 29 por ciento de empleos de los trabajadores que no terminaron la escuela primaria y el 13 por ciento de empleos de los que terminaron la escuela primaria o tienen alguna parte de secundaria), el comercio al por menor o por mayor es su principal sector de empleo, el cual representa la mitad de los empleos en manos de estos trabajadores. Cabe destacar que sólo el 7,2 por ciento de las mujeres inmigrantes haitianas son trabajadoras

Cuadro 4.2 Estatus de empleo y sector de inmigrantes haitianos, por grupo de género y provincia, 2012

	Hombres (%)					
	Total	Grupo 1	Grupo 2	Grupo 3	Grupo 4	Grupo 5
Estatus de empleo						
Desempleado	7	10	4	6	7	5
De la fuerza laboral	10	13	4	15	5	4
Sector						
Sector primario	33	4	74	21	74	67
Comercio	9	14	6	5	5	4
Construcción	26	42	5	31	6	13
Electricidad, gas, y agua	0	0	0	0	0	0
Intermediación financiera y seguro	1	2	1	1	0	0
Hoteles, bares, y restaurantes	1	1	0	4	0	1
Manufactura	3	3	3	8	1	1
Minería	0	0	0	0	0	0
Administración pública y defensa	0	0	0	0	1	0
Transporte y almacenamiento	2	3	1	3	1	0
Otros servicios	5	8	1	6	1	2
Desconocido	1	1	1	0	0	0
	Mujeres (%)					
	Total	Grupo 1	Grupo 2	Grupo 3	Grupo 4	Grupo 5
Estatus de empleo						
Desempleado	14	15	10	17	10	14
De la fuerza laboral	49	46	41	55	58	58
Sector						
Sector primario	5	1	20	1	11	5
Comercio	15	16	14	13	15	14
Construcción	1	1	0	0	0	1
Electricidad, gas, y agua	0	0	0	0	0	0
Intermediación financiera y seguro	0	0	0	0	0	0
Hoteles, bares, y restaurantes	3	4	3	5	2	2
Manufactura	1	1	0	1	1	0
Minería	0	0	0	0	0	0
Administración pública y defensa	0	0	0	0	0	0
Transporte y almacenamiento	0	1	0	0	0	0
Otros servicios	11	15	11	7	2	5
Desconocido	1	1	1	1	1	1

Fuente: Basado en los datos de la ENI-2012.

Nota: Los cinco grupos son (a) Grupo 1, *grandes centros urbanos*, incluidos el Distrito Nacional, Santiago y Santo Domingo; (b) Grupo 2, *las provincias cercanas a la frontera*, incluidas Bahoruco, Barahona, Dajabón, Elías Piña, Independencia, Monte Cristi, Pedernales, y San Juan; (c) Grupo 3, *provincias donde se cultiva la caña de azúcar*, incluidas El Seibo, La Altagracia, La Romana, Puerto Plata, y San Pedro de Macorís; (d) Grupo 4, *provincias productoras de arroz y plátanos*, incluidos Azua, Duarte, María Trinidad Sánchez, Monseñor Nouel, Sánchez Ramírez, y Valverde; y (e) Grupo 5, provincias con baja inmigración, incluidas Espaillat, Hato Mayor, Hermanas Mirabal, La Vega, Monte Plata, Peravia, Samaná, San Cristóbal, Santiago Rodríguez, y San José. ENI = Encuesta Nacional de Inmigrantes de la República Dominicana.

domésticas (asentado como *otros servicios* en el cuadro 4.2), una participación menor de la esperada, dado la importancia de este sector en el empleo de mujeres inmigrantes en otros países como Costa Rica.

La brecha de ingresos entre haitianos y dominicanos en el sector de la construcción se explica plenamente por las diferencias en calificaciones, lo que sugiere la complementariedad laboral entre los dos grupos. Según la Encuesta Nacional de Fuerza de Trabajo (ENFT) de 2012, los trabajadores haitianos ganan alrededor de 25 por ciento menos que los trabajadores nativos en el sector de construcción, haciendo ajustes sólo para la región y la situación urbana. Esta brecha salarial se explica plenamente por diferencias en el logro educativo entre los dos tipos de trabajadores. Sugiere que las diferencias en salarios entre trabajadores dominicanos y haitianos en el sector de la construcción pueden estar relacionadas con diferencias en las ocupaciones y tareas, realizando los dominicanos más calificados tareas de mayor productividad. Esto concuerda con análisis anteriores, incluyendo el Banco Mundial (2012) y un análisis del sector de la construcción usando datos del 2002, los cuales encuentran que los haitianos ganan salarios significativamente más bajos y realizan tareas muy poco calificadas (Cuello y Santos 2008).

Por otro lado, en la agricultura, la brecha salarial de 28 por ciento entre nativos e inmigrantes (teniendo en cuenta sólo la región y a la situación urbana) no se explica totalmente ni por las características de los trabajadores (por ejemplo, educación) ni por el tipo de empleo (salario versus trabajo autónomo). Entre los trabajadores asalariados, la brecha salarial es 23 por ciento, mientras entre los trabajadores autónomos, es 20 por ciento. Puesto que la brecha de ingresos se mantiene para los trabajadores autónomos, y no sólo los asalariados, esto puede sugerir que la mano de obra haitiana en el sector agrícola es menos productiva, tal vez debido a un menor acceso a capital y a tierras.

A pesar de la concentración de trabajadores haitianos en construcción y agricultura, estos sectores no han mostrado tendencias salariales diferentes de otros sectores poco calificados. Si bien los salarios en la construcción fueron mayores en 2000 que los salarios en comercio y transporte, tras el ajuste salarial asociado a la crisis de 2003-04, han sido coherentes con otros sectores poco especializados a pesar del aumento de la mano de obra inmigrante durante el período post crisis (Gráfico 4.2). Por supuesto, los potenciales efectos salariales de la mano de obra inmigrante no estarían necesariamente limitados a los sectores donde los inmigrantes están empleados. Concretamente, cabe esperar que, a medida que se intensifique la competencia por empleos en construcción y agricultura, los trabajadores dominicanos que pueden tener mayor acceso a otros tipos de empleo, se movilizarían hacia otros sectores. Este movimiento, en efecto, aumentaría la competencia entre otros sectores, traduciéndose en menores salarios en los sectores no calificados. Aunque esto es una posibilidad, los salarios reales de los trabajadores poco calificados han seguido las mismas tendencias salariales que los de los trabajadores más calificados (Gráfico 4.3), los que tienen menor probabilidad de ser afectados por la inmigración haitiana.

Gráfico 4.2 Tendencias de salario por hora para trabajo no calificado en todos los sectores, 2000–13

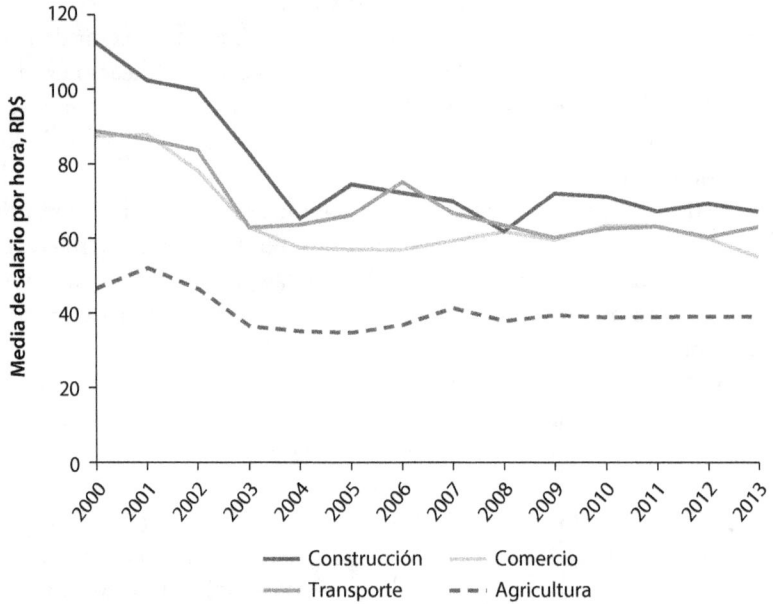

Fuente: Estimaciones basadas en datos de la ENFT.
Note: Los salaries reportados son para trabajadores que no terminaron la escuela primaria. ENFT = Encuesta Nacional de Fuerza de Trabajo.

Gráfico 4.3 Tendencias de media salarial por hora por años de escolaridad, 2000, 2004, y 2013

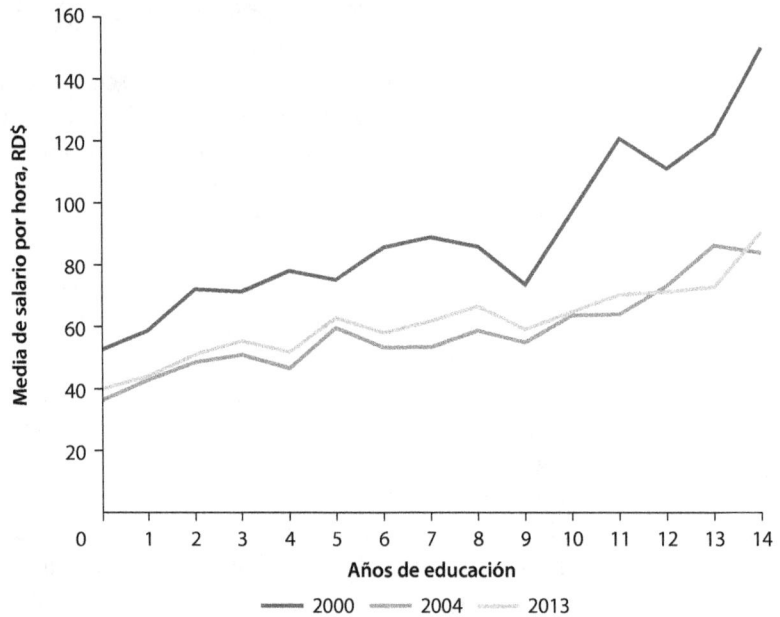

Fuente: Estimaciones basadas en datos de ENFT.
Nota: ENFT = Encuesta Nacional de Fuerza de Trabajo.

En todos los niveles de calificaciones, midiendo los años de escolaridad, los salarios reales en 2013 fueron considerablemente más bajos que en 2000 y al mismo nivel que en 2004.

Efectos de los salarios locales de trabajadores haitianos

El grado en que los inmigrantes haitianos se concentran en pocos tipos de empleo, así como su nivel de logro educativo relativamente bajo, sugieren una substitución limitada de la mano de obra inmigrante por mano de obra local. En esta sección probamos esta hipótesis explorando los patrones de dispersión geográfica de los inmigrantes haitianos en todo el país. Para estimar los efectos de los flujos inmigratorios en el mercado laboral local, las investigaciones anteriores en este campo han aprovechado las diferencias en la distribución geográfica de inmigrantes para evaluar su impacto en los resultados del empleo, incluidos los salarios de la población local[9]. Uno de los desafíos asociados a esta estrategia es la posibilidad de que las condiciones económicas locales afecten tanto los salarios de los trabajadores locales como el flujo de mano de obra inmigrante, generando una relación falsa entre salarios y migración. Iniciando con Altonji y Card (1991), un enfoque empírico, a menudo adoptado en la literatura, ha sido utilizar información sobre una distribución anterior de inmigrantes como un instrumento indicador de flujos futuros de inmigrantes. La teoría detrás de este instrumento es doble: (a) debido a la importancia de las redes sociales, los inmigrantes tienden a emigrar a áreas donde su misma etnia ha emigrado antes, por tanto, la distribución anterior de los inmigrantes es un predictor de flujos futuros, independientes de las condiciones locales de trabajo; y (b) después de algunos años, los mercados laborales locales se ajustan a lo flujos de mano de obra, por lo que los flujos anteriores de inmigrantes no afectarían directamente las condiciones vigentes del mercado laboral.

En teoría, aunque la mano de obra haitiana no calificada está agrupada en partes específicas del país, el efecto sobre los salarios y el empleo nativo podría dispersarse en otras regiones si los flujos de inmigrantes causaran migración interna de mano de obra local a otras partes del país. Por ejemplo, el desplazamiento de mano de obra no calificada local por mano de obra inmigrante cerca de la frontera podría llevar a una afluencia de trabajadores nativos a otras partes del país, reduciendo así los salarios en toda la República Dominicana. La evidencia, sin embargo, no sugiere que la competencia con la mano de obra haitiana está haciendo que los trabajadores dominicanos no calificados vayan a trasladarse a otras partes del país a través de ajustes indirectos del mercado laboral. En cambio, los datos de los censos de 2002 y 2010 sugieren una correlación positiva entre los flujos de inmigrantes haitianos y la participación de la población nativa que no es calificada. En otras palabras, las provincias con mayor participación de trabajadores dominicanos no calificados tenían una mayor proporción de población haitiana. La correlación entre la mano de obra local no calificada y la población de inmigrantes haitianos aumentó de 0,30 en 2002 a 0,39 en 2010 a medida que aumentaron las tasas de inmigración, lo que sugiere una mayor concentración de inmigrantes haitianos en provincias con capital humano calificado.

Cuando no basta el crecimiento • http://dx.doi.org/10.1596/978-1-4648-1189-0

Para probar la hipótesis de que la competencia de los trabajadores haitianos ha reducido los salarios de los trabajadores dominicanos, la distribución geográfica de la migración haitiana fue tomada en cuenta en las ecuaciones 4.1 y 4.2 para calcular las siguientes especificaciones del modelo:

$$\ln(w_i) = X_i\beta_1 + \beta_2 ln\left(\frac{H_m}{T_m}\right) + e_i \tag{4.1}$$

$$\ln(w_i) = X_i\beta_1 + \beta_2 ln\left(\frac{H_{m,s,g}}{T_{m,s,g}}\right) + e_i \tag{4.2}$$

donde la variable dependiente es un registro de los salarios de los trabajadores nacidos en República Dominicana y X_i es un vector de las variables normalizadas a nivel de trabajadores asociadas con ingresos (logro educativo, género, experiencia potencial y su cuadrático, sector de empleo, tipo de empleo, región y situación urbana).

La exposición a la mano de obra haitiana se mide como $ln\left(\frac{H_m}{T_m}\right)$, el logaritmo natural de la participación de los inmigrantes haitianos de la población local (el número de adultos nacidos en Haití que viven en el municipio m como participación de todos los adultos en el municipio m). El coeficiente de interés, b_2, estima la prima salarial (en términos porcentuales) de los trabajadores locales dominicanos asociados con la participación de los inmigrantes haitianos en la población local.

La especificación 4.2 desagrega aún más esta medida de exposición por grupo de calificación s y género g, creando grupos de "calificaciones por género". Es decir, se regresan los salarios de un hombre que no terminó la escuela primaria contra la proporción de trabajadores similares locales (hombres con escuela primaria inconclusa) que nacieron en Haití. Esta especificación aborda la posibilidad de que los salarios se vean afectados por la presencia de trabajadores extranjeros comparables, y no por la proporción total de inmigrantes en la fuerza laboral local. Debido a la posible endogeneidad entre las condiciones locales del mercado laboral y la ubicación escogida de los inmigrantes (por ejemplo, un área con salarios más altos podría también atraer más inmigración), todas las regresiones también se corrieron utilizando un enfoque de variable instrumental, siguiendo la estrategia introducida por Altonji y Card (1991), para predecir las tasas de migración en 2010 basándose en la distribución de inmigrantes en la República Dominicana en 2002.

Teniendo en cuenta que es la única fuente de datos que puede proporcionar información de desagregación geográfica sobre la población de inmigrantes haitianos en la República Dominicana, el censo de población de 2010 se utilizó para generar medidas de exposición local a la inmigración haitiana[10]. Como muestra el gráfico 4.4, existe una importante variación entre provincias tanto para la proporción de la población adulta nacida en Haití, así como la proporción de adultos no calificados nacidos en Haití.

Gráfico 4.4 Haitianos, como proporción de la población adulta no calificada, por municipio, 2010

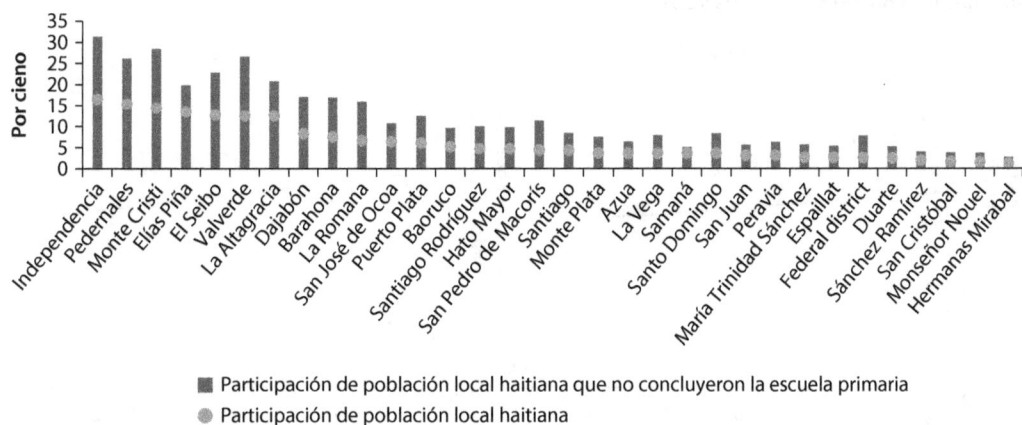

■ Participación de población local haitiana que no concluyeron la escuela primaria
● Participación de población local haitiana

Fuente: Basado en los datos del censo de República Dominicana de 2010.

Cabe señalar que se cree que los datos del censo sub registraron la población inmigrante. El modelo empírico empleado aquí es sólido en casos de sub-registro de la población, siempre y cuando dicho sub-registro sea ortogonal a la variable dependiente y la participación de la población local de origen haitiano. En otras palabras, siempre que el sub-registro no esté relacionado con los niveles locales de salarios nativos o el tamaño de la población local de origen haitiano, el signo del coeficiente b_2 es sólido, aunque en su magnitud pueda haber sub-registro.

Estas medidas de exposición se fusionan con la encuesta ENFT 2010 sobre fuerza de trabajo, la principal fuente de datos sobre la fuerza de trabajo de la República Dominicana, incluyendo datos representativos de los salarios de los trabajadores dominicanos a nivel nacional. El gráfico 4.5 muestra que existe una correlación negativa a nivel provincial entre la participación de la población local nacida en Haití y el salario promedio por hora de los trabajadores dominicanos. En otras palabras, antes de controlar en términos de características individuales, los trabajadores dominicanos reportan salarios más bajos en las provincias con mayores participaciones de inmigrantes haitianos. Esta correlación, sin embargo, no mide las diferencias en el capital humano y los efectos de la localidad, tales como las diferencias rurales y urbanas.

Las ecuaciones 4.1 y 4.2 se basan en los salarios de trabajadores locales no inmigrantes - es decir, la muestra de ENFT sólo contempla personas nacidas en República Dominicana quienes reportaron salarios positivos. Cada especificación se corre para tres sub muestras: (a) todos los trabajadores, (b) trabajadores que no completaron la escuela primaria, y (c) los trabajadores que terminaron la escuela primaria pero no completaron la escuela secundaria. Los resultados para la especificación 4.1 se presentan en el cuadro 4.3, y los de la especificación 4.2 se presentan en el cuadro 4.4.

Gráfico 4.5   Correlación entre la población no calificada local nacida en Haití y los salarios de trabajadores no calificados dominicanos, 2002 y 2010

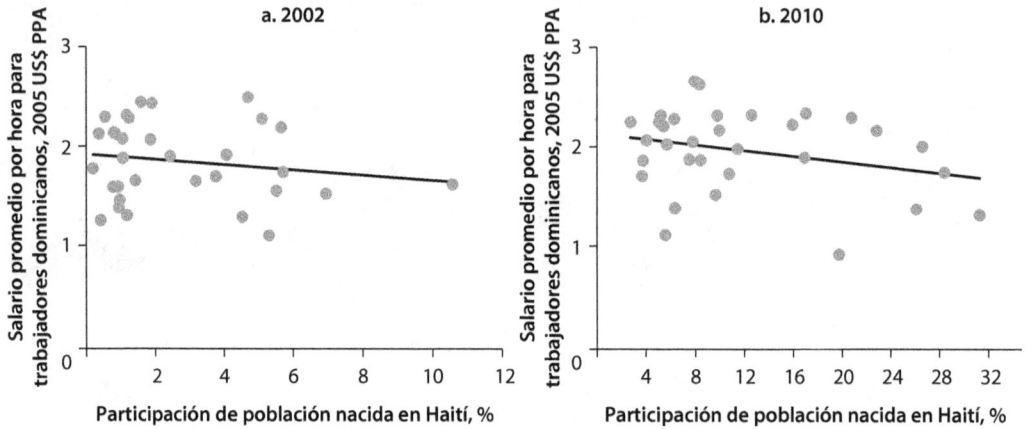

Fuente: Basado en los censos dominicanos de 2002 y 2010, ENFT 2002, y ENFT 2010.

Cuadro 4.3   Relación estimada entre la participación de haitianos en el Mercado laboral local y los salarios de trabajadores dominicanos

Medida de exposición: logaritmo de participación de la población local en edad de trabajo nacida en Haití

	Mínimos cuadrados ordinarios			Variable instrumental		
	Todos	Primaria incompleta	Primaria completa	Todos	Primaria incompleta	Primaria completa
Participación haitiana (municipio)	0.0234	0.0231	0.0150	0.0188	0.0487*	−0.00140
	(0.0157)	(0.0212)	(0.0346)	(0.0204)	(0.0272)	(0.0453)
Hombres	0.173***	0.113***	0.278***	0.173***	0.113***	0.278***
	(0.0202)	(0.0366)	(0.0425)	(0.0202)	(0.0364)	(0.0422)
Experiencia	0.0256***	0.0230***	0.0219***	0.0257***	0.0231***	0.0219***
	(0.00155)	(0.00266)	(0.00394)	(0.00155)	(0.00266)	(0.00391)
Trabajador asalariado	−0.809***	−0.981***	−0.569***	−0.809***	−0.984***	−0.570***
	(0.0454)	(0.0951)	(0.0997)	(0.0453)	(0.0947)	(0.0990)
Trabajo autónomo	−0.751***	−0.902***	−0.456***	−0.751***	−0.903***	−0.457***
	(0.0454)	(0.0918)	(0.0987)	(0.0453)	(0.0914)	(0.0980)
Urbano	−0.115***	−0.149***	−0.230***	−0.115***	−0.150***	−0.231***
	(0.0191)	(0.0269)	(0.0373)	(0.0191)	(0.0268)	(0.0371)
Controles educativos	X			X		
Controles regionales	X	X	X	X	X	X
Controles sectoriales	X	X	X	X	X	X
Constante	0.669***	0.794***	0.500***	0.673***	0.760***	0.525***
	(0.0663)	(0.124)	(0.139)	(0.0685)	(0.125)	(0.145)

Cuadro continúa en la siguiente página

Cuadro 4.3 Relación estimada entre la participación de haitianos en el Mercado laboral local y los salarios de trabajadores dominicanos (continuación)

	Mínimos cuadrados ordinarios			Variable instrumental		
	Todos	Primaria incompleta	Primaria completa	Todos	Primaria incompleta	Primaria completa
1ra etapa Prueba F	n.a.	n.a.	n.a.	727.41	355.95	206.69
1ra etapa Prueba T	n.a.	n.a.	n.a.	102.01	70.09	49.34
Observaciones	7,367	3,257	1,820	7,363	3,256	1,818
R cuadrado	0.285	0.182	0.159	0.285	0.182	0.159

Fuente: Estimaciones basadas en la ENFT 2010 ENFT y los censos dominicanos de 2002 y 2010.
Nota: ENFT = Encuesta Nacional de Fuerza de Trabajo; *n.a.* significa = no aplicable; X = un conjunto de controles fue incluido en el modelo. Se reporta en logaritmos una población local de haitianos; y se estima a nivel municipal, usando tabulaciones del censo de 2010; e instrumentada, usando tabulaciones del censo de 2002. La variable dependiente es logaritmo de salario por hora de trabajadores dominicanos. Errores estándar en paréntesis.
$***p < 0.01, **p < 0.05, *p < 0.1$.

Cuadro 4.4 Relación estimada entre la participación de haitianos en el mercado laboral local y los salarios de trabajadores dominicanos
Medida de exposición: logaritmo de participación del grupo de calificaciones de género local nacidos en Haití

	Mínimos cuadrados ordinarios			Variable instrumental		
	Todos	Primaria incompleta	Primaria completa	Todos	Primaria incompleta	Primaria completa
Participación haitiana (municipio)	0.0469***	0.0155	0.00442	0.0586**	0.0752**	−0.0286
	(0.0133)	(0.0231)	(0.0335)	(0.0230)	(0.0315)	(0.0575)
Hombres	0.145***	0.105***	0.276***	0.141***	0.0783**	0.292***
	(0.0218)	(0.0382)	(0.0458)	(0.0244)	(0.0392)	(0.0518)
Experiencia	0.0256***	0.0230***	0.0219***	0.0252***	0.0233***	0.0210***
	(0.00156)	(0.00266)	(0.00394)	(0.00161)	(0.00266)	(0.00400)
Trabajador asalariado	−0.806***	−0.980***	−0.570***	−0.828***	−0.983***	−0.571***
	(0.0454)	(0.0951)	(0.0998)	(0.0469)	(0.0946)	(0.0999)
	−0.745***	−0.901***	−0.457***	−0.758***	−0.899***	−0.456***
Trabajo autónomo	(0.0455)	(0.0918)	(0.0988)	(0.0469)	(0.0913)	(0.0989)
	−0.118***	−0.150***	−0.231***	−0.124***	−0.157***	−0.229***
Urbano	(0.0192)	(0.0269)	(0.0373)	(0.0200)	(0.0268)	(0.0378)
	X			X		
Controles educativos	X	X	X	X	X	X
Controles regionales	X	X	X	X	X	X
Controles sectoriales	0.598***	0.794***	0.517***	0.585***	0.680***	0.564***
Constante	(0.0693)	(0.128)	(0.135)	(0.0814)	(0.134)	(0.144)
	n.a.	n.a.	n.a.	1285.94	349.99	132.96
1ra etapa Prueba F	n.a.	n.a.	n.a.	67.64	62.61	31.82
1ra etapa Prueba T	7,341	3,257	1,820	6,831	3,246	1,756
Observaciones	0.286	0.182	0.159	0.287	0.183	0.155

Fuente: Estimaciones basadas en la ENFT 2010 ENFT y los censos dominicanos de 2002 y 2010.
Nota: ENFT = Encuesta Nacional de Fuerza de Trabajo; *n.a.* significa = no aplicable; X = un conjunto de controles fue incluido en el modelo. Se reporta en logaritmos una población local de haitianos; y se estima a nivel municipal, usando tabulaciones del censo de 2010; e instrumentada, usando tabulaciones del censo de 2002. La variable dependiente es logaritmo de salario por hora de trabajadores dominicanos. Errores estándar en paréntesis.
$***p < 0.01, **p < 0.05, *p < 0.1$.

El primer conjunto de resultados, que corresponde a la especificación 4.1, no encuentra relaciones estadísticamente significativas entre los ingresos de los trabajadores locales y la participación de la población local nacida en Haití. Esto es válido para todos los trabajadores, así como para los dos grupos de trabajadores no calificados (aquellos con educación primaria incompleta y aquellos que terminaron la primaria y no completaron la escuela secundaria). El modelo de variable instrumental estima una pequeña relación positiva, poco significativa en términos económicos para el grupo de menor calificación, lo que sugiere que un aumento de 10 puntos porcentuales en la participación de la población local nacida en Haití arrojaría una prima salarial de aproximadamente medio por ciento para los trabajadores locales con una educación primaria incompleta.

Los resultados de la especificación 4.2 encuentran una correlación positiva pero económicamente pequeña entre la participación de trabajadores de un grupo de calificaciones de género que nacieron en Haití y los salarios de los miembros dominicanos de ese grupo. El modelo de especificación de base, que no aborda la endogeneidad de los flujos de inmigrantes, encuentra un pequeño efecto positivo en los salarios al tener una mayor participación de inmigrantes haitianos en un grupo de calificaciones de género, aunque este efecto no es estadísticamente significativo para ninguno de los grupos de trabajadores de baja calificación. Después de abordar la endogeneidad de os flujos de inmigrantes, las regresiones de la variable instrumental encuentran un efecto similar en el conjunto de los trabajadores y un mayor efecto estadísticamente significativo en los trabajadores dominicanos con las calificaciones más bajas. Para los trabajadores dominicanos que no terminaron la escuela primaria, el modelo de variable instrumental sugiere que un aumento de 10 puntos porcentuales en la participación haitiana de la población local que no terminó la escuela primaria se traduce en un aumento salarial de 0,7 por ciento. Como muestra el gráfico 4.4, esta participación puede alcanzar el 30 por ciento en algunas provincias, lo que sugiere que, en algunas localidades con una alta concentración de trabajadores haitianos, los dominicanos locales esas provincias que no completaron la escuela primaria podrían ver una prima salarial de casi 1,3 por ciento. Se puede apreciar un pequeño coeficiente negativo para los trabajadores locales que terminaron la escuela primaria pero no la escuela secundaria, aunque esto no es estadísticamente distinto de 0.

Conclusión

Aunque el número de inmigrantes haitianos en República Dominicana ha aumentado sustancialmente en la última década y media, es escasa la evidencia que apoya la hipótesis según la cual la mano de obra haitiana reduce los salarios a nivel local. En cambio, la evidencia sugiere que la demanda para los trabajadores haitianos en la República Dominicana se limita en gran medida al trabajo informal de bajo salario, particularmente en agricultura, comercio y construcción. Al aplicar métodos ampliamente utilizados en la literatura de inmigración al caso de la República Dominicana, un conjunto de regresiones salariales no encuentra una correlación negativa entre los salarios de los nacionales y la participación de mano de obra local de origen haitiano. El análisis no encuentra evidencia de que incluso los hombres dominicanos no calificados, aquéllos más propensos a competir directamente con la mano de obra haitiana, se vean afectados negativamente por los salarios. En todo caso, el análisis de regresión sugiere un efecto económicamente pequeño, pero positivo, en los salarios de los menos calificados. Esto puede sugerir un efecto de pequeña escala para los trabajadores dominicanos con menos calificación, donde la presencia de mano de obra haitiana poco calificada aumenta la producción de la empresa y, por tanto, los salarios de mano de obra local no calificada.

Un obstáculo significativo encontrado durante la investigación acerca de los efectos salariales de inmigrantes en los salarios en República Dominicana es la poca información disponible sobre este tema. Si bien existen interrogantes legítimas sobre cuán bien se puede explorar este tema con los datos disponibles, en la medida en que la distribución geográfica de la población inmigrante está bien medida en los datos censales, el enfoque empírico empleado en este análisis no apoya la hipótesis de que la competencia con la mano de obra haitiana puede explicar por qué los salarios en este país han permanecido estancados durante un período de mayor crecimiento macroeconómico. El detalle socioeconómico disponible a partir de la ENI-2012, la encuesta de inmigrantes en el país, sugiere que se sigue empleando a los trabajadores haitianos mayormente en sectores de baja productividad y muy informales, particularmente en agricultura, construcción y comercio. Probablemente la razón de esto estriba en la base de capital humano menos calificado de los inmigrantes haitianos, particularmente de acuerdo a la medición del nivel de educación y las habilidades lingüísticas en español, comparado con los trabajadores nativos dominicanos. Esto limita su capacidad para competir por empleos de mejor calidad y salarios más altos. Un aumento en la mano de obra no calificada no puede explicar, por sí solo, por qué los salarios se han estancado a todos los niveles de calificación para los trabajadores dominicanos. Este análisis sugiere además que este aumento de la mano de obra inmigrante tampoco explica por qué los salarios se han mantenido estancados para los trabajadores no calificados.

Notas

1. Debido a las limitaciones de los datos del censo de 2010, sólo los individuos nacidos fuera de la República Dominicana son considerados inmigrantes para los propósitos de este informe.

2. Según el Banco Mundial (2017), "Comparado con su nivel en el 2000, los salarios de los trabajadores con uno o más años de instrucción fueron, en promedio, 34 por ciento más bajos durante la crisis interna. El rápido período de crecimiento después de la crisis no hizo mucho para devolver los salarios a su línea de base. A partir de 2013, los salarios reales se mantuvieron 31 por ciento por debajo del nivel observado en el 2000."

3. En el año 2014, la República Dominicana comenzó a implementar su Plan Nacional de Regularización, incluyendo la aprobación de la Ley 169-14, con el fin de registrar a los individuos sin documentación. Al 2015, se estima que se registraron unos 5.000 dominicanos de ascendencia haitiana.

4. Específicamente, la cobertura nacional de la ENI se divide en cinco grupos de provincias: (a) los grandes centros urbanos incluyen el Distrito Nacional y las provincias de Santiago y Santo Domingo; (b) las provincias cercanas a la frontera incluyendo Baoruco, Barahona, Dejabón, Elías Piña, Independencia, Monte Cristi, Pedernales y San Juan; (c) las provincias donde se cultiva la caña de azúcar incluyendo El Seibo, La Altagracia, La Romana, Puerto Plata y San Pedro de Macorís; (d) las provincias donde se producen productoras de arroz y plátano incluyendo Azua, Duarte, María Trinidad Sánchez, Sánchez Ramírez, Valverde y Monseñor Nouel; y (e) las provincias con baja tasa de inmigración incluyendo Espaillat, La Vega, Peravia, Hermanas Mirabal, Samaná, San Cristóbal, Santiago Rodríguez, Monte Plata, Hato Mayor y San José.

5. Véase la nota 4 arriba para una lista de provincias por grupo.

6. Entre 2002 y 2010, las regiones que registraron el mayor crecimiento de población haitiana a nivel local fueron las que se encuentran en la frontera con Haití.

7. El nivel educativo está basado en la ENI-2012 para la población de origen haitiana y del censo de 2010 para la población de origen dominicano.

8. Estas estimaciones se basan en el censo de 2010. ENI-2012 revela que el 62 por ciento de los empleos que usan mano de obra haitiana en República Dominicana se encuentran en estos dos sectores.

9. Bertrand, Luttmer y Mullainathan (2000) ofrecen un ejemplo de esta metodología.

10. Como se mencionó anteriormente, al interpretar estos resultados, es importante señalar que se cree que en los datos del censo hay subregistro de la población inmigrante. Si este subregistro no se distribuyó uniformemente en todo el país, puede reducir el valor estadístico de este análisis.

Referencias

Altonji, J. G., y D. Card. 1991. "The Effects of Immigration on the Labor Market Outcomes of Less-Skilled Natives." *Immigration, Trade and Labor*, edited by J. M. Abowd y R. B. Freedman. Chicago: University of Chicago Press.

Aristy-Escuder, J. 2008. "Impacto de la inmigración haitiana sobre el mercado laboral y las finanzas públicas de la República Dominicana." Pontificia Universidad Católica Madre y Maestra Serie: Documentos de Trabajo, Santiago de los Caballeros, República Dominicana.

Bertrand, M., E. Luttmer, y S. Mullainathan. 2000. "Network Effects and Welfare Cultures." *Quarterly Journal of Economics* 115 (3): 1019–55.

Borjas, G. 2006. "Native Internal Migration and the Labor Market Impact of Immigration." *Journal of Human Resources* 41 (2): 221–58.

Card, D. 2009. "Immigration and Inequality." *American Economic Review: Papers & Proceedings* 99 (2): 1–21.

Cuello, M., y F. Santos. 2008. "Costos y beneficios de la mano de obra haitiana en el sector construcción." Informe preparado por el Servicio Jesuita a Refugiados/as y Migrantes, Santo Domingo.

Del Carpio, X., C. Ozden, M. Testaverde, y M. Wagner. 2013. "Local Labor Supply Responses to Immigration." *Scandinavian Journal of Economics* 117 (2): 493–521.

Duarte T. I., y J. Hasbún. 2008. *La mano de obra haitiana en la construcción: Características, valoraciones y prácticas.* Informe preparado para Fondo para el Fomento de la Investigación Económica y Social (FIES), Santo Domingo.

Gidding, T. H. 2009. "South-South Migration: The Impact of Nicaraguan Immigrants on Earnings, Inequality and Poverty in Costa Rica." *World Development* 37 (1): 116–26.

Ottaviano, G. I., y G. Peri. 2011. "Rethinking the Effect of Immigration on Wages." *Journal of the European Economic Association* 10 (1): 152–97.

Peri, G. 2014. "Do Immigrant Workers Depress the Wages of Native Workers?" IZA World of Labor 2014: 42. doi:10.15185/izawol.42.

Silié, R., C. C. Segura, y C. Dore y Cabral. 2002. *La nueva inmigración haitiana.* Santo Domingo: FLASCO.

Banco Mundial. 2012. *Haití, República Dominicana: Más que la suma de sus partes.* Washington, DC: Banco Mundial.

———. 2017. "Do Labor Markets Limit the Inclusiveness of Growth in the Dominican Republic?" Washington, DC: Banco Mundial.

CAPÍTULO 5

Las Implicaciones de la inmigración y emigración en el mercado laboral en la República Dominicana

Zovanga L. Kone y Caglar Ozden

Aunque el epicentro del terremoto catastrófico de enero del 2010 en Haití fue 25 millas al oeste de Puerto Príncipe, las réplicas se sintieron de inmediato en la República Dominicana, al otro lado de la isla Quisqueya. Al igual que todos los desastres naturales de esta magnitud, la devastación posterior al terremoto del 2010 fue inmediata: desencadenó un golpe a la economía haitiana, la cual ya era débil debido a una tasa de lento crecimiento, pobreza persistente y disparidad de ingresos. Además, los desastres tales como este abruman a los países vecinos mediante influjos repentinos de poblaciones, a menudo desesperadas, que huyen de los desastres. En los años que siguieron, miles de haitianos cruzaron la frontera en una migración masiva a la República Dominicana, convirtiéndose en uno de los ejemplos más citados de la migración 'ambiental'.

Los costos económicos y efectos negativos del flujo de migrantes se convirtieron inmediatamente en una problemática social y económica de la política de la República Dominicana a partir del terremoto. El gobierno inició procesos

Los autores expresan su agradecimiento a Francisco Carneiro por su orientación, observaciones y paciencia en cada etapa de la preparación de este análisis. También agradecemos a Frederic Docquier y Chris Parsons, nuestros colaboradores en proyectos estrechamente relacionados a lo largo de los años, sin implicarlos en las deficiencias y errores cometidos aquí. Finalmente, nos sentimos agradecidos a Cecile T. Niang, Oscar Calvo-Gonzalez y especialmente, McDonald P. Benjamin, por sus observaciones y sugerencias constructivos.

Zovanga L. Kone es becario de investigación en el Centro de Migración, Políticas y Sociedad de la Universidad de Oxford. Tiene una maestría en ciencias en econometría y economía matemática de la London School of Economics y un doctorado en economía de la Universidad de Nottingham, Reino Unido.

Caglar Ozden es economista principal del Grupo de Investigaciones sobre el Desarrollo del Banco Mundial. Tiene un doctorado en economía de Stanford University. Favor dirigir correspondencia a cozden@worldbank.org.

legales para deportar a cientos de miles de migrantes y sus descendientes, incluyendo muchos de los cuales habían nacido en la República Dominicana o habían vivido allí por décadas. Ya que es poco probable que este tema persistente se solucione en un futuro cercano, es fuente de tensiones diplomáticas y políticas que aún continúan entre los gobiernos de la República Dominicana, Haití y muchos países del Occidente, así como las Naciones Unidas y numerosas organizaciones de derechos humanos que buscan ayudar y proteger a los migrantes haitianos

La migración haitiana hacia la República Dominicana tiene raíces históricas profundas que preceden al terremoto de 2010. Sin embargo, el número de migrantes haitianos en la República Dominicana no es preciso. Aunque las estimaciones varían mucho y los datos están plagados de numerosos problemas (un punto crítico tratado en la sección de los datos), el censo dominicano de 1991 identificó aproximadamente 250,000 haitianos en la República Dominicana, y, en general, esta estimación se considera baja. La migración ya iba en aumento en la medida que Haití seguía luchando contra la pobreza en el curso de las últimas dos décadas, y algunas encuestas fijan en un millón el número de haitianos en el país justo antes del terremoto.

La pregunta crítica, y aun no respondida en este debate, es: ¿Cuál es el impacto que tiene la inmigración haitiana en el mercado laboral en la República Dominicana?

La teoría económica convencional pronosticaría un impacto negativo importante sobre los ingresos a medida que la oferta de mano de obra aumenta rápidamente, en especial, entre trabajadores poco calificados, quienes compiten directamente con el flujo de inmigrantes. Sin embargo, los efectos sobre distintos grupos de trabajadores nativos, como los de alta o poca cualificación, dependen del grado de sustituibilidad o complementariedad subyacente, o ambos, entre los distintos grupos de calificaciones, así como entre los nativos e inmigrantes en el mercado laboral.

Además, deben tomarse en cuenta dos características adicionales del mercado laboral de los países. Primero, aunque constituye un importante destino para los inmigrantes haitianos, la República Dominicana es también un importante país emigrante, principalmente hacia Estados Unidos. Debido a los efectos de la selección, la composición de las calificaciones y otras características de los emigrantes dominicanos difiere de la de los no migrantes y, por tanto, tienen impactos diferenciales entre los trabajadores de diferentes grupos de calificaciones en el mercado laboral. Segundo, al igual que muchos países en desarrollo, el mercado laboral en la República Dominicana se caracteriza por una informalidad significativa, especialmente entre los trabajadores poco calificados. El impacto general de la llegada de los inmigrantes, por tanto, dependerá de su distribución sectorial o condición de formalidad, o ambos.

Este capítulo busca identificar el impacto, tanto de la inmigración como de la emigración, sobre los nativos en el mercado laboral dominicano mediante un modelo basado en una función de producción agregada que capta la presencia en la economía de múltiples sectores de empleo. Los resultados del mercado laboral que fueron analizados son los niveles de empleo y salarios de los nativos. El modelo analítico utilizado es una extensión de los modelos estándar que se han hecho populares en la literatura y que se usan comúnmente para explorar temas similares, especialmente en el contexto de países miembros de la Organización para la Cooperación y Desarrollo Económicos (OCDE).[1] Se utilizaron modelos similares para analizar el crecimiento macroeconómico, la productividad y primas por nivel calificación.

La innovación principal en el modelo analítico utilizado en este capítulo es agregar otro nivel de anidación –sectores productivos formales frente a los informales– al modelo estándar de producción anidada. El marco básico permite derivar la demanda de mano de obra en dos grupos de calificaciones: los de poca calificación y los de alta calificación. Luego se agrega una decisión simple de la oferta laboral que genera una curva de oferta agregada para cada grupo de calificaciones. Dentro de cada grupo de calificaciones, los nativos e inmigrantes son sustitutos imperfectos. Con este modelo, puede estimarse los efectos de la inmigración y emigración sobre los salarios y empleo de los trabajadores nativos no migrantes en todos los niveles de calificaciones y distintos sectores de empleo.

Una vez construido el modelo analítico e identificados los canales a través de los cuales la inmigración y emigración afectan a los distintos grupos laborales, pueden considerarse varios escenarios utilizando diferentes estimaciones para los parámetros fundamentales del modelo. En particular, el análisis utiliza diferentes valores de elasticidad para (a) la demanda relativa entre los trabajadores altamente y poco calificados, (b) la demanda relativa entre los trabajadores nativos y migrantes, (c) las externalidades del capital humano, (d) la oferta laboral agregada y (e) la sustitución entre el sector formal e informal en la producción de los resultados finales. Además, se utiliza el número de inmigrantes nuevos y el nivel de participación en el empleo informal entre ellos como variables adicionales en estos escenarios. El objetivo es ver cuáles supuestos son críticos y cuan sensitivos son los resultados en relación a los diferentes niveles de inmigración, a la vez que se evitan las serias limitaciones de los datos.

Los hallazgos muestran que los trabajadores nativos poco calificados en el sector informal son los más afectados negativamente por la inmigración, ya que están en competencia más estrecha con los nuevos inmigrantes entrantes. Los trabajadores altamente cualificados no se ven muy afectados por la inmigración. Esto se debe principalmente al hecho de que los inmigrantes no son calificados y se concentran en el sector informal. Los trabajadores poco calificados en el sector formal, sin embargo, sacan provecho de la inmigración. En otras palabras, los resultados sugieren que los trabajadores nativos pasan del sector informal al sector formal, debido a las presiones generadas por la inmigración en el sector informal. Los resultados para la emigración indican que sus efectos pueden ser tan significativos como los de la inmigración.

Los emigrantes son seleccionados positivamente, y en general, serían más calificados que la fuerza laboral nativa. Por tanto, la relativa intensidad mayor de calificaciones de los emigrantes perjudica a los no inmigrantes poco calificados, porque son complementarios en la producción. Por otro lado, los trabajadores no migrantes altamente calificados se benefician debido a una competencia menor en el mercado laboral. Como cabría esperar, su impacto sobre los trabajadores poco calificados en los sectores formal e informal depende del grado de la distribución sectorial entre los que emigraron previo a su salida.

Antecedentes

Esta sección ofrece los antecedentes del mercado laboral dominicano y una discusión de los datos, esbozando las deficiencias de los mismos. En las secciones subsiguientes, presentamos el modelo analítico estilizado, seguido por un análisis de los resultados.

El mercado laboral dominicano entre el 2000 y 2010

La República Dominicana experimentó un aumento notable en su producto interno bruto (PIB) per cápita durante la última década, incrementándose de un valor (paridad de poder adquisitivo) de aproximadamente RD$6,400 en el año 2000 a más de RD$11,000 en el 2010. Sin embargo, existe un cierto nivel de divergencia entre las cifras para el PIB y los niveles salariales. Los salarios reales promedio declinaron entren el 2000 y 2010, según las investigaciones del Fondo Monetario Internacional (FMI) (Abdullaev y Estevão, 2013). Los salarios cayeron en el 2004 a 60 por ciento de su valor en el 2000, antes de estabilizarse en un 80 por ciento entre 2009 y 2010. Por otro lado, la productividad laboral experimentó un aumento notable. También hubo un aumento moderado en las tasas de empleo entre 2000 y 2010 (Abdullaev and Estevão 2013).

El sector informal parece haber experimentado una tasa de crecimiento más rápida en términos del empleo. La participación de trabajadores del sector informal entre los empleados en trabajos no agrícolas aumentó consistentemente, de 34.4 por ciento en 2000 a 42.6 por ciento en 2010, según la Organización Internacional del Trabajo (OIT) (Parisotto 2013). Los datos recientes de varias encuestas sobre la fuerza laboral sugieren que la proporción de trabajadores del sector informal podría ser en realidad más alta, sobrepasando el nivel de 50 por ciento. En el sector formal, la tendencia en la distribución sectorial de los empleos continuó siendo bastante estable entre 2000 y 2010, aunque con un aumento de empleo de 4 puntos porcentuales en el sector de servicios y una ligera disminución en el sector manufacturero.

La *tasa de desempleo*, definida en sentido amplio para incluir a trabajadores desalentados, fluctuó entre el 14 por ciento y 20 por ciento entre 2000 y 2010 (Abdullaev y Estevao 2013). La falta de posibilidades de empleo, además de climas políticas inciertos, fueron las razones principales citadas para la emigración entre los que salieron del país (Rodríguez, 2011). De hecho, la tasa de emigración se estimó en 16 por ciento. Este proceso también pudo haber sido impulsado por el acceso fácil a Estados Unidos del cual se benefician muchos migrantes dominicanos, debido tanto a la proximidad como a los extensos vínculos de la diáspora.

Migrantes Dominicanos en los Estados Unidos

Los emigrantes de la República Dominicana representan una de las diásporas más grandes en los Estados Unidos. La laxitud de los requisitos para obtener visas en décadas anteriores y la proximidad geográfica hicieron del país un destino popular. En 2012, cerca de 960,000 dominicanos nacidos en República Dominicana estaban viviendo en Estados Unidos, representando aproximadamente un 2 por ciento de la población extranjera en el país. (Nwosu y Batalova 2014). Alrededor de 9 por ciento de estos individuos entraron al país del 2010 en adelante. Más aún, el 50 por ciento son ciudadanos naturalizados, sugiriendo la existencia de un número significativo de los que se quedan por largo tiempo, y aproximadamente 22 por ciento de los mayores de 18 años quienes están casados con un cónyuge nacido en los Estados Unidos. Es de esperar que esta gran diáspora con raíces relativamente profundas en Estados Unidos de lugar a la entrada de un mayor número de a Estados Unidos por medio de los programas de reunificación familiar y otras redes de apoyo informales, como sugiere la literatura sobre el rol de las redes (por ejemplo, sobre el rol de las redes, ver Beine, Docqsuier y Ozden 2011 y Munshi 2003).

Unos 800,000 inmigrantes de la República Dominicana se encuentran en edad de trabajar, según la Encuesta de la Comunidad Americana del 2012, una encuesta realizada por la Oficina de Censo de los Estados Unidos (cuadro 5.1). La duración promedio de la estadía de ellos en los Estados Unidos fue de 18 años. Sin embargo, los que permanecen por menos de 10 años en los Estados Unidos representaban una cuarta parte de los individuos en edad de trabajar. La tasa de empleo para este grupo de inmigrantes era 66 por ciento, más alta que la tasa correspondiente en la República Dominicana. Sin embargo, su empleo parece

Cuadro 5.1 Niveles de empleo y educación de inmigrantes dominicanos en Estados Unidos (edades 18–65), 2000–12

Año	Tasa de empleo	Educación universitaria	Número
	(%)	(%)	
2000	52.80	9.10	572,360
2001	62.88	9.79	546,217
2002	63.92	11.45	554,827
2003	66.09	11.50	579,806
2004	64.70	12.03	575,222
2005	66.45	12.15	609,530
2006	68.85	13.45	648,343
2007	68.22	14.12	631,689
2008	69.69	14.12	672,822
2009	65.71	13.30	675,866
2010	64.77	12.90	754,372
2011	65.78	14.27	754,373
2012	66.06	14.13	802,191

Fuente: Basado en los datos de la Encuesta de American Community Survey (ACS) de 2012.

concentrarse en las ocupaciones con calificaciones de nivel medio y bajo; más específicamente, las ocupaciones que prestan servicios personales y ocupaciones elementales (es decir, ocupaciones que consisten en tareas simples y rutinarias que por lo general requieren del uso de herramientas manuales, a menudo un esfuerzo físico, sin cualificaciones formales) representaban aproximadamente un tercio de los empleos de esta población diáspora. Las cinco principales ocupaciones (a nivel de tres dígitos según el OCC1990) de empleo fueron cajeros, choferes, conserjes, ayudantes de enfermería, y amas de llave y mayordomos, todos los cuales representaban el 24 por ciento de los empleos.

El alto porcentaje de empleo en las ocupaciones de baja calificación a medio podría estar vinculado con los logros educativos de los inmigrantes. Aunque los que completaron la escuela secundaria representaban el 50 por ciento de este grupo de inmigrantes a partir del 2012, un poco más del 14 por ciento recibieron un título. Este último porcentaje es bastante bajo comparado con el nivel de 30 por ciento entre todos los nacidos en el extranjero del mismo grupo etario en Estados Unidos. Estos hallazgos corroboran el hecho de que los emigrantes de la República Dominicana en su gran mayoría no cuentan con una educación terciaria, una observación empírica que fue utilizada en la simulación.

Los migrantes haitianos en la República Dominicana

Si bien muchas personas migran desde la República Dominicana, principalmente hacia los Estados Unidos, la República Dominicana misma recibe muchos inmigrantes de otros países. Como se resaltó anteriormente, la mayoría de estos inmigrantes son de Haití. La migración desde Haití hacia la República Dominicana tiene raíces históricas profundas, siendo este un ejemplo típico de la migración Sur-Sur. Cuando vecinos cercanos, como los haitianos, no pueden acceder fácilmente al mercado laboral de un país de altos ingresos como Estados Unidos, migrar a un país vecino relativamente estable y próspero como la República Dominicana se convierte en una alternativa atractiva.

La dificultad principal al analizar los patrones e impacto de la migración haitiana hacia la República Dominicana es la falta de datos fiables. Existen varias razones para la ausencia de datos de calidad sobre los inmigrantes. Algunas están relacionadas con las dificultades en recolectar datos consistentes de alta calidad, especialmente sobre variables del mercado laboral en los países en desarrollo. La recolección de datos se constituye en un verdadero reto cuando una porción significativa del mercado laboral es informal. Surgen otros problemas a raíz de las situaciones especiales relacionadas con los inmigrantes haitianos. Una gran mayoría de estos inmigrantes no están documentados y han ingresado a la República Dominicana por canales informales. Como tal, tienen incentivos para evitar las encuestas y responderlas de manera veraz, debido a su temor de ser detenidos y deportados.

Los lazos históricos y geográficos entre Haití y República Dominicana explican el grado de migración. Los soldados haitianos invadieron a la República Dominicana, conocido en ese entonces como Santo Domingo, en 1822 y anexaron el país a Haití hasta que pudo recobrar su independencia en 1844.

Los dos países firmaron un primer acuerdo de migración en 1918, el cual dispuso el reclutamiento de 20,000 trabajadores haitianos cada año. Aunque a continuación hubo períodos de medidas restrictivas sobre la migración, la renovación de los acuerdos de reclutamiento en 1970 estimuló la emigración haitiana durante los años 80 y 90. Por tanto, Haití se convirtió en una fuente de empleo barato para la República Dominicana. Los inmigrantes desde Haití fueron (y siguen siendo) empleados principalmente en los sectores informales y en el sector agrícola, por ejemplo, las plantaciones de caña.

Los informes oficiales sugieren que había 245,000 inmigrantes haitianos en la República Dominicana según el censo dominicano de 1991. Además, la Embajada de Haití en Santo Domingo estimaba que vivían cerca de 1.1 millones de haitianos en la República Dominicana en 2009 (lo cual posiblemente incluía también los individuos nacidos en la República Dominicana de padres haitianos), una cifra que está muy por encima del estimado de 313,040 arrojada por el censo de 2010. La falta de consenso acerca de la cantidad de personas en la República Dominicana nacidas en Haití se nota aún más en la estimación de las Naciones Unidas de 260,000 personas en 2013. No obstante diferencias menores en los años relacionados con estas estimaciones, son considerables las diferencias entre las cifras de las distintas fuentes.

El número de haitianos en la República Dominicana se disparó después del terremoto del 2010, ya que muchos buscaban refugio. El conteo exacto a partir del 2015 sigue siendo impreciso. Los estimados de los medios de comunicación sugieren que la cifra ronda los 460,000.[2,3] El estimado de la Primera Encuesta Nacional de Inmigrantes en la República Dominicana (ENI), es algo parecido a esta cifra. Sugiere que, de los 524,632 individuos en la República Dominicana nacidos en el extranjero en 2012, 458,233 nacieron en Haití.

Las encuestas estándar sobre la fuerza laboral de la República Dominicana actualmente disponibles subestiman el conteo de inmigrantes en el país, ya que no distinguen claramente el lugar de nacimiento del encuestado del lugar de última residencia del encuestado. Por ejemplo, mientras que la base de datos sobre inmigrantes en países miembros y no miembros de la OCDE (DIOC), que extrae datos de ese censo, ubica el conteo de todos los inmigrantes en la República Dominicano en 395,480 en el 2010, las estimaciones de la encuesta de la fuerza laboral sugieren que 281,278 inmigrantes estaban en el país en ese mismo año (cuadro 5.2). Es más probable que esta última sea mejor estimación porque está basada en datos censales, mientras que la encuesta de trabajo está basada en una muestra. Además, al comparar las estimaciones de la encuesta con aquella reportadas oficialmente por la oficina estadística del país implicaría que hubo una disminución de la población total y de la población nativa, y como tal, la encuesta puede no haber sub contado únicamente a los inmigrantes haitianos.

Según la Primera Encuesta Nacional de Inmigrantes en la República Dominicana, realizada en 2012, los inmigrantes en su gran mayoría son más jóvenes que los nativos. La participación de inmigrantes entre 15 y 64 años es más de 86 por ciento, comparada con menos del 65 por ciento para los nativos en este mismo grupo de edades. Los principales países de origen, además de

Cuadro 5.2 Comparación de población nativa frente a la extranjera, por fuente de datos

Grupo de población	DIOC 2010	EFL 2010	ENFT 2012
Nativo	9,042,360	9,541,742	9,191,608
Extranjero			
No-haitiano	395,480	281,278	524,632
Haitianos	308,010	—	458,233
Total	9,437,840	9,823,020	9,716,240

Fuente: Basada en datos del censo DIOC y en datos de la encuesta ENFT y LFS.
Nota: — = no disponible; DIOC = Base de datos sobre inmigrantes en la OCDE y países no miembros de la OCDE; ENFT = Laboral; LFS = Encuesta de Fuerza Laboral.

Haití, son Cuba, Estados Unidos y el Estado Libre Asociado y Autónomo de Puerto Rico, y Venezuela. Los haitianos siguen siendo el grupo inmigrante predominante en la República Dominicana, representando aproximadamente 90 por ciento de todos los inmigrantes, según la mayoría de las fuentes de datos. Su tasa de empleo, sin embargo, es mucho menor en comparación con la de los nativos, estimándose en menos del 40 por ciento.

Los datos

Esta sección examina las implicaciones de la inmigración y emigración para el nivel salarial y de empleo de los nativos, como se mencionó anteriormente. En nuestro modelo agregado simple de una economía, los trabajadores se diferencian por su lugar de nacimiento (es decir, nativo o nacido en el extranjero) y sus niveles educativos, utilizados como medida de calificaciones. A diferencia del modelo Docquier, Ozden y Peri (2014), el modelo que se presenta en este capítulo se amplía para considerar una economía que cuenta con un sector formal y un sector informal que representa cerca del 50 por ciento de los empleos en la República Dominicana. Como tal, es necesario contar con datos sobre los niveles educativos y el estatus de nacimiento, así como el estatus de formalidad de los individuos.

El interés de este análisis estriba en examinar los efectos de los flujos de inmigración y emigración sobre los resultados del mercado laboral para los nativos de la República Dominicana. Se debe escoger un año referencial y obtener estos flujos en un punto específico en el tiempo. Por esta razón, se escogió el Período 2000 – 2010, siendo 2000 el punto de referencia inicial. La información sobre el número de inmigrantes y nativos en el país en el año de referencia es crucial, ya que esta se utiliza para analizar cómo (a) el flujo de inmigrantes (por nivel de destrezas) y (b) el egreso de nativos (de nuevo, según el nivel de calificaciones) afectarán los resultados del mercado laboral en cuestión durante los siguientes 10 años.

Están disponibles dos conjuntos de datos para este análisis: (a) las encuestas sobre la fuerza laboral dominicana (LFS) del Banco Mundial, y (b) los datos sobre la inmigración y emigración del DIOC, que fueron recopilados de los datos de los censos nacionales de los países destinatarios (la República

Cuadro 5.3 Estatus inmigratorio de la Población en edad de trabajar (Edades 15–64), 2000 y 2010

Grupo de población	2000		2010	
	DIOC	LFS	DIOC	LFS
Nativo	4,774,069	4,937,217	5,718,950	5,998,063
Inmigrante	403,916	71,938	324,910	242,601
Total	5,177,985	5,009,155	6,043,860	6,240,664

Fuente: Basada en datos del censo DIOC del 2000 y 2010 la LFS del 2000 y 2010.
Nota: Un inmigrante se clasifica por el último lugar de residencia en la LFS, pero por país de nacimiento en la DIOC. DIOC = inmigrantes en la OCDE y países no miembros de la OCDE; LFS = Encuesta de Fuerza Laboral.

Dominicana en este caso). El Cuadro 5.3 reporta las cantidades de la población en edad de trabajar (es decir, de 15 a 64 años) en base a estos dos conjuntos de datos. Aunque ambas fuentes sugieren que esta fue un poco menos de 5 millones en el año 2000, la encuesta sobre la fuerza laboral estima el número de inmigrantes en menos de 72,000, pero en comparación, el DIOC estima esta cifra en un poco más de 400,000. Para el año 2010, DIOC estima las cifras de inmigrantes en alrededor de 325,000 y la encuesta sobre la fuerza laboral en aproximadamente 243,000. Tal y como esboza la sección sobre los antecedentes, los datos de DIOC se alinean mejor con las estadísticas oficiales de la República Dominicana, que ubican el número de individuos nacidos en el extranjero con edad de trabajar en el 2012 en un poco menos de 459,000. Se puede argüir que ambas fuentes de datos (LFS y DIOC) son poco fiables para identificar el número de inmigrantes en los años 2000 y 2010, así como los cambios ocurridos durante este período de 10 años. Sin embargo, es probablemente que DIOC sea más fiable para el año 2000, pero posiblemente subestima el número de inmigrantes en el 2010. El LFS, por otro lado, parece no ser fiable para ninguno de los dos años.

Nuestro modelo esbozado en la siguiente sección contiene dos grupos de calificaciones: los de alta calificación y los de baja calificación. El primer grupo incluye los que cuentan con una educación terciaria y el segundo incluye todos los que no cuentan con calificaciones de educación terciaria. DIOC contiene información sobre el nivel educativo, el cual utilizamos para obtener la composición de calificaciones de la población en edad de trabajar según su estatus de nacimiento. Esto está reportado en el cuadro 5.4. Los individuos con educación terciaria representaban el 9 por ciento de la población en el año 2000; los porcentajes correspondientes fueron 9 por ciento y 10 por ciento entre los nativos e inmigrantes, respectivamente.

El cuadro 5.5 indica las participaciones del empleo en los sectores formal e informal, tanto para el año 2000 como el 2010, utilizando los datos de la encuesta sobre la fuerza laboral. El sector informal representa por lo menos la mitad de todos los empleos en ambos años. Estas participaciones bajan por 2 a 5 puntos porcentuales cuando omitimos el sector agrícola. Esta cifra también sugiere que la mayor parte del aumento en el número de personas empleadas ocurrió en el

Cuadro 5.4 Estatus inmigratorio de la Población en edad de trabajar (Edades 15–64), por grupo de calificaciones, 2000 y 2010

Grupo de población	2000			2010		
	No terciaria	Terciaria	Desconocida	No terciaria	Terciaria	Desconocida
Nativa	4,356,369	385,192	32,508	5,202,570	516,380	—
Inmigrante	361,780	37,448	4,688	305,670	19,240	—
Total	4,718,149	422,640	37,196	5,508,240	535,620	—

Fuente: DIOC 2000 y 2010.
Nota: — = no disponible; DIOC = Base de datos sobre inmigrantes en la OCDE y países no miembros de la OCDE.

Cuadro 5.5 Distribución sectorial de empleo, por grupo de calificación y estatus de formalidad, 2000 and 2010

Grupo de capacitación	2000				2010			
	Formal		Informal		Formal		Informal	
	Número	Participación (%)	Número	Participación (%)	Número	Participación (%)	Número	Participación (%)
Nativa	294,930	94.56	16,977	5.44	453,666	95.01	23,841	4.99
Inmigrante	1,121,750	44.01	1,427,214	55.99	1,243,314	39.68	1,889,925	60.32
Total	1,416,680	49.52	1,444,191	50.48	1,696,980	47.00	1,913,766	53.00

Fuente: LFS 2000 y 2010.
Nota: LFS = Encuesta de fuerza laboral. "Terciaria y "no terciaria" se refieren a nivel de educación.

sector informal (es decir, 62 por ciento). En gran parte, esto justifica la necesidad de considerar los efectos de la inmigración y emigración en los salarios y empleos en los sectores formal e informal por separado.

Los salarios promedios calculados en base a las encuestas sobre la fuerza laboral entre los años 2000 y 2012 pintan un resultado similar al reportado por el FMI, como ilustra el gráfico 5.1. También observamos que la disminución en los salarios parece haber sido más pronunciada entre los que contaban con una educación terciaria entre los años 2000 y 2004 cuando examinamos la tendencia en los salarios ajustados por paridad de poder adquisitivo. En comparación, la caída de los salarios entre los que no completaron la educación terciaria fue mucho menor. Los niveles de salarios permanecieron relativamente estables a partir del 2004 para ambos grupos de destrezas. Una comparación entre los sectores muestra que los salarios en el sector formal fueron consistentemente más altos que los salarios en el sector informal, lo cual respalda aún más la necesidad de tomar en cuenta que los trabajadores entre los sectores podrían tener distintos niveles de productividad.

Una dimensión adicional de los datos explorados es la distribución por nivel educativo de las personas nacidas en la República Dominicana que residen fuera del país. Los flujos netos de la emigración por grupo de calificaciones se obtuvieron utilizando las encuestas del DIOC 2000 y DIOC 2010.

Gráfico 5.1 Ingresos mensuales por sector, en dólares dominicanos y ajustado por paridad de poder adquisitivo, 2000–12

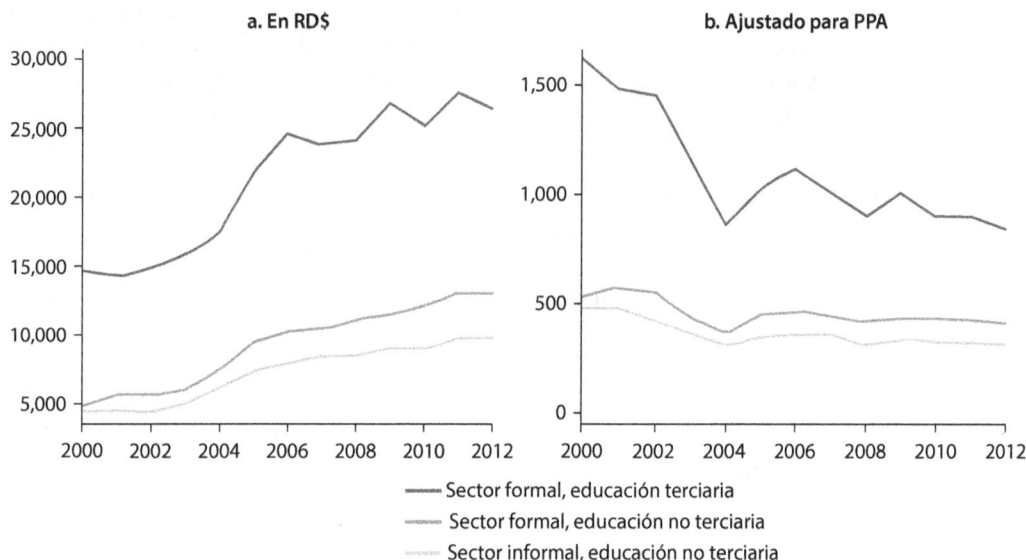

Cuadro 5.6 Población de dominicanos en edad de trabajar que residen en el exterior, 2000 y 2010

Grupo de calificaciones	2000	2010	Change
Educación terciaria	90,915	169,004	78,089
Educación no terciaria	630,118	786,809	156,691
Total	721,033	955,813	234,780

Fuente: DIOC 2000 y 2010.
Nota: DIOC = Base de datos sobre inmigrantes en la OCDE y países no miembros de OCDE.

El número de personas nacidas en la República Dominicana que residen fuera del país aumentó en 234,780 entre 2000 y 2010. Además, de los 955,813 emigrantes en el 2010, 786,809 contaban con una educación no terciaria. Por otro lado, el número de los que completaron una educación terciaria aumentó en casi 86 por ciento, mientras que el aumento correspondiente entre los que no tenían una educación terciaria fue de aproximadamente 25 por ciento (Cuadro 5.6).

Modelo analítico

Función de producción agregada

El modelo analítico utilizado para este análisis es una extensión del modelo desarrollado por Docquier, Ozden y Peri (2014) (el cual será referido en lo adelante como el Modelo DOP). Este es una variante de los modelos estándar de producción anidada utilizados en muchas publicaciones de literatura sobre economía.

La variación principal aquí, como se mencionó anteriormente, es la inclusión de otra capa productiva para captar una economía que cuenta con un sector de empleo dual. Se supone que el producto (es decir, y) es homogéneo y perfectamente negociable. Este se produce con una función de producción de retorno a escala constante: el capital físico (k) y un insumo laboral compuesto (q):

$$y = Af(k, q) \tag{5.1}$$

donde A es el parámetro de productividad total de los factores (PTF). La producción de una unidad de bienes requiere la mano de obra de dos sectores: el sector formal y el sector informal, como vemos en el gráfico 5.2. Podemos también visualizar q en unidades efectivas, y la ecuación 5.1 puede reescribirse como la ecuación 5.2:

$$y = Aq \tag{5.2}$$

de tal manera que

$$q = \left[\theta_s q_f^{\frac{\delta_{s-1}}{\delta_s}} + \left(1 - \theta_s\right) q_i^{\frac{\delta_{s-1}}{\delta_s}} \right]^{\frac{\delta_s}{\delta_{s-1}}} \tag{5.3}$$

donde q_f denota la mano de obra del sector formal y q_i denota la mano de obra del sector informal. Por ende, θ_s y $1 - \theta_s$ son los respectivos parámetros de productividad sectorial relativa. Finalmente, δ_s representa la elasticidad de la sustitución de la mano de obra entre los dos sectores, uno de los parámetros clave del modelo y de las simulaciones

Gráfico 5.2 Mano de obra compuesta de la estructura anidada

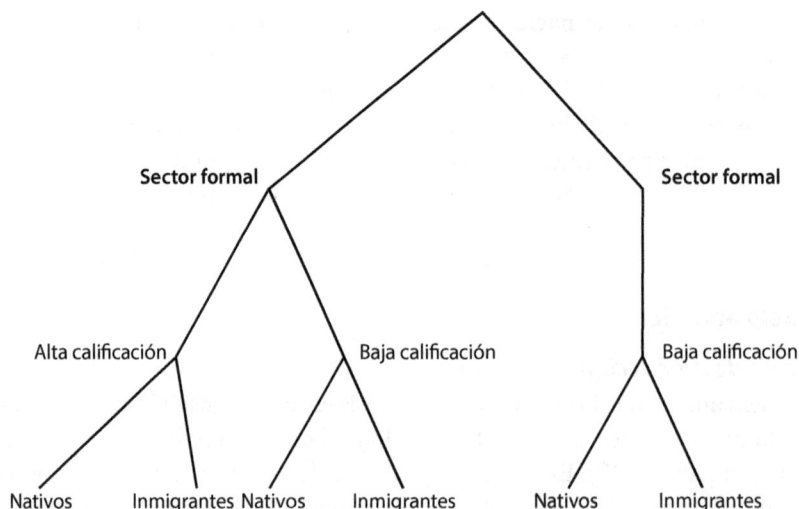

El mercado laboral está dividido en dos grupos de calificaciones: alta calificación y baja calificación.

Se supone que la mano de obra agregada consiste en trabajadores de calificación alta y baja en cada sector (véase ecuación 5.4), aunque más adelante se supondrá que el sector informal solo emplea a trabajadores poco calificados, como muestra el gráfico 5.2

$$q_s = \left[\theta_e q_{s,h}^{\frac{\delta_e-1}{\delta_e}} + \left(1-\theta_e\right) q_{s,l}^{\frac{\delta_e-1}{\delta_e}} \right]^{\frac{\delta_e}{\delta_e-1}} \tag{5.4}$$

En la ecuación 5.4, $q_{s,h}$ representa la mano de obra altamente cualificada y $q_{s,l}$ representa la mano de obra poco calificada. Aquí, θ_e y $1-\theta_e$ están los respectivos niveles relativos de productividad de cada nivel de calificaciones, y δ_e es la elasticidad de la sustitución entre los grupos de calificaciones, el segundo parámetro de elasticidad más importante.

El nido siguiente y final es para la nacionalidad o estatus migratorio del trabajador. Cada ecuación o grupo de destrezas incluye a trabajadores nacidos en el extranjero y trabajadores nacidos en el país, de modo que:

$$q_{s,e} = \left[\theta_m q_{s,e,n}^{\frac{\delta_m-1}{\delta_m}} + \left(1-\theta_m\right) q_{s,e,m}^{\frac{\delta_m-1}{\delta_m}} \right]^{\frac{\delta_m}{\delta_m-1}} \tag{5.5}$$

donde $e = h, l$

Aquí, $q_{s,e,n}$ representa los trabajadores nativos, y $q_{s,e,m}$ representa los trabajadores correspondientes nacidos en el extranjero; θ_m y $1-\theta_m$ son los respectivos niveles relativos de productividad de los nativos e inmigrantes; y δ_m es la elasticidad de la sustitución entre nativos e inmigrantes, el tercer parámetro de elasticidad más importante. Presentamos la estructura a en la anidada en el gráfico 5.2.

La externalidad de la educación

Dada la importancia del capital humano para la PTF y las externalidades de la escolaridad (véase Docquier, Ozden y Peri 2014; y Lucas 1988), la PTF de un país se expresa como:

$$A = A_0 * e^{\lambda f_h} \tag{5.6}$$

donde A_o representa el componente independiente de PTF respecto a la externalidad del capital humano, f_h denota la participación de individuos altamente cualificados en la fuerza laboral, y l denota la semi elasticidad de la PTF respecto al f_h.

Demanda laboral

Se supone que la República Dominicana es un mercado laboral único. La productividad marginal de cada tipo de trabajador nativo $\{s, e, n\}$ puede obtenerse al sustituir las ecuaciones de 5.3 a 5.5 al 5.2 y diferenciando q respecto de $q_{s,e,n}$. Al proceder de esta manera, obtenemos la demanda para mano de obra del tipo $\{s, e, n\}$ como lo muestran las ecuaciones 5.7–5.9:

$$W_{f,h,n} = A * \theta_s * \theta_e * \theta_m \left[\frac{q}{q_f}\right]^{\frac{1}{\delta_s}} \left[\frac{q_f}{q_{f,h}}\right]^{\frac{1}{\delta_e}} \left[\frac{q_{f,h}}{q_{f,h,n}}\right]^{\frac{1}{\delta_m}} \tag{5.7}$$

$$W_{f,l,n} = A * \theta_s \left(1-\theta_e\right) * \theta_m \left[\frac{q}{q_f}\right]^{\frac{1}{\delta_s}} \left[\frac{q_f}{q_{f,l}}\right]^{\frac{1}{\delta_e}} \left[\frac{q_{f,l}}{q_{f,l,n}}\right]^{\frac{1}{\delta_m}} \tag{5.8}$$

$$W_{i,l,n} = A\left(1-\theta_s\right)\left(1-\theta_e\right) * \theta_m \left[\frac{q}{q_i}\right]^{\frac{1}{\delta_s}} \left[\frac{q_i}{q_{i,l}}\right]^{\frac{1}{\delta_e}} \left[\frac{q_{i,l}}{q_{i,l,n}}\right]^{\frac{1}{\delta_m}} \tag{5.9}$$

Luego, hay que tomar los diferenciales totales de las ecuaciones del 5.7 al 5.9 respecto a las variaciones (Δ) de empleo de cada tipo de trabajador para obtener el cambio porcentual en la productividad marginal para los trabajadores nativos, la cual surge de un cambio en el empleo de los inmigrantes de un tipo dado (es decir, $\hat{q}_{s,e,m}$), nativos (es decir, $\hat{q}_{s,e,n}$), o ambos. Este cambio porcentual se define como $\hat{x} = \Delta x / x$. Esto lleva a las ecuaciones 5.10 y 5.11:

$$\frac{\partial \ln w_{s,e,n}}{\partial w_{s,e,n}} \Delta w_{s,e,n} = \frac{1}{\delta_s}\left[\frac{\partial q}{\partial q_{f,h,m}}\frac{\Delta q_{f,h,m}}{q} + \frac{\partial q}{\partial q_{f,l,m}}\frac{\Delta q_{f,l,m}}{q} + \frac{\partial q}{\partial q_{i,l,m}}\frac{\Delta q_{i,l,m}}{q}\right]$$

$$+ \frac{1}{\delta_s}\left[\frac{\partial q}{\partial q_{f,h,n}}\frac{\Delta q_{f,h,n}}{q} + \frac{\partial q}{\partial q_{f,l,n}}\frac{\Delta q_{f,l,n}}{q} + \frac{\partial q}{\partial q_{i,l,n}}\frac{\Delta q_{i,l,n}}{q}\right]$$

$$+ \left(\frac{1}{\delta_e} - \frac{1}{\delta_s}\right)\left[\frac{\partial q_s}{\partial q_{s,h,m}}\frac{\Delta q_{s,h,m}}{q_s} + \frac{\partial q_s}{\partial q_{s,l,m}}\frac{\Delta q_{s,l,m}}{q_s}\right]$$

$$+ \left(\frac{1}{\delta_e} - \frac{1}{\delta_s}\right)\left[\frac{\partial q_s}{\partial q_{s,h,n}}\frac{\Delta q_{s,h,n}}{q_s} + \frac{\partial q_s}{\partial q_{s,l,n}}\frac{\Delta q_{s,l,n}}{q_s}\right]$$

$$+ \left(\frac{1}{\delta_m} - \frac{1}{\delta_e}\right)\left[\frac{\partial q_{s,e}}{\partial q_{s,e,m}}\frac{\Delta q_{s,e,m}}{q_{s,e}}\right]$$

$$+ \left(\frac{1}{\delta_m} - \frac{1}{\delta_e}\right)\left[\frac{\partial q_{s,e}}{\partial q_{s,e,n}}\frac{\Delta q_{s,e,n}}{q_{s,e}}\right]$$

$$- \frac{1}{\delta_m} * \frac{\Delta q_{s,e,n}}{q_{s,e,n}} + \lambda \Delta f_h \text{ for } s = f \text{ and } e = \left(h,l\right) \tag{5.10}$$

$$\frac{\partial \ln w_{i,l,n}}{\partial w_{i,l,n}} \Delta w_{i,l,n} = \frac{1}{\delta_s} \left[\frac{\partial q}{\partial q_{f,h,m}} \frac{\Delta q_{f,h,m}}{q} + \frac{\partial q}{\partial q_{f,l,m}} \frac{\Delta q_{f,l,m}}{q} + \frac{\partial q}{\partial q_{i,l,m}} \frac{\Delta q_{i,l,m}}{q} \right]$$

$$+ \frac{1}{\delta_s} \left[\frac{\partial q}{\partial q_{f,h,n}} \frac{\Delta q_{f,h,n}}{q} + \frac{\partial q}{\partial q_{f,l,n}} \frac{\Delta q_{f,l,n}}{q} + \frac{\partial q}{\partial q_{i,l,n}} \frac{\Delta q_{i,l,n}}{q} \right]$$

$$+ \left(\frac{1}{\delta_e} - \frac{1}{\delta_s} \right) \left[\frac{\partial q_i}{\partial q_{i,l,m}} \frac{\Delta q_{i,l,m}}{q_i} \right] + \left(\frac{1}{\delta_l} - \frac{1}{\delta_i} \right) \left[\frac{\partial q_i}{\partial q_{i,l,n}} \frac{\Delta q_{i,l,n}}{q_i} \right]$$

$$+ \left(\frac{1}{\delta_m} - \frac{1}{\delta_l} \right) \left[\frac{\partial q_{i,l}}{\partial q_{i,l,m}} \frac{\Delta q}{q_{i,l}} \right] + \left(\frac{1}{\delta_m} - \frac{1}{\delta_l} \right) \left[\frac{\partial q_{i,l}}{\partial q_{i,l,n}} \frac{\Delta q_{i,l,n}}{q_{i,l}} \right]$$

$$- \frac{1}{\delta_m} \frac{\Delta q_{i,l,n}}{q_{i,l,n}} + \lambda \Delta f_h \tag{5.11}$$

En equilibrio, a cada tipo de mano de obra se la paga su productividad marginal y dado que la mano de obra es el único factor de producción, la participación del gasto salarial total, shr_k, para cualquier grupo k de trabajadores puede expresarse como

$$shr_k = \frac{w_k * q_k}{y}$$

de tal manera que:

$$shr_{s,e,j} = \frac{w_{s,e,j} * q_{s,e,j}}{y} = w_{s,e,j} * \frac{q_{s,e,j}}{y} = \frac{\partial q}{\partial q_{s,e,j}} * \frac{q_{s,e,j}}{q} \tag{5.12}$$

donde $j = n, m$

$$shr_{s,e} = \frac{w_{s,e} * q_{s,e}}{y} = w_{s,e} * \frac{q_{s,e}}{y} = \frac{\partial q}{\partial q_{s,e}} * \frac{q_{s,e}}{q} \tag{5.13}$$

$$shr_s = \frac{w_s * q_s}{y} = w_s * \frac{q_s}{y} = \frac{\partial q}{\partial q_s} * \frac{q_s}{q} \tag{5.14}$$

Las ecuaciones 5.12 implica que

$$shr_{s,e,j} * \frac{\Delta q_{s,e,j}}{q_{s,e,j}} = \frac{\partial q}{\partial q_{s,e,j}} \frac{\Delta q_{s,e,j}}{q} \tag{5.15}$$

Las ecuaciones 5.12 y 5.14 implica que

$$\frac{shr_{s,e,j}}{shr_s} * \frac{\Delta q_{s,e,j}}{q_{s,e,j}} = \frac{\partial q_s}{\partial q_{s,e,j}} * \frac{\Delta q_{s,e,j}}{q_s} \tag{5.16}$$

Las ecuaciones 5.12 y 5.13 implican que

$$\frac{shr_{s,e,j}}{shr_{s,e}} * \frac{\Delta q_{s,e,j}}{q_{s,e,j}} = \frac{\partial q_{s,e}}{\partial q_{s,e,j}} * \frac{\Delta q_{s,e,j}}{q_{s,e}} \tag{5.17}$$

La ecuación 5.15 es igual al primer conjunto de términos en las ecuaciones 5.10 y 5.11, la ecuación 5.16 es igual al segundo conjunto, y la ecuación 5.17 es igual al tercer conjunto. Al sustituir estas equivalencias en las ecuaciones 5.10 y 5.11, se obtiene el resultado que muestra la ecuación 5.18:

$$
\begin{aligned}
\hat{w}_{f,h,n} = \frac{1}{\delta_s} &\Big[\big(shr_{f,h,m}\hat{q}_{f,h,m} + shr_{f,l,m}\hat{q}_{f,l,m} + shr_{i,l,m}\hat{q}_{i,l,m} \big) \\
&+ \big(shr_{f,h,n}\hat{q}_{f,h,n} + shr_{f,l,n}\hat{q}_{f,l,n} + shr_{i,l,n}\hat{q}_{i,l,n} \big) \Big] \\
&+ \left(\frac{1}{\delta_e} - \frac{1}{\delta_s} \right) \left[\left(\frac{shr_{f,h,m}}{shr_f}\hat{q}_{f,h,m} + \frac{shr_{f,l,m}}{shr_f}\hat{q}_{f,l,m} \right) \right. \\
&+ \left. \left(\frac{shr_{f,h,n}}{shr_f}\hat{q}_{f,h,n} + \frac{shr_{f,l,n}}{shr_f}\hat{q}_{f,l,n} \right) \right] \\
&+ \left(\frac{1}{\delta_m} - \frac{1}{\delta_e} \right) \left[\frac{shr_{f,h,m}}{shr_{f,h}}\hat{q}_{f,h,m} + \frac{shr_{f,h,n}}{shr_{f,h}}\hat{q}_{f,h,n} \right] \\
&- \frac{1}{\delta_m}\hat{q}_{f,h,n} + \lambda\Delta f_h
\end{aligned} \tag{5.18}
$$

$$
\begin{aligned}
\hat{w}_{f,l,n} = \frac{1}{\delta_s} &\Big[\big(shr_{f,h,m}\hat{q}_{f,h,m} + shr_{f,l,m}\hat{q}_{f,l,m} + shr_{i,l,m}\hat{q}_{i,l,m} \big) \\
&+ \big(shr_{f,h,n}\hat{q}_{f,h,n} + shr_{f,l,n}\hat{q}_{f,l,n} + shr_{i,l,n}\hat{q}_{i,l,n} \big) \Big] \\
&+ \left(\frac{1}{\delta_e} - \frac{1}{\delta_s} \right) \left[\left(\frac{shr_{f,h,m}}{shr_f}\hat{q}_{f,h,m} + \frac{shr_{f,l,m}}{shr_f}\hat{q}_{f,l,m} \right) \right. \\
&+ \left. \left(\frac{shr_{f,h,n}}{shr_f}\hat{q}_{f,h,n} + \frac{shr_{f,l,n}}{shr_f}\hat{q}_{f,l,n} \right) \right] \\
&+ \left(\frac{1}{\delta_m} - \frac{1}{\delta_e} \right) \left[\frac{shr_{f,l,m}}{shr_{f,l}}\hat{q}_{f,l,m} + \frac{shr_{f,l,n}}{shr_{f,l}}\hat{q}_{f,l,n} \right] \\
&- \frac{1}{\delta_m}\hat{q}_{f,l,n} + \lambda\Delta f_h
\end{aligned} \tag{5.19}
$$

$$\hat{w}_{i,l,n} = \frac{1}{\delta_s}\Big[\big(shr_{f,h,m}\hat{q}_{f,h,m} + shr_{f,l,m}\hat{q}_{f,l,m} + shr_{i,l,m}\hat{q}_{i,l,m}\big)$$

$$+\big(shr_{f,h,n}\hat{q}_{f,h,n} + shr_{f,l,n}\hat{q}_{f,l,n} + shr_{i,l,n}\hat{q}_{i,l,n}\big)\Big]$$

$$+\left(\frac{1}{\delta_e} - \frac{1}{\delta_s}\right)\left[\frac{shr_{i,l,m}}{shr_i}\hat{q}_{i,l,m} + \frac{shr_{i,l,n}}{shr_i}\hat{q}_{i,l,n}\right] \qquad (5.20)$$

$$+\left(\frac{1}{\delta_m} - \frac{1}{\delta_e}\right)\left[\frac{shr_{i,l,m}}{shr_{i,l}}\hat{q}_{i,l,m} + \frac{shr_{i,l,n}}{shr_{i,l}}\hat{q}_{i,l,n}\right]$$

$$-\frac{1}{\delta_m}\hat{q}_{i,l,n}$$

Otro supuesto del modelo que observamos al comparar la ecuación 5.19 y la ecuación 5.20, es que la externalidad de los trabajadores altamente cualificados solamente afecta al grupo laboral formal. Al inspeccionar de cerca las últimas tres ecuaciones, (ecuaciones 5.18–5.20) vemos que los cambios en los salarios para cualquier tipo de trabajador ocurren a través de todos los cambios de empleo de todos los tipos de trabajadores. Esto se puede ver en la expresión común de las dos primeras líneas de las tres ecuaciones. El siguiente conjunto de expresiones, que solamente incluye términos específicos para cada sector, captan los efectos de los cambios de empleo dentro del sector mismo del trabajador. $\frac{1}{\delta_m}\hat{q}_{s,e,n}$ representa los cambios surgidos del cambio de empleo del mismo tipo que del trabajador y $\lambda\Delta f_h$ denota el efecto que puede atribuirse al cambio en la participación de los altamente calificados dentro de la fuerza laboral a través del PTF. Por tanto, si no varía otro factor, los cambios en el número de un tipo de trabajador específico podrían afectar los salarios relativos y los niveles de empleo de todos los demás tipos de trabajadores.

Oferta Laboral

La asignación por elección de trabajo/ocio para una unidad de tiempo para un tipo dado de nativo $\{s, e, n\}$ es tal que trabajan $l_{s,e,n}$ unidades de tiempo y asignan el unidad $1-l_{s,e,n}$ restante al ocio. Esta asignación maximiza la función de utilidad instantánea, la cual depende positivamente de su consumo, $c_{s,e,n}$, pero negativamente sobre la cantidad de mano de obra ofertada, $l_{s,e,n}$:

$$U_{s,e,n} = \theta_c c_{s,e,n}^{\varsigma} - \theta_l l_{s,e,n}^{\eta} \qquad (5.21)$$

Para simplificar, se supone que los parámetros θ_c, θ_l, ζ, y η son idénticos para todos los tipos de individuos. Además, en consonancia con el modelo DOP, se supone que los individuos consumen todos los ingresos de su trabajo, de modo que $c_{s,e,n} = l_{s,e,n}w_{s,e,n}$.[4] Al sustituir esta constante en la ecuación 5.21, se obtiene la oferta laboral al maximizar la ecuación 5.21 respecto al $l_{s,e,n}$, que se traduce en:

$$l_{s,e,n} = \phi w_{s,e,n}^{\gamma} \tag{5.22}$$

siendo $\phi = \left[\dfrac{\theta_c\varsigma}{\theta_\eta}\right]^{\frac{1}{\eta-\varsigma}}$, una constante, y $\gamma = \dfrac{\varsigma}{\eta-\varsigma}$. Este último capta la elastici-dad de la oferta de mano de obra, θ_η $\eta-\varsigma$, que se supone es no cero positivo.

La oferta agregada de mano de obra para un tipo de trabajador dado $\{s, e, n\}$ se obtiene al multiplicar la ecuación 5.22 por la fuerza laboral total del mismo tipo, $Q_{s,e,n}$. Esto se traduce en lo siguiente:

$$q_{s,e,n} = \phi Q_{s,e,n}w_{s,e,n}^{\gamma} \tag{5.23}$$

Para simplificar, aplicamos el modelo DOP usando el supuesto que todos los inmigrantes en edad de trabajar ofertan una cantidad de trabajo constante, dígase t, de modo que el empleo total entre los inmigrantes de tipo $\{s, e, m\}$ viene dado por:

$$q_{s,e,m} = \tau Q_{s,e,m} \tag{5.24}$$

El supuesto que todos los inmigrantes en edad de trabajar ofertan una canti-dad de trabajo constante tiene las siguientes implicaciones: γ, elasticidad de la oferta laboral, se supone que es cero entre los inmigrantes; y un cambio porcen-tual específico en la población de fuerza laboral inmigrante es igual al mismo cambio porcentual en el empleo de los mismos.

Efectos del equilibrio de la inmigración y emigración

Esta sección presenta las soluciones para los cambios en el equilibrio de los salarios y empleo de un tipo de trabajador nativo específico. Los cambios en la reserva de inmigrantes en edad de trabajar (es decir, $Q_{s,e,m}$) y en la reserva de nativos con edad de trabajar (es decir, $\Delta Q_{s,e,n}$) como resultado de la migración son, según indica el modelo DOP, [sic] son considerados como flujo inmigrato-rio neto y flujo de emigratorio neto. Estos se toman como sean dados. Aquí, nuestro interés es examinar sus implicaciones para los niveles de empleo y salarios de nativos que permanecen en su país de origen. El equilibrio se fija en el punto donde los niveles de empleo y salarios para cada tipo de trabajador nativo, según la oferta y demanda, se ajustan al flujo inmigratorio neto y flujo emigratorio neto.

Como indicamos más arriba, un cambio porcentual dado en $Q_{s,e,m}$ corres-ponde al mismo cambio porcentual en $q_{s,e,m}$. La ecuación para salarios que resulta del lado de la demanda—es decir, las ecuaciones del 5.18 al 5.20—es:

$$\hat{w}_{s,e,n} = \frac{1}{\delta_s}\Big[shr_{f,h,m}\hat{Q}_{f,h,m} + shr_{f,l,m}\hat{Q}_{f,l,m} + shr_{i,l,m}\hat{Q}_{i,l,m} \Big]$$

$$+\frac{1}{\delta_s}\Big[shr_{f,h,n}\hat{q}_{f,h,n} + shr_{f,l,n}\hat{q}_{f,l,n} + shr_{i,l,n}\hat{q}_{i,l,n} \Big]$$

$$+\left(\frac{1}{\delta_e} - \frac{1}{\delta_s}\right)\left[\frac{shr_{s,h,m}}{shr_s}\hat{Q}_{s,h,m} + \frac{shr_{s,l,m}}{shr_s}\hat{Q}_{s,l,m} \right]$$

$$+\left(\frac{1}{\delta_e} - \frac{1}{\delta_s}\right)\left[\frac{shr_{s,h,n}}{shr_s}\hat{q}_{s,h,n} + \frac{shr_{s,l,n}}{shr_s}\hat{q}_{s,l,n} \right] \qquad (5.25)$$

$$+\left(\frac{1}{\delta_m} - \frac{1}{\delta_e}\right)\left[\frac{shr_{s,e,m}}{shr_{s,e}}\hat{Q}_{s,e,m} \right] + \left(\frac{1}{\delta_m} - \frac{1}{\delta_e}\right)$$

$$\left[\frac{shr_{s,e,n}}{shr_{s,e}}\hat{q}_{s,e,n} \right] - \frac{1}{\delta_m}\hat{q}_{s,e,n} + \lambda\Delta f_h$$

siendo $shr_{s,h,m} = shr_{s,h,n} = 0$ *cuando s = i*

La ecuación salarial surgida del lado de la oferta, es decir, 5.24—implica que:

$$\hat{w}_{s,e,n} = \frac{1}{\gamma}\Big[\hat{q}_{s,e,n} - \hat{Q}_{s,e,n} \Big] \qquad (5.26)$$

Recordar que la participación de empleo de trabajadores de alta calificación es insignificante en el sector informal; suponemos que es cero, ya que esto simplifica la tarea de resolver las soluciones de equilibrio, por ende, hay que resolver seis incógnitas. Las implicaciones de un flujo inmigratorio neto, $Q_{s,e,m}$, y un flujo migratorio neto, $\hat{Q}_{s,e,n}$ para los salarios y empleo de un tipo de trabajador específico se obtiene al resolver las ecuaciones 5.25 y 5.26 simultáneamente. El próximo paso resuelve las ecuaciones 5.25 y 5.26 para obtener tres cantidades de interés, las cuales son como sigue: $\hat{q}^*_{f,h,n}, \hat{q}^*_{f,l,n}$, and $\hat{q}^*_{i,l,n}$.

Las cantidades de equilibrio

$$\hat{q}^*_{f,h,n} = \delta_e\delta_s shr_f\Big[-\delta_e shr_f\big(\alpha_{f,l,n}\alpha_{i,l,n}\delta_s^2 - shr_{f,l}shr_{i,l}\big)\big(\gamma\hat{mpl}^m_{f,h,n} + \hat{Q}_{f,h,n}\big)$$

$$-shr_{f,l}\big(\alpha_{i,l,n}shr_f\delta_e\delta_s - \alpha_{i,l,n}q\delta_s + \alpha_{i,l,n}\delta_s^2 + shr_{i,l}shr_f\delta_e\big)$$

$$\big(\gamma\hat{mpl}^m_{f,l,n} + \hat{Q}_{f,l,n}\big) - shr_{i,l}\big(\alpha_{f,l,n}shr_f\delta_e\delta_s + shr_{f,l}shr_f\delta_e$$

$$-shr_{f,l}\delta_e + shr_{f,l}\delta_s\big)\big(\gamma\hat{mpl}^m_{i,l,n} + \hat{Q}_{i,l,n}\big)\Big]\Omega - 1 \qquad (5.27)$$

$$\hat{q}^*_{f,l,n} = \delta_e \delta_s shr_f \Big[\delta_e shr_f \left(-\alpha_{f,h,n} \alpha_{i,l,n} \delta_s^2 + shr_{f,h} shr_{i,l}\right) \left(\gamma \hat{mpl}^m_{f,l,n} + \hat{Q}_{f,l,n}\right)$$

$$-shr_{f,h} \left(\alpha_{i,l,n} shr_f \delta_e \delta_s - \alpha_{i,l,n} \delta_e \delta_s + \alpha_{i,l,n} \delta_s^2 + shr_{i,l} shr_f \delta_e\right) \left(\gamma \hat{mpl}^m_{f,h,n} + \hat{Q}_{f,h,n}\right)$$

$$-shr_{i,l} \left(\alpha_{f,h,n} shr_f \delta_e \delta_s + shr_{f,h} shr_f \delta_e - shr_{f,h} \delta_e + shr_{f,h} \delta_s\right) \qquad (5.28)$$

$$\left(\gamma \hat{mpl}^m_{i,l,n} + \hat{Q}_{i,l,n}\right)\Big] \Omega - 1$$

$$\hat{q}^*_{i,l,n} = \Big(shr_{f,l} \left((shr_f - 1)\delta_e + \delta_s\right)^2 shr_{f,h} - \alpha_{f,h,n} \alpha_{f,l,n} shr_f^2 \delta_e^2 \delta_s^2\Big)$$

$$\delta_s \left(\hat{kmpl}^m_{i,l,n} + \hat{Q}_{i,l,n}\right)\Omega - 1 - \delta_e \delta_s shr_f \Big[shr_{f,h} \left(\alpha_{f,l,n} shr_f \delta_e \delta_s\right.$$

$$\left.+shr_{f,l} shr_f \delta_e - shr_{f,l} \delta_e + shr_{f,l}\right) \delta_s \left(\hat{kmpl}^m_{f,h,n} + \hat{Q}_{f,h,n}\right) \qquad (5.29)$$

$$+shr_{f,l} \left(\alpha_{f,h,n} shr_f \delta_e \delta_s + shr_{f,h} shr_f \delta_e - shr_{f,h} \delta_e + shr_{f,h} \delta_s\right)$$

$$\left(\hat{kmpl}^m_{f,l,n} + \hat{Q}_{f,l,n}\right)\Big] \Omega - 1$$

y:

$$\hat{w}^*_{s,e,n} = \frac{1}{\gamma}\Big[\hat{q}^*_{s,e,n} - \hat{Q}_{s,e,n}\Big] \qquad (5.30)$$

El efecto de inmigración y emigración en el nivel de empleo, $\hat{q}_{s,e,n}$, es negativo si $\hat{w}^*_{s,e,n} < \frac{-1}{\gamma}\hat{Q}^*_{s,e,n}$, y es positivo si $\hat{w}^*_{s,e,n} > \frac{-1}{\gamma}\hat{Q}^*_{s,e,n}$.

Es obvio también a partir de las ecuaciones 5.27 y 5.29 que los cambios en el empleo en un sector afectan la demanda de trabajadores en otro sector y que, en el sector formal, los cambios en el empleo de un grupo de calificaciones afectan la demanda de trabajadores del segundo grupo de calificaciones. En las ecuaciones anteriores, para el cambio de empleo,

$$\Omega = \Big(\left(2\gamma shr_f \delta_e \left(shr_f \delta_e - \delta_e + \delta_s\right) shr_{i,l} + \gamma \alpha_{i,l,n} \delta_s \left(shr_f \delta_e - \delta_e + \delta_s\right)^2\right)$$

$$shr_{f,l} + \gamma \alpha_{f,l,n} shr_{i,l} shr_f^2 \delta_e^2 \delta_s\right) shr_{f,h} + \gamma \alpha 1 shr_f^2 \delta_e^2 \delta_s \qquad (5.31)$$

$$\left(shr_{f,l} shr_{i,l} - \alpha_{f,l,n} \alpha_{i,l,n} \delta_s^2\right)$$

$$\hat{mpl}^m_{f,e,n} = \frac{1}{\delta_s}\left[shr_{f,h,m}\hat{Q}_{f,h,m} + shr_{f,l,m}\hat{Q}_{f,l,m} + shr_{i,l,m}\hat{Q}_{i,l,m} \right]$$

$$+\left(\frac{1}{\delta} - \frac{1}{\delta}\right)\left[\frac{shr_{f,h,m}}{shr_f}\hat{Q}_{f,h,m} + \frac{shr_{f,l,m}}{shr_f}\hat{Q}_{f,l,m}\right] \qquad (5.32)$$

$$+\left(\frac{1}{\delta_m} - \frac{1}{\delta_e}\right)\left[\frac{shr_{f,e,m}}{shr_{f,e}}\hat{Q}_{f,e,m}\right] + \lambda\,\Delta f_h$$

$$\hat{mpl}^m_{i,l,n} = \frac{1}{\delta_s}\left[shr_{f,h,m}\hat{Q}_{f,h,m} + shr_{f,l,m}\hat{Q}_{f,l,m} + shr_{i,l,m}\hat{Q}_{i,l,m} \right]$$

$$(5.33)$$

$$+\left(\frac{1}{\delta_e} - \frac{1}{\delta_s}\right)\left[\frac{shr_{i,l,m}}{shr_i}\hat{Q}_{i,l,m}\right] + \left(\frac{1}{\delta_m} - \frac{1}{\delta_e}\right)\left[\frac{shr_{i,l,m}}{shr_{i,l}}\hat{Q}_{i,l,m}\right] + \lambda\,\Delta f_h$$

$\hat{mpl}^m_k$ puede verse como el cambio en productividad marginal de mano de obra para un tipo de trabajador dado, que resulta de la inmigración neta y la externalidad a través del PTF, de mano de obra calificada:

$$\alpha_{f,h,n} = \frac{1}{\gamma} - \frac{shr_{f,h,n}}{\delta_s} - \left(\frac{1}{\delta_e} - \frac{1}{\delta_s}\right)\frac{shr_{f,h,n}}{shr_f} - \left(\frac{1}{\delta_m} - \frac{1}{\delta_e}\right)\frac{shr_{f,h,n}}{shr_{f,h}} + \frac{1}{\delta_m} \qquad (5.34)$$

$$\alpha_{f,l,n} = \frac{1}{\gamma} - \frac{shr_{f,l,n}}{\delta_s} - \left(\frac{1}{\delta_e} - \frac{1}{\delta_s}\right)\frac{shr_{f,l,n}}{shr_f} - \left(\frac{1}{\delta_m} - \frac{1}{\delta_e}\right)\frac{shr_{f,l,n}}{shr_{f,l}} + \frac{1}{\delta_m} \qquad (5.35)$$

$$\alpha_{i,l,n} = \frac{1}{\gamma} - \frac{shr_{i,l,n}}{\delta_s} - \left(\frac{1}{\delta_e} - \frac{1}{\delta_s}\right)\frac{shr_{i,l,n}}{shr_i} - \left(\frac{1}{\delta_m} - \frac{1}{\delta_e}\right)\frac{shr_{i,h,n}}{shr_{i,l}} + \frac{1}{\delta_m} \qquad (5.36)$$

las cuales son contribuciones ponderadas por un tipo de trabajador al gasto salarial total para mano de obra, ajustadas según la elasticidad de la oferta laboral y su elasticidad de sustitución del mismo tipo.

Simulación de los efectos sobre el mercado laboral

El modelo no impone ningún tipo de restricción sobre la estructura de salarios de los individuos de un tipo específico, con excepción de los que surgen de la teoría económica subyacente a la misma. El tema clave es cómo los cambios en la composición de la fuerza laboral afectan los niveles relativos de empleo y salarios de los distintos grupos de nativos (según su nivel de calificación o estatus de formalidad). Se necesitan datos sobre los niveles de los salarios en el período inicial para cada tipo de trabajador nativo. Una regresión parsimoniosa y minceriana sugiere que los trabajadores poco calificados en el sector formal ganan más que sus contrapartes en el sector informal (como indica el cuadro 5A.1). Los trabajadores altamente calificados ganan más que todos. Estas regresiones confirman los niveles promedio presentados en el gráfico 5.1: los trabajadores poco calificados en el sector informal ganan de 7 a 12 por ciento menos que sus contrapartes en el sector formal, dependiendo de la especificación tomada en cuenta. Igualmente, la evidencia afirma que los niveles de ingreso difieren entre los trabajadores con diferentes niveles educativos (como indica el cuadro 5A.1). En base a esta evidencia, utilizamos los salarios en el sector informal como unidad de medida, normalizando el sueldo promedio en el sector informal como 1. Este se utiliza entonces para calcular la participación del gasto salarial para cada grupo de trabajadores de un tipo.

Además de los flujos inmigratorios netos hacia el país y la emigración hacia otros países, la simulación requiere valores para los siguientes parámetros claves del modelo: (a) la elasticidad de la oferta de mano de obra, g; (b) la elasticidad de la sustitución entre grupos de calificaciones, δ_e; (c) la elasticidad de la sustitución entre los sectores formal e informal, δ_s; (d) la elasticidad de la sustitución entre nativos e inmigrantes, δ_m; y (e) la externalidad de los de alta calificación, l.

No existen estimados específicos para estos parámetros para la República Dominicana (al mejor conocimiento del autor), así que se utilizaron estimados de otros países latinoamericanos. Manacorda, Sánchez-Páramo, y Schady (2010) sugieren que δ_e varía desde aproximadamente 2.5 a poco más de 5 en su análisis de los países latinoamericanos. Behar (2009), por otro lado, fija este rango entre 1.3 y 3.2. Centrándose en México, Schramm (2014) sugiere que el valor es entre 1.5 y 1.7. Además, el mismo análisis estima que δ_s es aproximadamente 1.7. En su análisis de los países OCDE, Docquier, Ozden, y Peri (2014) utilizan valores diferentes para δ_m (6, 20, e infinito) y equivalen γ a 0.2, 0.1, y 0 para distintos escenarios. Utilizan valores de λ entre 0 y 0.75. Su trabajo aplica un rango diferente de estos parámetros en las simulaciones.

La simulación también requiere estimaciones del número de personas en la fuerza laboral en el país en cada Período. Aunque la estimación del flujo migratorio neto entre 2000 y 2010 coincide con lo que cabría esperar, existe confusión respecto a cuál estimación usar para obtener el flujo inmigratorio neto (como detalla la sección del modelo analítico). Aunque DIOC proporciona las mejores estimaciones de las cantidades de inmigrantes en comparación con el LFS, especialmente para el año 2000, este anterior conjunto de datos sugiere un flujo inmigratorio neto negativo. Esto es muy poco probable dado el terremoto reciente en Haití y el debate político y social posterior sobre el gran flujo de inmigrantes haitianos hacia la República Dominicana. La Primera Encuesta Nacional de Inmigrantes en la República, o ENI-2001, realizada en el 2012 por la oficina de estadísticas del país, estima que el número de inmigrantes fue 524,632, de los cuales 458,233 eran nacidos en Haití. Sugiere, además, que los inmigrantes que habían vivido menos de 10 años en el país representaban un poco más del 60 por ciento de dicha población; el valor correspondiente de los no nacidos en Haití es 43 por ciento. Al ajustar la tasa de actividad económica, arroja un cálculo aproximado de 227,246 para el flujo inmigratorio neto.

A la luz de esta discrepancia, necesitábamos un enfoque analítico diferente para ilustrar el impacto de la inmigración sobre los salarios y niveles de empleo con un rango de posibles flujos inmigratorios netos, en lugar de un solo número. Se puede interpretar este enfoque como un "análisis sensible modificado" y ver cómo los distintos niveles de inmigración afectan los resultados del mercado laboral.

Aún falta otro tipo de dato que es la distribución de inmigrantes poco califi-cados por sector formal e informal. Suponemos que los que estaban en el país en el año 2000 tenían la misma distribución de formalidad que los nativos, es decir, 50 por ciento en el sector formal y 50 por ciento en el sector informal. Sin embargo, también suponemos que es más probable que los nuevos inmigrantes se concentran en el sector informal debido a que son, por definición, nuevos en el país receptor y, por tanto, menos familiarizados con la estructura del mercado laboral o podrían requerir tiempo para adquirir calificaciones específicas al país receptor (Chiswick 1978), (o una combinación de ambos). ENI-2012 estima que la tasa de informalidad es de aproximadamente 75 por ciento entre los nuevos inmigrantes haitianos, quienes representan aproximadamente 90 por ciento de todos los inmigrantes nuevos (es decir, los que llevan menos de 10 años en el país). Adicionalmente, se ha mostrado que un mayor número de inmigrantes haitianos recientes se concentran más en los sectores con mayor participación de informalidad, que significaría que el 75 por ciento probablemente sea una infravaloración.

Reportamos la emigración neta entre los que están en edad de trabajar en el cuadro 5.7. Aquí no es posible distinguir entre los poco calificados del sector informal y los que vienen del sector formal. Como tal, es razonable asumir que vendrían en su mayoría del sector formal. No obstante, el análisis continúa utili-zando distintos escenarios en los que se permite variar la participación de emi-grantes del sector formal.

Cuadro 5.7 Emigrantes en edad de trabajo de República Dominicana, por grupo de calificaciones, 2000 and 2010

	2000		2010	
	No terciario	*Terciario*	*No terciario*	*Terciario*
Emigrantes	370,912	68,701	578,608	144,111

Fuente: DIOC 2000 y 2010.
Nota: DIOC = Base de datos de inmigrantes de la OCDE y países no miembros de la OCDE. "Terciario" y "no terciario" se refieren al nivel de educación.

Resultados

Presentamos los resultados de las simulaciones de las implicaciones de la inmigración para las probabilidades de empleo y salarios de los nativos en los gráficos 5.3 y 5.4. Similarmente, los gráficos 5.5 y 5.6 presentan las implicaciones de la emigración, tanto para los salarios como las probabilidades de empleo. Cada diagrama en las figuras contiene tres gráficos: las líneas azules indican los efectos de los de

Gráfico 5.3 Efectos de los salarios de inmigración para trabajadores informales de baja calificación y trabajadores formales de baja y alta calificación

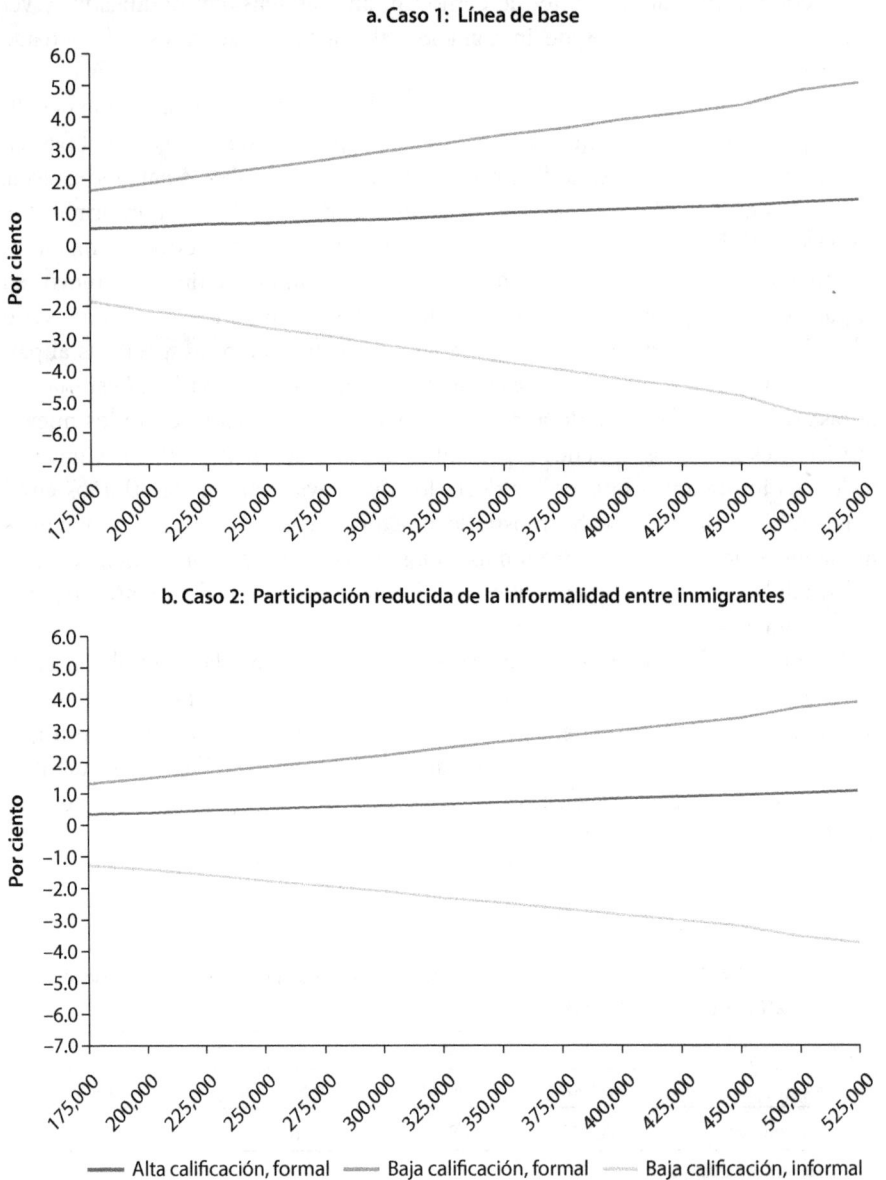

a. Caso 1: Línea de base

b. Caso 2: Participación reducida de la informalidad entre inmigrantes

——— Alta calificación, formal   ——— Baja calificación, formal   ——— Baja calificación, informal

Gráfico continúa en la siguiente página

Gráfico 5.3 Efectos de los salarios de inmigración para trabajadores informales de baja calificación y trabajadores formales de baja y alta calificación *(continuación)*

c. Caso 3: Menor grado de sustituibilidad entre inmigrantes y nati-vos

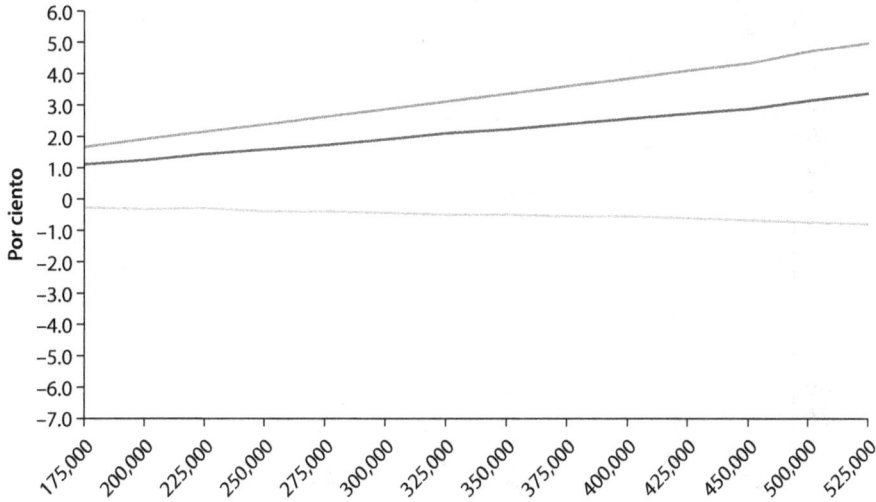

d. Caso 4: Menor grado de sustituibilidad entre sectores

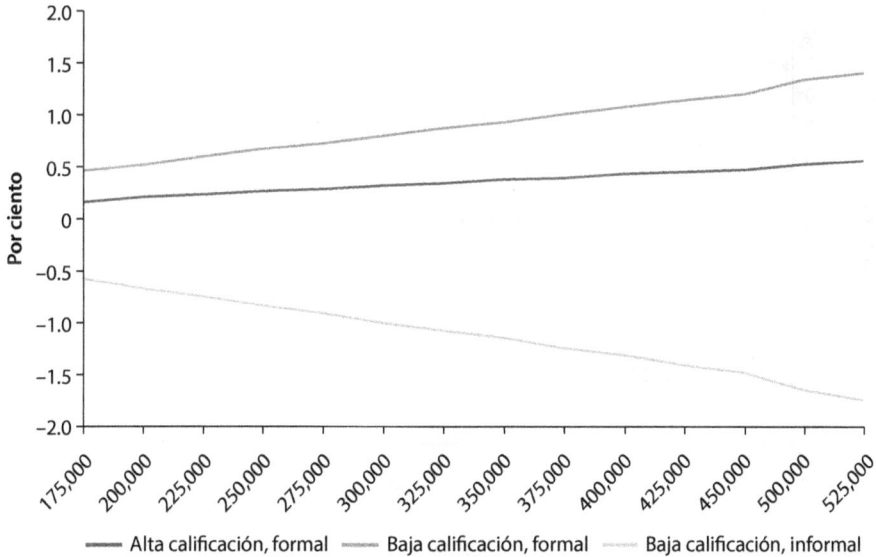

—— Alta calificación, formal   —— Baja calificación, formal   ---- Baja calificación, informal

alta calificación en los resultados del mercado laboral; las líneas de color naranja, de los poco calificados en el sector formal; y las líneas verdes, de los poco califica-dos sobre el sector informal.

Cada gráfico incluye cuatro paneles, cada uno de los cuales corresponde a distintas combinaciones de valores para los parámetros claves del modelo.

Gráfico 5.4 Efectos del empleo en la inmigración para trabajadores informales de baja calificación y formales de baja calificación

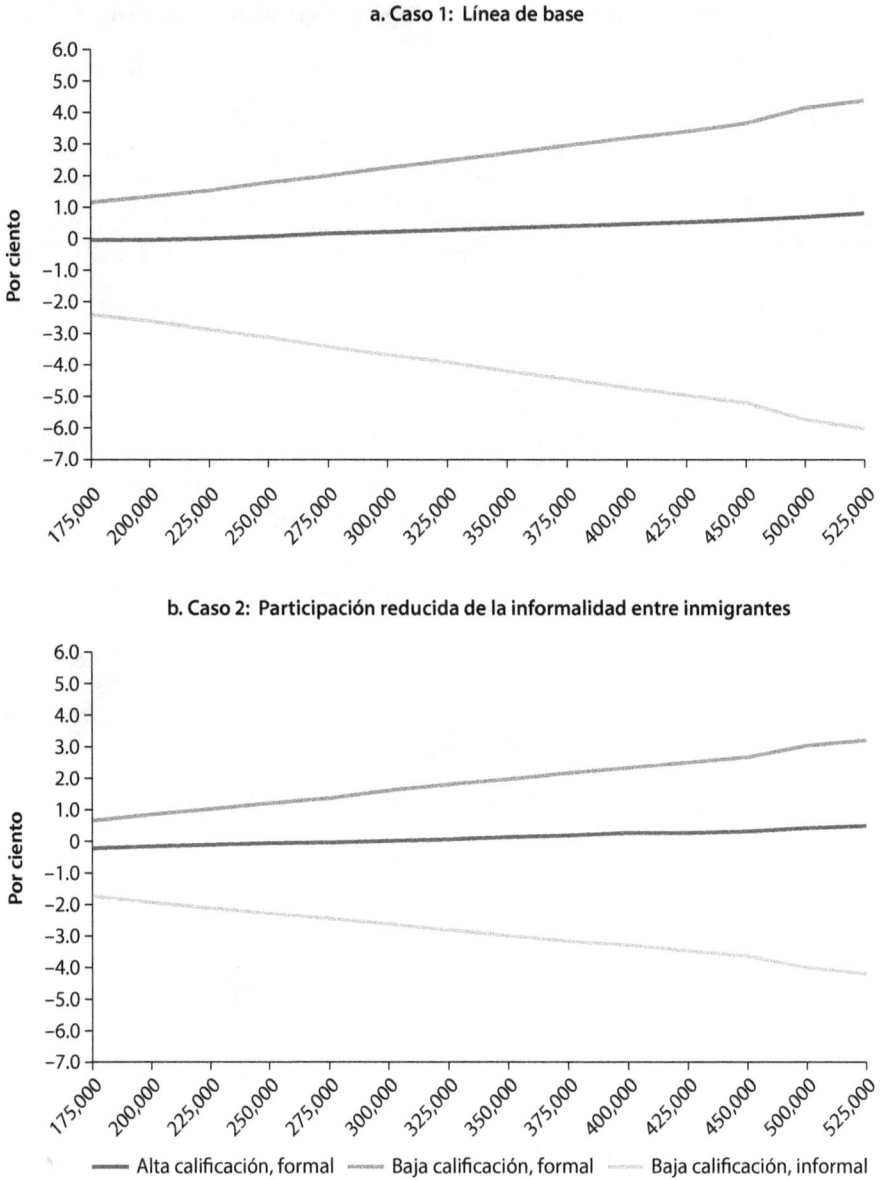

a. Caso 1: Línea de base

b. Caso 2: Participación reducida de la informalidad entre inmigrantes

Alta calificación, formal —— Baja calificación, formal —— Baja calificación, informal

Gráfico continúa en la siguiente página

Gráfico 5.4 Efectos del empleo en la inmigración para trabajadores informales de baja calificación y formales de baja calificación *(continuación)*

c. Caso 3: Menor grado de sustituibilidad entre inmigrantes y nativos

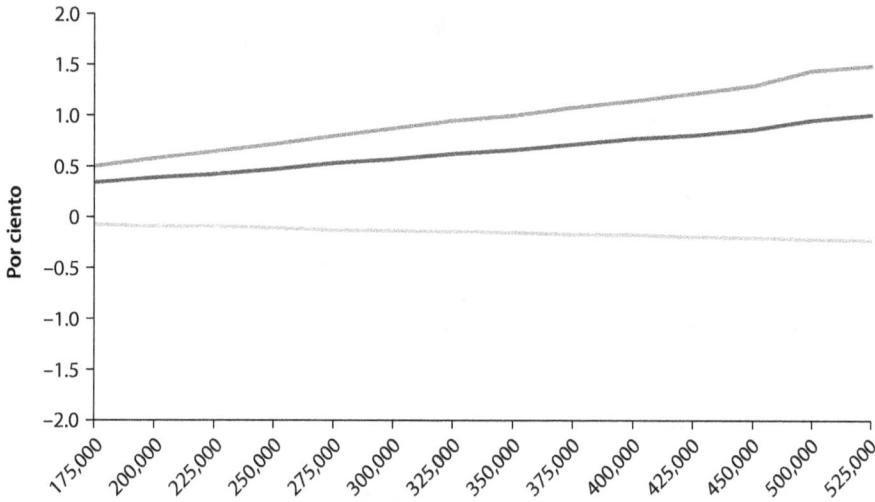

Por ciento

2.0
1.5
1.0
0.5
0
−0.5
−1.0
−1.5
−2.0

175,000 200,000 225,000 250,000 275,000 300,000 325,000 350,000 375,000 400,000 425,000 450,000 500,000 525,000

d. Caso 2: Participación reducida de la informalidad entre sectores

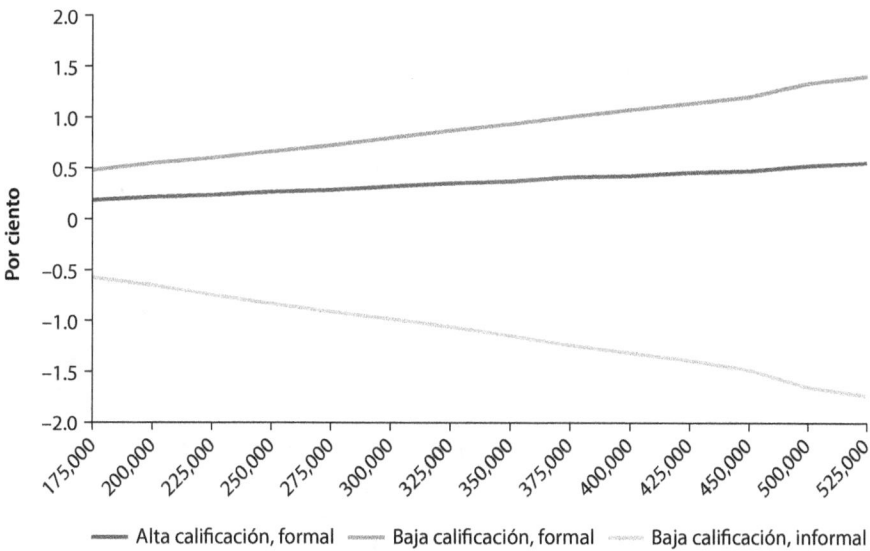

Por ciento

2.0
1.5
1.0
0.5
0
−0.5
−1.0
−1.5
−2.0

175,000 200,000 225,000 250,000 275,000 300,000 325,000 350,000 375,000 400,000 425,000 450,000 500,000 525,000

—— Alta calificación, formal ┄┄ Baja calificación, formal ┄┄ Baja calificación, informal

Gráfico 5.5 Efectos de los salarios de emigración para trabajadores informales de baja calificación y formales de baja calificación

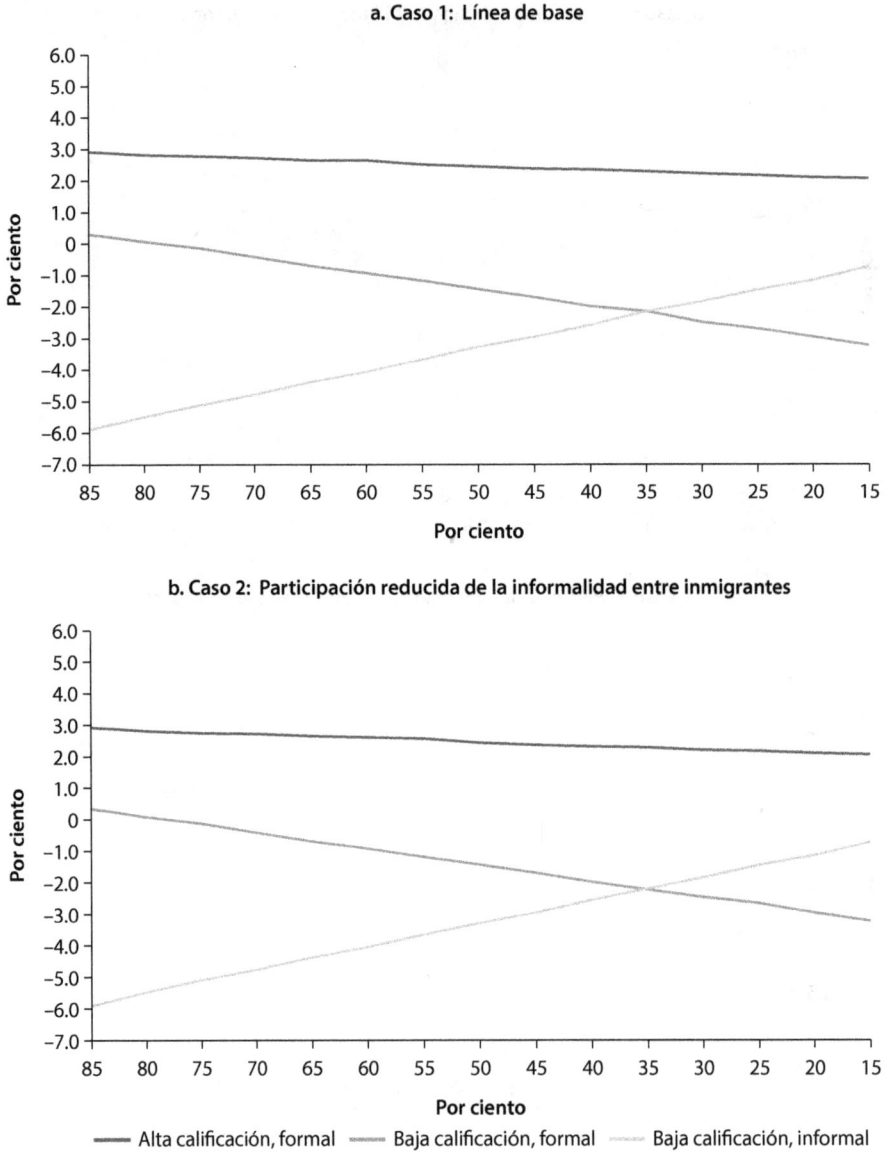

a. Caso 1: Línea de base

b. Caso 2: Participación reducida de la informalidad entre inmigrantes

Alta calificación, formal   Baja calificación, formal   Baja calificación, informal

Gráfico continúa en la siguiente página

Gráfico 5.5 Efectos de los salarios de emigración para trabajadores informales de baja calificación y formales de baja calificación *(continuación)*

c. Caso 3: Menor grado de sustituibilidad entre inmigrantes y nativos

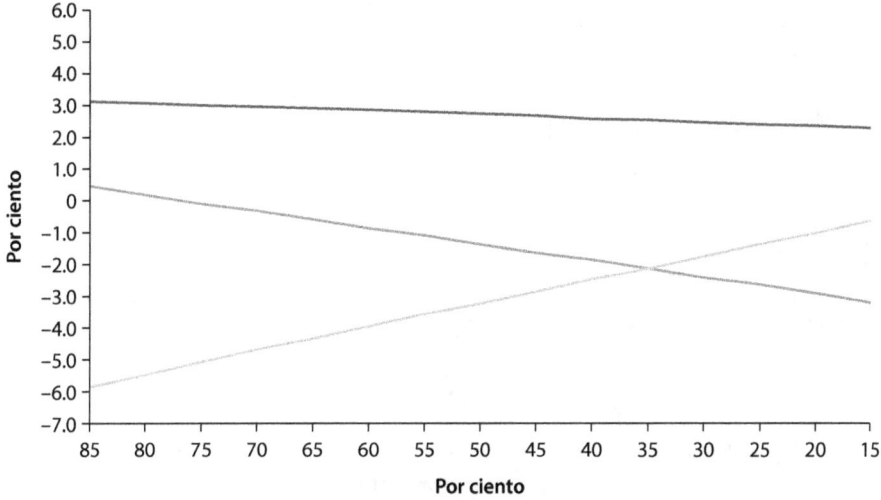

d. Caso 4: Menor grado de sustituibilidad entre sectores

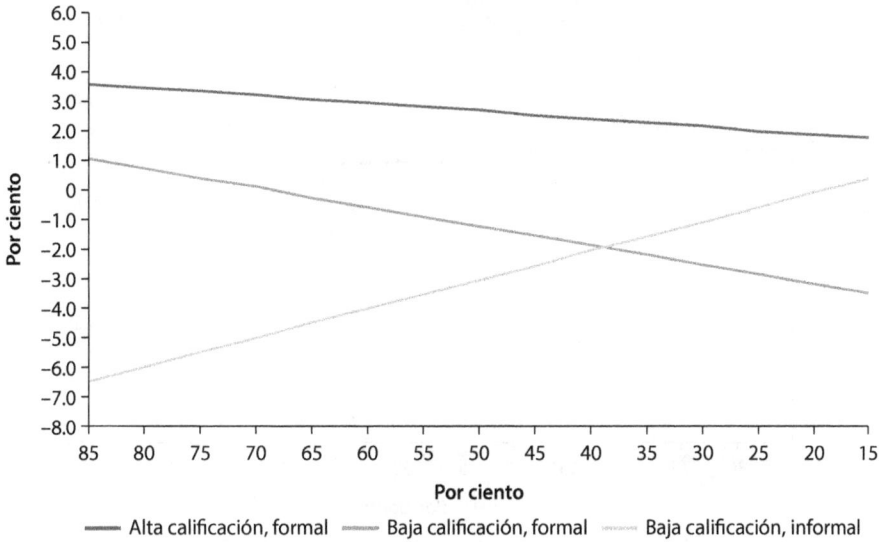

——— Alta calificación, formal ——— Baja calificación, formal ——— Baja calificación, informal

Gráfico 5.6 Efectos del empleo de emigración para trabajadores informales de baja calificación y formales de baja calificación

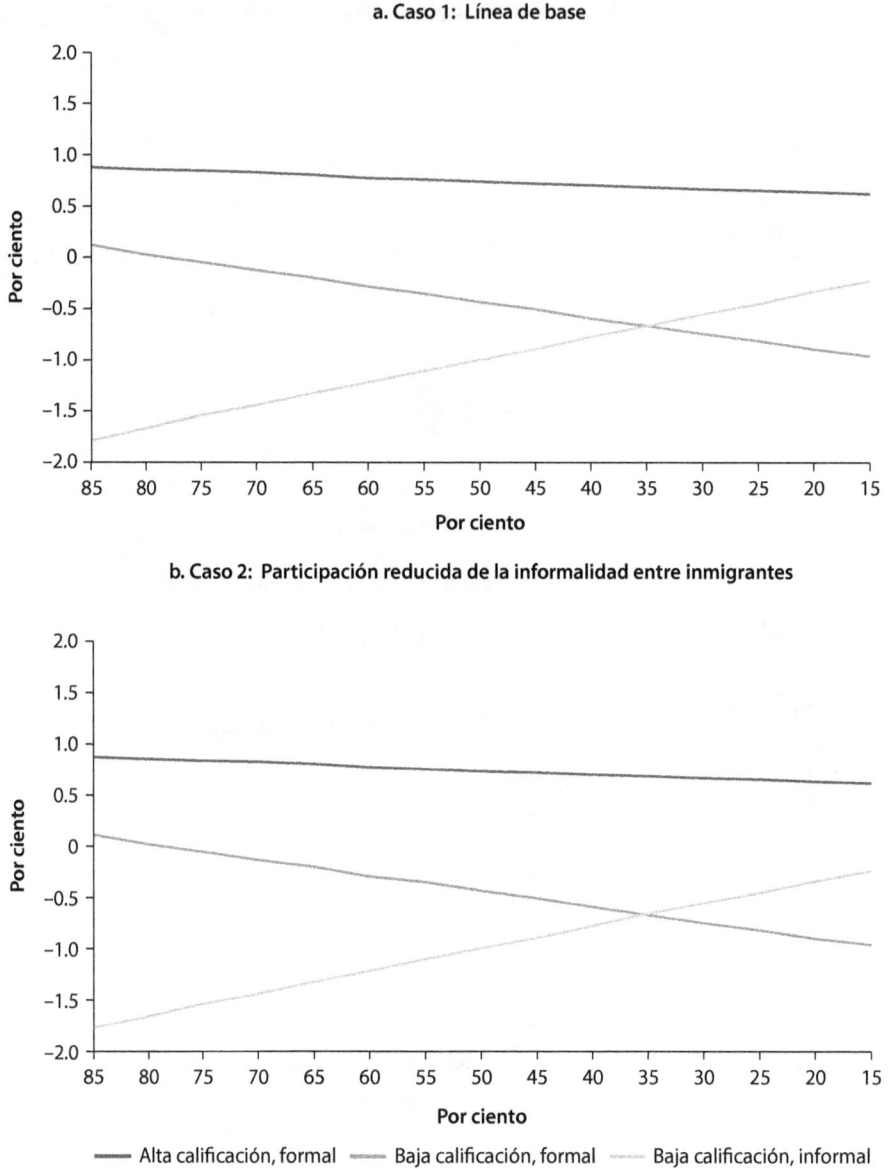

a. Caso 1: Línea de base

b. Caso 2: Participación reducida de la informalidad entre inmigrantes

——— Alta calificación, formal ‒‒‒ Baja calificación, formal ········ Baja calificación, informal

Gráfico continúa en la siguiente página

Gráfico 5.6 Efectos del empleo de emigración para trabajadores informales de baja calificación y formales de baja calificación *(continuación)*

c. Caso 3: Menor grado de sustituibilidad entre inmigrantes y nativos

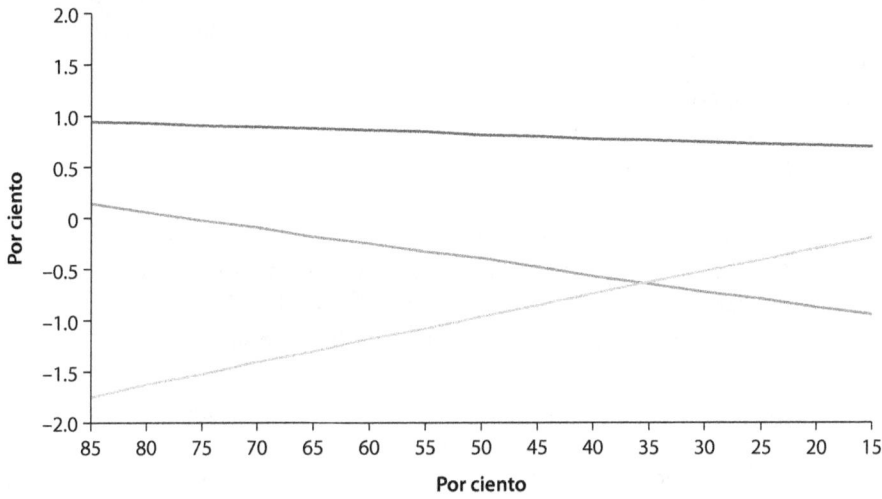

d. Caso 4: Menor grado de sustituibilidad entre sectores

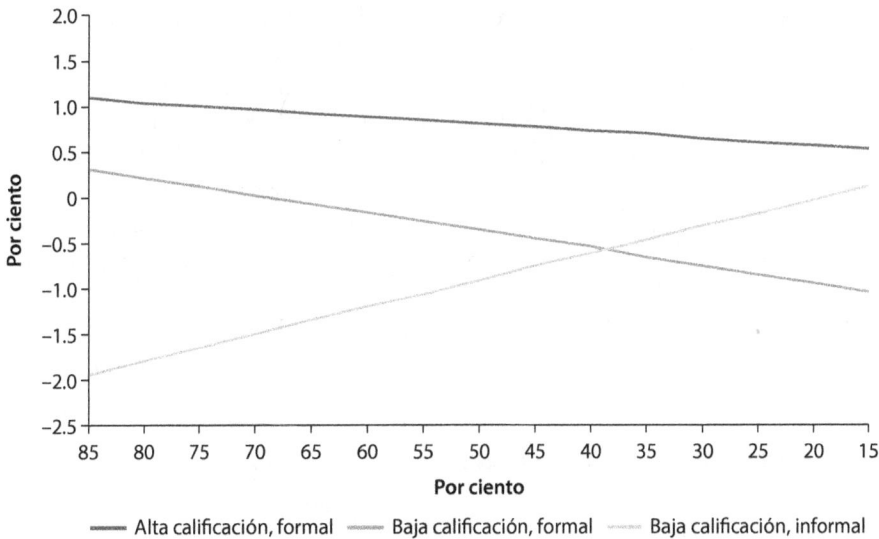

⎯⎯ Alta calificación, formal ⎯⎯ Baja calificación, formal ⎯⎯ Baja calificación, informal

Estos escenarios se presentan en el cuadro 5.8. En todas las simulaciones, la elasticidad de la sustitución entre los grupos de calificaciones se fija en 3 (es decir $\delta_e = 3$), que está en el medio del rango sugerido por Manacorda, Sánchez-Páramo, y Schady (2010), pero en el rango superior en el reportado por Behar (2009). Otros escenarios con distintos valores de δ_e muestran que existe un impacto relativamente pequeño en los resultados generales, especialmente cuando se compara con los demás parámetros. El siguiente parámetro a determinarse es la externalidad de los altamente calificados, γ, que se ha fijado en 0.45 en todos los casos. La elasticidad de la oferta de mano de obra, λ, también se fijó en un valor constante para todos los escenarios. Esta es una elasticidad mayor en comparación con las que utiliza el modelo DOP, reflejando mercados laborales relativamente flexibles en un país en desarrollo. Finalmente, suponemos que la participación de los altamente calificados entre los nuevos inmigrantes es igual a la de los inmigrantes preexistentes. Esta se estima en 12 por ciento.

El siguiente conjunto de parámetros difiere en cada escenario que se consideró. Primero, la elasticidad de la sustitución entre los sectores formal e informal, δ_s, se ha fijado en 1.7 en los primeros tres escenarios. Este es el valor superior del único rango de estimaciones disponible (es decir, para el caso de México, de Schramm 2014). En el último escenario, el valor se ha fijado igual a 1.2. Segundo, el análisis utiliza un valor de elasticidad de la sustitución entre inmigrantes y nativos, δ_m, igual a 20, el valor utilizado para un escenario intermedio de sustitución entre inmigrantes y nativos en el modelo DOP. Solamente en el tercer caso el valor se redujo a 6 para reflejar una sustituibilidad menor. Finalmente, se fijó en 75 por ciento la participación de los nuevos inmigrantes poco calificados que entran al sector informal en todos los escenarios, excepto el escenario de la línea de base (es decir el Caso 1), donde se ha fijado en 85 por ciento. El cuadro 5.8 enumera estos distintos valores, tal y como se ha esbozado.

El impacto de la inmigración sobre los salarios de los nativos varía según su grupo de calificaciones y el sector de empleo (véase los paneles en el gráfico 5.1).

Cuadro 5.8 Parámetros y división sectorial de nuevos inmigrantes

	Caso 1	Caso 2	Caso 3	Caso 4
Elasticidad de sustitución entre sectores	1.7	1.7	1.7	1.2
Elasticidad de sustitución entre grupos de calificaciones	3	3	3	3
Elasticidad de sustitución entre inmigrantes y nativos	20	20	6	20
Externalidad de los altamente calificados (afecta solo el sector formal)	0.45	0.45	0.45	0.45
Elasticidad de mano de obra para los tres grupos (anteriores)	0.3	0.3	0.3	0.3
Participación de nuevos inmigrantes de alta calificación	0.12	0.12	0.12	0.12
Participación de nuevos inmigrantes de baja calificación entrando a los sectores informales	0.85	0.75	0.75	0.75

Nota: Caso 1 = Línea de base; Caso 2 = participación reducida de informalidad entre inmigrantes; Caso 3 = Menor grado de sustituibilidad entre inmigrantes y nativos; y Caso 4 = Menor grado de sustituibilidad entre sectores.

Para los nativos poco calificados en el sector informal, los salarios se reducen en hasta 7 por ciento, dependiendo de los valores de los parámetros y el flujo inmigratorio neto que se contempló. El efecto es más severo en el Caso 1, ya que tiene la mayor participación de inmigrantes poco calificados que están entrando ahora al sector informal. Los resultados indican que por cada 100,000 inmigrantes nuevos se reduce los salarios del sector informal en aproximadamente un uno por ciento en este caso. El escenario con el menor impacto sobre los salarios en el sector informal es el Caso 3, donde los inmigrantes y nativos son lo menos sustituibles. No existe prácticamente efecto alguno surgido del flujo de nuevos inmigrantes en este caso.

Los principales ganadores de la inmigración son los trabajadores poco calificados del sector formal. Aun cuando esto pudiera sorprender a primera vista, el marco analítico adoptado sugeriría que esto se debe a que la vasta mayoría de nuevos inmigrantes trabaja en el sector informal, no compite directamente con los trabajadores nativos poco calificados en el sector formal. Por el contrario, la expansión del sector informal y los salarios menores aumentan la demanda relativa y los salarios de los trabajadores formales poco calificados. Como resultado, el mayor aumento salarial para los trabajadores formales poco calificados se observa en el Caso 1, donde cada 100,000 trabajadores inmigrantes conducen a un aumento salarial de uno por ciento. El aumento menor en los salarios, en contraste, ocurre en el Caso 4, donde los sectores formal e informal tienen una baja elasticidad de sustitución. El impacto de la inmigración sobre los salarios de los altamente calificados es insignificante, siempre entre 1 y 2 por ciento. Los niveles mayores de flujo inmigratorio tienen un efecto positivo leve en cada escenario, observándose el mayor impacto en el Caso 3, donde los nativos e inmigrantes no son buenos sustitutos.

Otra manera de tratar los resultados es fijar un nivel de inmigración, el cual se ha fijado en 500,000, una cifra citada frecuentemente en los medios de comunicación. En este caso, aproximadamente 60,000 de estos inmigrantes serán de alta calificación, y unos 330,000 (el restante 75 por ciento) trabajarán en el sector informal. Este nivel de flujo inmigratorio da lugar a una baja salarial entre los trabajadores del sector informal de al menos un por ciento (Casos 3 y 4), recordando que esto ocurre cuando los sectores o inmigrantes tienen menor grado de sustituibilidad. La reducción será aún mayor si la elasticidad de sustitución entre inmigrantes y nativos aumentara. Para los mismos niveles de flujo migratorio, las ganancias netas mayores se observan entre los trabajadores poco cualificados en el sector formal, siendo estas aproximadamente 4 por ciento en todos los casos, excepto el Caso 4, donde la elasticidad de sustitución entre los sectores es baja. Finalmente, los efectos en los trabajadores altamente calificados están todos entre 1 y 2 por ciento.

El empleo responde mucho menos a la inmigración, como se observa en los paneles a-d del gráfico 5.4. Los efectos son insignificantes para los de alta calificación en este caso también, entre 0.2 y 0.5 por ciento en todos los escenarios sin importar el nivel inmigratorio. Los trabajadores poco calificados del sector informal son de nuevo los más golpeados, sufriendo bajas en los niveles de empleo de hasta 2 por ciento. Los efectos más severos se ven en los Casos 1 y 4, cuando una mayor participación de inmigrantes son trabajadores informales o los sectores son menos sustituibles. Para los trabajadores poco calificados del sector formal, los aumentos en el empleo están entre 0.5 y 1.5 por ciento. Esto puede interpretarse como un movimiento de los trabajadores nativos informales hacia el sector formal. Los efectos positivos son bastante similares en todos los casos, con la excepción del Caso 2.

La otra cara de la moneda es el efecto de la emigración en los resultados del mercado laboral para los que se quedan en el país. Docquier, Ozden, y Peri (2014) sostienen que, en muchos países europeos, la emigración tiene un impacto mayor que la inmigración en los que se quedan. Esto se opone marcadamente a la imagen pública y al debate político, en los cuales se percibe que los inmigrantes arrebatan los empleos de los nativos. Se presentan los efectos salariales de la emigración en el gráfico 5.5. El eje x en estos gráficos presenta la participación de emigrantes poco calificados que abandonan el sector informal. El análisis presenta escenarios en los que se supone que esta participación varía entre 15 y 85 por ciento.

La primera observación clara es que los resultados son bastante similares en todos los casos. Esto se debe principalmente a que (a) los supuestos en cada caso difieren principalmente para los inmigrantes y (b) los efectos generales son bastante similares. El impacto en los no inmigrantes altamente calificados siempre es positivo. Los emigrantes son seleccionados positivamente; la participación de los de alta calificación es mayor entre los emigrantes que en la fuerza laboral nativa subyacente. Por tanto, la oferta relativa de los de alta calificación declina con la emigración y sus salarios aumentan. Los salarios aumentan en 3 por ciento si los emigrantes poco calificados abandonan en gran medida el sector informal y bajan un 2 por ciento si abandonan en gran parte el sector formal.

El impacto de los salarios en los trabajadores poco calificados casi siempre es negativo, debido a que son complementarios a los trabajadores altamente calificados en producción, y la partida de estos últimos perjudica las perspectivas para los primeros en el mercado laboral. El efecto sobre los salarios varía desde un poco más de 0 a -3 por ciento en la medida que la participación (supuesta) de los trabajadores informales entre los emigrantes declina al 15 por ciento y la participación (supuesta) de trabajadores formales entre los emigrantes aumenta a 85 por ciento. En otras palabras, a medida que salen (menos) trabajadores emigrantes del sector informal (formal) (moviéndose hacia la izquierda en el eje), entonces los poco calificados formales restantes naturalmente se benefician. Ocurre el efecto opuesto para los trabajadores poco calificados en el sector informal. Sus salarios también disminuyen como resultado de la emigración, entre cero y -6 por ciento, dependiendo del grado de informalidad entre los emigrantes. Si el supuesto fuera que los emigrantes poco calificados estuvieran igualmente empleados en los sectores formal e informal (es decir, en el 50 por ciento sobre el eje x), entonces los trabajadores poco calificados formales e informales experimentarían una baja de salarios del 1.5 y 3.5 por ciento, respectivamente.

Presentamos los efectos de la emigración en el empleo en el gráfico 5.6, que muestra patrones similares a los efectos de los salarios. El beneficio para los altamente calificados y el efecto general están dentro de un rango bastante reducido de 0.5 a 1 por ciento. Los poco calificados experimentan efectos negativos potencialmente significativos. Para los del sector formal, el rango es entre 0 y -1 por ciento; para los trabajadores informales están entre -0.25 y -1.75 por ciento. Si suponemos una partición de 50 y 50, como se menciona arriba, los niveles de empleo para los trabajadores poco calificados del sector formal e informal bajarían por 0.5 y 1 por ciento, respectivamente.

Conclusión

La República Dominicana es uno de los pocos países que tiene *tanto* inmigración *como* emigración. Si bien un gran número de inmigrantes de la región del Caribe, principalmente de Haití, vive en la República Dominicana, un número de personas similarmente grande emigra del país, principalmente hacia Estados Unidos. Ambas rutas, especialmente los que provienen de Haití, recibieron mucha atención en el debate político, que se tradujo en decisiones de políticas bastante controversiales, tales como las deportaciones masivas.

Uno de los temas críticos es el impacto de los patrones migratorios en el mercado laboral, especialmente los de inmigrantes haitianos, los cuales se intensificaron a partir del terremoto masivo del 2010. Lamentablemente, muchos esfuerzos encontraron fuertes obstáculos debido a la falta de datos, como evidencia claramente una amplia gama de estimaciones presentadas por diferentes fuentes. Para eludir estas limitaciones, este estudio utiliza un enfoque diferente. Utiliza un modelo estilizado de producción anidada que capta el grado de sustitución entre los nativos e inmigrantes, entre trabajadores altamente y poco calificados, y entre los sectores formal e informal en la producción de resultados. Entonces, se simulan los efectos de ambos flujos, inmigratorio y emigratorio, para una amplia gama de parámetros de sustitución, así como para los niveles de inmigración. El objetivo es ver si los supuestos son críticos y cuan sensibles son los resultados para los distintos niveles de inmigración.

Los salarios de los trabajadores nativos en los sectores formal e informal son sensibles a la movilidad internacional de la fuerza laboral. Nuestros hallazgos indican que el grupo más afectado de forma negativa por los inmigrantes son los trabajadores nativos poco calificados en el sector informal, ya que están en competencia más directa con los inmigrantes. El impacto sobre los nativos altamente calificados es mínimo, y son los trabajadores poco calificados del sector formal que más se benefician. De hecho, se podría interpretar que los resultados muestran que los trabajadores nativos se trasladan al sector formal debido a inmigración. Los resultados en cuanto a emigración indican que es tan importante como la inmigración. La composición de alta calificación de la emigración (a) perjudica a los no inmigrantes poco calificados, ya que ellos son complementarios, y (b) beneficia a los no migrantes alta calificación que se quedan en el país. Los efectos en los trabajadores poco calificados en el sector formal y sector informal dependen del grado de formalidad de los emigrantes, como cabría esperar.

Los resultados de este análisis buscan llevar a una exploración mayor y resaltar el rol de los supuestos en la estructura subyacente del mercado laboral. La formalidad, los niveles de calificaciones, las repercusiones y las elasticidades de la sustitución son todos parámetros críticos que influyen en los efectos que tiene la inmigración y emigración en los resultados del mercado laboral. Debe hacerse hincapié en que se requieren datos confiables y detallados para aportar mayores respuestas.

Anexo 5A

Cuadro 5A.1 Regresión Minceriana de ingresos logarítmicos sectoriales de trabajadores de baja calificación

	(1)	(2)	(3)	(4)
	M1	M2	M3	M4
	b/se	b/se	b/se	b/se
Formal	0.218***	0.143***	0.136***	0.087***
	(0.020)	(0.020)	(0.020)	(0.024)
Con educación terciaria	0.579***	0.460***	0.408***	0.329***
	(0.073)	(0.068)	(0.068)	(0.066)
Formal × educación terciaria	0.273***	0.345***	0.351***	0.403***
	(0.078)	(0.073)	(0.072)	(0.071)
Hombres	0.404***	0.428***	0.452***	0.368***
	(0.019)	(0.019)	(0.019)	(0.020)
Edad	0.012***	0.012***	0.147***	0.136***
	(0.001)	(0.001)	(0.019)	(0.018)
Edad elevada al cuadrado			0.003***	0.002***
			(0.001)	(0.000)
Constante	5.069***	5.266***	3.356***	3.213***
	(0.034)	(0.035)	(0.209)	(0.205)
Edad elevada al cubo	No	No	Sí	Sí
Simulación de región de residencia	No	Sí	Sí	Sí
Simulación industrial	No	No	No	Si
R cuadrada ajustada	0.235	0.287	0.316	0.369
Observaciones	7,732	7,732	7,732	7,732

Fuente: Encuesta de fuerza laboral.
Nota: Los controles incluyen edad elevada al cubo y región de residencia.
$*p < 0.05$, $**p < 0.01$, $***p < 0.001$.

Notas

1. Los ejemplos recientes son Borjas (2003); D'Amuri, Ottaviano, y Peri (2010); Ottaviano y Peri (2012); Manacorda, Sánchez-Páramo, y Schady (2010); y Docquier, Ozden, y Peri (2014).

2. Véase Raúl A. Reyes, "Dominicanos Americanos: Opiniones en contra y a favor de la política inmigratoria de RD," *NBC News*, junio 25 2015. http://www.nbcnews.com /news/latino/among-dominican-americans-different-views-d-r-immigration-policy -n381686.

3. Véase "Junot Díaz y Edwidge Danticat Condenen deportaciones de haitianos," *The Guardian*, junio 25 2015. http://www.theguardian.com/us-news/2015/jun/25/junot -diaz-edwidge-danticat-condemn-dominican-republic-haitian-migrants.

4. Permitir que el consumo sea una participación constante del ingreso laboral no altera las implicaciones.

Referencias

Abdullaev, U., y M. Estevão. 2013. "Growth and Employment in the Dominican Republic: Options for a Job-Rich Growth." IMF Working Paper 13/40, Fondo Monetario Internacional, Washington, DC.

Arslan, C., J.-C. Dumont, Z. Kone, Y. Moullan, C. Parsons, C. Ozden, y T. Xenogiani. 2014. "A New Profile of Migrants in the Aftermath of the Recent Economic Crisis." OECD Social, Employment and Migration Working Paper 160, Organización para la Cooperación y el Desarrollo Económicos, Paris.

Behar, A. 2009. "Directed Technical Change, the Elasticity of Substitution and Wage Inequality in Developing Countries." Department of Economics Discussion Paper Series (Ref: 467), Oxford, University of Oxford.

Beine, M., F. Docquier, y Ç. Özden. 2011. "Diásporas." *Journal of Development Economics* 95 (1): 30–41.

Borjas, G. J. 2003. "The Labor Demand Curve Is Downward Sloping: Reexamining the Impact of Immigration on the Labor Market." *Quarterly Journal of Economics* 118 (4): 133–574.

D'Amuri, F., G. I. P. Ottaviano, y G. Peri. 2010. "*The Labor Market Impact of Immigration in Western Germany in the 1990s.*" *European Economic Review* 54 (4): 550–70.

Docquier, F., Ç. Ozden, y G. Peri. 2014. "The Labour Market Effects of Immigration and Emigration in OECD Countries." *Economic Journal* 124 (579): 1106–45.

Lucas, R. E. 1988. "On the Mechanics of Economic Development." *Journal of Monetary Economics* 22 (1): 3–42.

Manacorda, M., A. Manning, y J. Wadsworth. 2012. "The Impact of Immigration on the Structure of Wages: Theory and Evidence from Britain." *Journal of the European Economic Association* 10 (1): 120–51.

Manacorda, M., C. Sánchez-Páramo, y N. Schady. 2010. "Changes in Returns to Education in Latin America: The Role of Demand and Supply of Skills." *Industrial Labour Relations Review* 63 (2): 307–26.

Munshi, K. 2003. "Networks in the Modern Economy: Mexican Migrants in the U.S. Labor Market." *Quarterly Journal of Economics* 118 (2): 549–99.

Nwosu, C., y J. Batalova. 2014. "Immigrants from the Dominican Republic in the United States." Spotlight, July 18. http://www.migrationpolicy.org/article/foreign-born -dominican-republic-united-states.

ONE (Oficina Nacional de Estadística). 2013. *Primera Encuesta Nacional de Inmigrantes en la República Dominicana: ENI-2012.* Santo Domingo: Oficina Nacional de Estadística. http://media.onu.org.do/ONU_DO_web/596/sala_prensa_publicaciones /docs/0565341001372885891.pdf.

Ottaviano, G. I. P., y G. Peri. 2012. "Rethinking the Effect of Immigration on Wages." *Journal of the European Economic Association* 10 (1): 152–97.

Parisotto, A. 2013. "Growth, Employment and Social Cohesion in the Dominican Republic." Documento informativo de la OIT presentado en la Consulta Tripartita de OIT-FMI sobre crecimiento generador de empleo e incluyente en República Dominicana, 30 de enero. https://www.imf.org/external/country/DOM/rr/2013 /013113.pdf.

Rodríguez, R. D. 2011. *Proyecto Piloto: Migración de retorno a la República Dominicana.* Madrid: Fundación Internacional y para Iberoamérica de Administración y Políticas Públicas (FIIAPP); Geneva: Organización Internacional para las Migraciones (OIM). http://www.migracion-ue-alc.eu/documents/proyecto_piloto_dominicana/Informe _proyectopiloto_RD.pdf.

Schramm, H. R. 2014. "The Equilibrium Effects of Income Taxation on Formal and Informal Labor Markets." NEUDC 2014 Working Paper. Presented at the Northeast Universities Development Consortium Conference, Boston University, Boston, November.

United Nations, DESA–División de Población y UNICEF. 2014. "Migration Profiles Common Set of Indicators: Dominican Republic." https://esa.un.org/miggmgprofiles /indicators/files/DominicanRepublic.pdf.

Declaración sobre beneficios ambientales

El Grupo Banco Mundial ha asumido el compromiso de reducir su huella ambiental. En apoyo a este compromiso, aprovechamos las opciones de publicación electrónica y tecnología de impresión bajo demanda, ubicadas en los centros regionales a nivel mundial. Conjuntamente, estas dos iniciativas permiten que las tiradas de impresión se reduzcan y disminuyan las distancias de envío, lo que se traduce en una reducción en el consumo de papel, uso de productos químicos, emisiones de gases de efecto invernadero y desechos.

Seguimos las normas recomendadas por *Green Press Initiative* para el uso de papel. La mayoría de nuestros libros están impresos en papel certificado por *Forest Stewardship Council* (FSC), y casi todos contienen un 50-100 por ciento de papel reciclado. Las fibras recicladas del papel de nuestros libros no están blanqueadas o han sido blanqueadas utilizando procesos totalmente libres de cloro (TCF), procesadas libre de cloro (PCF), o mediante procesos mejorados libres de cloro elemental (EECF).

Puede encontrar más información acerca de la filosofía ambiental del Banco en: http://www.worldbank.org/corporateresponsibility.

www.ingramcontent.com/pod-product-compliance
Lightning Source LLC
Chambersburg PA
CBHW080548220326
41599CB00032B/6407